RESEARCH ON LEGAL ISSUES OF CROSS-BORDER
TRANSACTION OF DIGITAL CURRENCY

数字货币
跨境交易的法律问题研究

庞冬梅◎著

中国政法大学出版社

2024·北京

图书在版编目（ＣＩＰ）数据

数字货币跨境交易的法律问题研究/庞冬梅著.—北京：中国政法大学出版社，2024.3
ISBN 978-7-5764-1162-1

Ⅰ.①数… Ⅱ.①庞… Ⅲ.①数字货币－涉外经济法－研究－中国 Ⅳ.①D922.295.4

中国国家版本馆 CIP 数据核字(2023)第 213457 号

出 版 者　中国政法大学出版社
地　　址　北京市海淀区西土城路 25 号
邮寄地址　北京 100088 信箱 8034 分箱　邮编 100088
网　　址　http://www.cuplpress.com (网络实名：中国政法大学出版社)
电　　话　010-58908285(总编室) 58908433（编辑部）58908334(邮购部)
承　　印　北京旺都印务有限公司
开　　本　720mm×960 mm　1/16
印　　张　16
字　　数　265 千字
版　　次　2024 年 3 月第 1 版
印　　次　2024 年 3 月第 1 次印刷
定　　价　75.00 元

序 言
PREFACE

　　数字货币作为数字经济的核心领域之一，已成为全球经济体系研究的重要部分，数字货币的种类日益多样，造成了其概念的混用，在跨境支付过程中往往因概念的混乱而为一些跨国犯罪提供便利，因此，讨论数字货币的法律应用基础是币种间的概念辨析，用以明确跨境交易上的法律属性。数字货币分为央行数字货币和私人加密货币，两者在跨境交易上存在不同程度的法律风险，如洗钱风险、网络威胁、数据隐私的保护问题及加密货币的"异国"属性造成的税收问题。在跨境交易上由于中心化程度的不同造成的监管问题也日益严峻，这些问题的产生是由于现阶段没有关于数字货币全面系统的体制规范及全球监管合作制度，涉及跨境交易必定会有各国间监管合作的问题，目前来看，各国研究数字货币跨境问题上仍处于初级阶段。构建全球监管合作制度框架在跨境贸易中尤为重要。

　　为了探讨数字货币跨境交易中带来的各类法律风险，本书采用了如下逻辑主线：数字货币币种间的概念辨析——数字货币的跨境支付模式——数字货币跨境交易不同币种的运作——全球数字货币跨境交易中的法律风险——数字货币主要国家的最新法律制度——国际经验借鉴下的数字货币风险解决机制构建——数字人民币的实践及制度构建。本书的正文分为七章，详细如下：

　　第一章以辨析的手法厘清数字货币的基本溯源，结合不同历史发展阶段的数字货币现实，分析数字货币的演进过程。梳理各币种的产生原因及应用模式，分类讨论数字货币币种间的混淆原因，厘清种类间的区别，为下文论述数字货币的法律问题奠基。第二章从货币的传统跨境交易模式出发，与数字货币跨境交易模式对比分析，从三类数字货币的跨境支付实践与试验中，详细分析央行数字货币、机构数字货币、稳定币在跨境交易结算清算过程中的便利作用。第三章是关于数字货币跨境交易造成的法律风险问题。本书主要分为加密货币造成的法律风险及央行数字货币可能产生的法律风险两个层面进行讨论。通过中心化程度的不同分析两种主要形式的数字货币跨境交易的法律风险。另一方面本章将数字货币跨境交易在监管上的全球难题单独讨论。论述现阶段监管中全球的难题所在，以法律风险与监管难题相结合阐述解决风险的必要性与急迫性，以此表明金融系统的稳定需要合理的数字货币法律制度规制。第四章是关于主要国家和地区数字货币法律制度的阐述与分析。通过对比国家间的数字货币法律制度，研究如何在创新数字货币法律制度上借鉴经验成熟国家和地区的先进制度，发挥其在治理上的优势，促进共同建立的数字货币国际制度。第五章主要从实际案例出发，结合当下各国在数字货币现有的制度规定之下，对各类加密货币的真实案件尤其造成跨境交易风险的案件进行了具体的分析。第六章基于前文对数字货币两种主要形式的分类，从不同的角度发现其在跨境交易中所存在的法律问题，并根据国际制度现有经验，提出构建数字货币跨境交易的风险解决机制。第七章对我国数字人民币的现状分析并结合前文的国际经验借鉴提出关于我国数字货币跨境交易的制度构建建议。

最后，本书在研究的过程中发现，数字货币相关法律制度的完善不仅需要各国对本国制度的创新，也需要国际金融体系相关法律制度的创新，研究数字货币的根本性质及国别制度对比分析，是全球数字货币法律规制的必要前提，只有在现有的基础上不断探索符合全球经济发展的数字货币制度，才能真正解决在跨境交易过程中的法律风险。

图表目录

导　论

一、问题的提出

从数字货币现有理论与实际应用中发现，当前各国的数字货币交易制度仍处于初期，尤其在跨境交易的制度构建上，还未形成有效的法律制度与规则。国外研究目前大多集中在关于私人数字货币的法律制度上，而国内由于对加密货币的禁止，主要研究集中在央行数字货币上。在实践中，数字货币的出现可以较大地改善跨境支付中繁杂的环节及高额的中间费用，解决企业及个人在跨境支付与交易中的难题。但创新支付工具的同时也会带来相应的法律风险，例如：数字货币的洗钱、欺诈、非法融资等问题。从法律的角度来看，数字货币的定义存在模糊性，各国认定不同所采用的法律制度大不相同，尤其在加密货币大肆扩张后，更是出现了不同的制度纷争。现阶段中国大力推动数字经济建设、促进社会经济更新，探索区块链技术支撑下分布式记账信息技术构成的央行数字货币体系[1]，力图改善跨境支付现状。目前，各国都在积极探索央行数字货币的相关制度与试行，特别是针对跨境领域的应用。在对数字货币的全面认识及不同种类辨析的基础上，深入探究数字货币跨境交易中的风险及应对，只有健全数字货币的多方位辨析认识、法律风险的快速纠察能力、监管制度的更新完善，才能更好地发挥数字货币在数字经济发展中的创新性作用。

从技术革新的层面上，传统货币向虚拟化不断演进，区块链技术的发展使互联网过渡到新的时代，货币形式向数字化发展促成数字货币的诞生，比特币是数字货币的原始代表。在市场应用的现状下又因比特币的市场不稳定性，发展区块链技术下的其他类型加密货币，这一时期为所谓的"数字货币

---

[1]　参见钱军等：《数字货币：重构金融生态体系》，载《新金融评论》2021年第1期。

2.0"时代，这些数字货币的主要交易方式是利用区块链技术及衍生的新的交易方式"智能合约"进行。但私人数字货币（加密货币）逐渐成为投资者的兴趣，在链条上的"挖矿"行为为犯罪提供了便利，增加了投机的高风险性。这给数字货币的发展带来了负面的评价。例如数字货币跨境洗钱、诈骗等犯罪，为了规避这一风险，各大金融巨头又将区块链技术与分布式记账方式加以革新，研发出稳定币进行交易，稳定币将法定货币进行背书来增加信用与稳定性，以便保护投资者利益。由于稳定币的出现弱化了法定货币的主权地位，从而出现了央行数字货币的研发，这类最新的数字货币不仅结合区块链技术，还在监管层面发展为从去中心化到中心化或与去中心化相结合的模式，这标志着"数字货币3.0"的开始。数字货币的交易也从开始的投资市场转变为日常消费支付及跨境交易的新方式。

结合数字货币研究现状及技术革新的演进，可以看出目前数字货币的技术不断出现创新，但关于数字货币的规制，仍处于初级或空白，不论在何种类型下，都没有完全兼容的制度相应用。制度的规范与创新技术处于失衡。因此数字货币研究是当下重要的课题，其各个环节的法律制度完善及风险解决措施，应是决策者及制定者的关注重点。在交易环节所产生的法律问题，特别是跨境交易中的法律问题至关重要。在此背景下，本书对于数字货币跨境交易的法律制度从以下问题出发：

（一）关于数字货币的分类及法律属性认定

1. 依据当前的理论和实践，数字货币应该怎样定义？如何对不同类型的数字货币进行区分？央行数字货币与加密货币的最大区别是何处？数字人民币和央行数字货币之间是否存在差异性？

2. 对于数字货币币种法律性质的定位。由于数字货币的种类没有统一的划分与定义，如何对数字货币的法律性质进行界定？国内与国外在数字货币定义上有哪些不同？

（二）数字货币在跨境交易中存在的法律风险

1. 传统货币跨境交易与支付的方式是怎样进行的？存在哪些弊端，这些弊端对跨境交易的发展有哪些负面作用？

2. 在数字货币的跨境交易实践上，央行数字货币跨境交易存在哪些风险，私人加密货币在跨境交易中存在哪些法律问题？各国在监管数字货币跨境交易上存在的具体困难是什么？

3. 对于上述存在的数字货币跨境交易的法律风险，各国现如何对其进行约束，使用何种法律规则进行规制？代表性承认加密货币的国家及联盟如美国、加拿大、欧盟、英国在数字货币制度上如何规定？对本书预期构建全球数字货币风险解决机制有哪些借鉴意义？对于还未实行的央行数字货币现阶段有哪些实验制度进行？

（三）数字货币跨境交易的国际风险解决机制

1. 如何建立有效的符合国际法规则及公平原则的数字货币跨境交易国际规制？央行数字货币跨境流动的规则应该从哪些方面建立？如何进行监管合作的构建？

2. 数字人民币的研发动因是什么？在试行阶段的数字人民币如若应用在跨境交易当中可能产生哪些法律风险？如何从政策与具体制度上选择解决路径，便利数字人民币的跨境交易。

二、研究目的与意义

现阶段数字经济的迅速发展，互联网企业数字化程度提高，数字化应用不断研发，已成为现代社会的主要生活方式。继而数字货币的产生为数字化生活更添色彩，并作为工具为交易带来便利。数字货币也成为各行各业的重要研究对象，在关于数字货币法律问题的研究上，目前主要的理论都集中在国内应用之上，对数字货币的跨境交易研究较少。但数字货币的跨境交易又是全球数字化发展环节中的重要应用。因此，研究跨境交易的法律问题及制度构建极为重要。本书研究数字货币跨境交易的法律问题的主要目的有：

第一，数字货币的交易需要时代及制度完善的依托。如今社会生活不断依托互联网，交易的方式也随着时代的变革，逐渐创新出更具有数字化性质的系统及工具。但在交易数字货币的过程中虽已有部分实践，大多数都是从投资者角度展开，数字货币并没有直接成为稳定金融市场的重要工具，反而在加密货币的应用上因其不稳定的货币性质给市场带来巨大的波动，造成金融市场的不稳定性及正常货币政策的应用。基于此，央行数字货币的出现可能是缓解这一波动性的有效手段，但更需要研究其法律问题以符合货币政策及保障金融稳定。

第二，数字货币为跨境交易带来便利，其法律制度的规范需要同步完善。

不同于纸币，数字货币的特殊性更能为数字化生活带来便利，在社会进步的过程中交易工具的更替也是数字时代必要的选择，数字货币正成为这类重要的工具，但现阶段数字货币的法律制度规定滞后，在技术的研发上与法律的规制上无法平衡。虽然现阶段研发的央行数字货币在一定程度上解决了加密货币的波动性问题，具有更为稳定的货币性，但在制度的构建上仍然处于初级阶段。各国在加密货币的法律实践上普遍是根据现有法律制度进行融合，事实上，数字货币的数字特殊性与现有法律的约束对象存在根本上的差异与区别。并且由于无法对数字货币的法律性质进行判定，现有法律制度中的概念与数字货币的概念适应性不强。在这样的情形下，需要构建数字货币法律机制及完善相应法律规范。

第三，数字货币跨境支付的国内外研究影响国际货币体系的再构建。数字货币跨境支付体系的成熟，在一定程度上将与国际资金清算系统（以下简称 SWIFT）进行制约，尤其是在各国进行央行数字货币的构建下，可以有力避免美国以 SWIFT 进行金融制裁。研发数字人民币最大的目的在于跨境支付的成功应用。我国在数字货币的研发上并不仅仅存在于国内交易模式，更大程度上是要成功地构成跨境支付的常用工具，并在一定程度上提高数字人民币在国际的依赖性，从而促进人民币国际化，央行在《中国数字人民币的研发进展白皮书》中也强调，跨境支付涉及货币主权、外汇管理政策、汇兑制度安排和监管合规要求等众多复杂问题，也是国际社会共同致力推动解决的难题。未来，人民银行将积极响应二十国集团（G20）等国际组织关于改善跨境支付的倡议。[1]

综合上述研究目的，本书的研究意义主要分为三个层面：

首先，理论上本书通过辨析的方式梳理数字货币的基础概论，提供溯源参考文本。全面厘清数字货币各币种的概念，为之后关于数字货币跨境交易的法律构建提供清晰的溯源参考文本。基础理论的研究文本对推动我国数字人民币制度构建具有重要参考意义。在此基础上，本书详细分析数字货币跨境交易涉及的一系列法律问题。从数字货币的广义范围出发，涵盖加密货币与法定数字货币（即央行数字货币），辨析数字货币币种间包含关系的法律性

---

[1] 参见中国人民银行：《中国数字人民币的研发进展白皮书》，载 http://www.pbc.gov.cn/goutongjiaoliu/113456/113469/4293590/index.html，最后访问日期：2021 年 8 月 12 日。

质，分析跨境交易的法律风险、监管举措，借鉴实践经验，为全球数字货币的制度构建，特别是在监管合作的构建上提出管见。

其次，梳理现有数字货币的跨境交易模式，为全球合作机制构建提供思路，这一思路对我国数字人民币国际跨境体系构建具有重要的参考意义。通过加密货币的跨境支付与交易的实践、稳定币的交易与实践、央行数字货币的交易与实践的分析，探索不同模式数字货币的跨境交易在实际应用中的主要作用，分析现有项目，厘清数字货币跨境交易现状。其目的是将各国现有法律规则进行对比分析，借鉴可成为普遍规制的相关积极经验，为创建数字货币跨境交易的国际性规范提供参考依据。通过对数字货币的技术层面的分析及交易过程的梳理，对交易中的风险预估，可以在最大程度上，为数字创新下的制度构建提供清晰的思路。并且通过对其溯源的解析，预判法律风险，为防范这些风险提供明确的方向。本书力图为数字经济中货币创新与法律制度平衡构建一种可借鉴性研究思路。在制度的平衡上需要结合国际层面，并从全球构建的目标出发，利用国际组织或领军角色进行相关制度的构建。

最后，在研究价值上，通过对数字人民币跨境交易的规制研究及法律制度构建的研究，推动数字人民币跨境支付体制构建，提升人民币国际化与话语权。在央行数字货币的研发上，各国正在积极地构建符合本国利益的法定数字货币，虽然现阶段以国内交易研发为主，但实际目标是能够解决跨境交易支付障碍。中国数字人民币的发展目前处于世界前列，从技术上到实际使用场景上都具有一定的国际优势。在跨境支付的愿景中，数字人民币也已进行了实际的试用模式，因此抓住这一优势是为人民币的国际化提供道路。本研究结合上文中关于数字货币跨境交易的法律风险，提炼出中国可能存在的数字人民币跨境交易的障碍，并根据障碍的预估，对相应的法律风险提出制度构建的建议。并以数字人民币的制度构建推动国际相关规则的制定，为提高中国数字经济国际地位及话语权提供详细的文本参考。

三、国内外文献综述

数字货币的热度随央行数字货币的研发越来越高，吸引了国内外学者对该领域撰写文章及著作。起初各界对于数字货币的研究主要集中在比特币，随着数字货币的种类层出不穷，首次发行代币（ICO）带来的法律风险增大，国内外学者开始对数字货币的概念分类及法律属性的认定进行研究。各国学者发表的观点并不统一，在对于具体问题的讨论上也同样存在不同的看法，包括对数字货币的风险性分析、跨境交易的解决机制及关于数字货币的监管问题。现有对数字货币的研究中，缺少对分类区分、定义定位、跨境交易法律问题、现各国数字货币规制全面梳理的文章及研究文本。在国内的研究上，各学者较多地关注央行数字货币的相关制度，对于加密货币等私人数字货币的研究较少。通观国内外学者的研究，主要对数字货币持有三种态度：一是对于比特币的承认，认为其具有货币的属性。二是完全否认加密货币的货币属性。三是根据数字货币的背书信用程度不同，分为由国家信用背书的数字货币和由私人企业背书的数字货币，前者具有法定货币属性，后者不具有法定货币的属性，更多地将其认定为数字资产。将数字货币以广义的范围定位涵盖私人数字货币与央行数字货币。更有小部分学者认为若将数字货币定位为货币的一种，则根据货币的性质要求，仅将数字货币定义为央行数字货币。笔者认为仅以央行数字货币定义数字货币整体缺乏研究的完整性，究其开发的历史，以比特币为主的加密货币优先于央行数字货币的开发，将其包含在数字货币中符合研究的整体性，并为今后的央行数字货币发展带来借鉴意义。

（一）国外文献综述

从法律研究的层面，数字货币的研究内容主要集中在四个方面：数字货币的分类、法律属性的认定、监管制度、跨境支付以及制度的构建，研究方法主要是通过各国学者研究著作、国际组织报告、各国监管机构的认定，将技术模型、交易框架与法律问题相结合讨论数字货币交易的各项内容。总体而言，现阶段对数字货币的概念认定存在不统一的现象，各国的法制与监管部门对于数字货币的交易制度也处于初级阶段。对于数字货币跨境交易的实际案件分析并不多见，对规避跨境交易法律风险的研究寥寥无几。因此，数字货币的研究任重而道远。

1. 数字货币的币种认定

由于非法定数字货币理论在国外较早出现，因此在关于数字货币的认定方面，大部分国外学者以研究私人数字货币为主要内容。其中最为全面的是关于比特币的内容，包括了比特币的定义、对金融市场的积极影响、法律风险监管制度等。

　　早期数字货币代表比特币的定性问题。美国财政部官员提出比特币是一种存在于云端的数字货币，可以与美元、欧元等真实货币相提并论。因此与真实货币不同，数字货币是一种交换媒介，在某些环境中像货币一样运作，但不具备真实货币的所有属性。[1]比特币与其他常规纸币的不同之处在于，比特币是一种国际去中心化货币，不受任何机构所有者或特定国家的监管，没有实体存在。其获取有三种方式：（1）比特币可以通过亲自兑换真实货币或通过在线兑换获得；（2）在商品或服务的销售交易中；（3）通过采矿。[2]采矿可以定义为使用计算机中的处理能力来解决非常复杂的数学问题，以保持区块链公共分类账并寻找新的比特币。比特币有积极影响方面，首先是比特币的去中心化。生活在一个无国界的世界，只有一种货币，比特币不受单一国家监管，而是由个人用户进行去中心化的点对点。其次，比特币将把完全国际化的银行系统转变为一个系统，该系统不仅允许在工作时间进行非常快速的交易，而且还可以在任何时间和任何地点以非常低的交易成本进行。这些最小的交换成本将激励低价值交易，这将有助于小企业的发展，并为金融部门不发达的国家提供金融准入[3]。最后，比特币的主要优势之一是它解决了伪造问题。关于比特币的调查结果表明，比特币主要用作投机投资，而不是作为替代货币和媒介交换。该结果基于 2010 年 7 月至 2015 年 6 月期间比特币每日数据的回归属性［WinkDex 数据中比特币对美元（USD）的每日汇率］。迪拜在 2017 年发行了第一个名为 emCash 的国家加密货币。它用于支付政府和非政府服务，并被视为这些机构的法定货币[4]。在确定如何处理比特币的法律地位上，其主要问题是确定它是货币、证券、商品还是完全不同的东西。虽然比特币通常被称为"货币"。日本是第一个完全接受比特币的国家，即政府已同意监管比特币。印度政府也已经同意监管比特币，目前正在

---

　　[1] Shavers, S, "Application of fincen's is regulations to persons administering, exchanging or using virtual currencies". Department of the Treasury and Finance. 2013, pp. 1–5.

　　[2] See Tsukerman, M., "The block is hot: A survey of the state of Bitcoin regulation and suggestions for the future", *Berkeley Technology Law Journal*, Vol. 30, No. 4, 2015, pp. 1126–1170.

　　[3] See Sonderegger, D, "A regulatory and economic perplexity: Bitcoin needs just a bit of regulation", *Washington University Journal of Law & Policy*, Vol. 47, No. 1, 2015, pp. 174–216.

　　[4] See Buck, J., "Dubai Will Issue First Ever State Cryptocurrency", https://cointelegraph.com/news/dubai-will-issue-first-ever-state-cryptocurrency（2017）. (last visited 20 March 2021)

制定相关法律。印度储备银行也在考虑在银行业中使用区块链技术。只有少数几个国家，确切地说是六个国家，完全禁止比特币，声称它非常接近成为一种货币。一个值得注意的例子是冰岛，它拥有全球最大的比特币矿场，但不允许居民购买比特币。令人惊讶的是，人们可以通过挖矿拥有比特币，但不能从外汇交易所购买比特币。目的是防止资本外逃。这种情形也发生在玻利维亚、厄瓜多尔、孟加拉国等国家。一些国家向用户和投资者发出了与数字货币相关的严重风险警告，一些国家对数字货币的使用采取了较为严厉的态度，例如，中国、俄罗斯和沙特阿拉伯。

关于虚拟货币概念及法律认定研究。国外各国金融部门对于虚拟货币的认定都偏向于根据其实际应用，尤其美国金融当局明确表态虚拟货币不具备货币所有的属性。欧洲中央银行（European Central Bank）在《虚拟货币计划》（Virtual Currency Schemes）报告中，将虚拟货币定义为"一种不受监管的数字货币，通常由其开发者发行和控制，并在特定虚拟社区的成员中使用和接受"（欧洲中央银行，2012 年）[1]。美国财政部（金融犯罪执法网络）[U. S. Department of The Treasury（Financial Crimes Enforcement Network，FinCEN）]，将其定义为"在某些环境中像货币一样运作的交换媒介，但不具备真实货币的所有属性。"[2] 国外学者对于虚拟货币认定的观点主要在于其与法定货币间的区别，学者 Lucy Frew，Rich Folsom 和 Sophie van Wingerden，在关于《虚拟货币的法律与规则问题的探究》一文中称：虚拟货币有别于法定货币和电子货币。[3] 区块链和金融技术专家 Samburaj Das 认为"虚拟货币的法律地位因国家而异，而且仍未确定。虽然一些国家明确允许其使用和交易，但其他国家则禁止或限制它。例如，在阿布扎比，虚拟货币不受监管，也不

---

〔1〕 European Central Bank, "Virtual Currency Schemes", 2012, https://www.ecb.europa.eu/pub/pdf/other/virtualcurrencyschemes201210en.pdf, (last visited 22 March 2021)

〔2〕 The United States Department of Treasury, Financial Crimes Enforcement Network, "Application of FinCEN's Regulations to Persons Administering, Exchanging, or Using Virtual Currencies", 2013, https://www.fincen.gov/sites/default/files/shared/FIN-2013-G001.pdf (last visited 22 March 2021)

〔3〕 Lucy Frew, Rich Folsom and Sophie van Wingerden, Department of Financial Services Chapter I. Regulations Of The Superintendent Of Financial Services Part 200. Virtual Currencies, https://www.dfs.ny.gov/legal/regulations/adoptions/dfsp200t.pdf, (last visited 24 March 2021) Frew Legal and regulatory issues relating to virtual currencies- (2015) 7 JIBFL 438B Journal of International Banking & Financial Law 1 August 2015。(last visited 26 March 2021)

是法定货币，而是被视为类似于燃料和其他贵金属的商品"。[1]

关于加密货币概念及认定研究。现有的研究中形成三种不同的认定方式，一种将加密货币包含在数字货币过程并认定加密货币是一种新的货币形式，另一种根据加密货币的价值属性进行认定，最后是对加密货币的监管方式去中心化进行分类。Trautman 教授在《比特币和自由保护区及之后的现状》一文中提出利用包含关系定位数字货币，将加密货币称为数字货币的子集，并具有中心化机构或基于去中心化网络[2]。伦敦大学经济学院的 Duque 教授的《国家参与加密货币？潜在的世界货币？》研究论文和英国赫尔大学商学院的 Hudson 和 Urquhart 教授的《技术交易和加密货币》报告中都认为对加密货币的认定上应将加密货币定义为一种新型货币[3]，加密货币数字化由加密算法产生，并使用点对点网络等协议在互联网上进行交换，属于新的货币交易方式。[4]定义加密货币的另一种方法是，它们基于使用复杂的加密技术为用户提供安全可靠的交换媒介。[5]价值（或货币）的创造和交易的触发由挖掘过程控制，这是一组在底层协议中实施的数学算法[6][7]。这一说法由 Adhami 教授与其研究成员在 2018 年初始代币发行的实证分析报告《为什么企业要使用加密货币？》中提出，2020 年 Cennamo 等学者在《去中心化与专有区块链

〔1〕　Das, S, Bitcoin Regulation: Abu Dhabi Financial Regulator Considers Cryptocurrency Framework (2018) https://www. ccn. com/bitcoin-regulation-abu-dhabi-financial-regulator-considers-cryptocurrency-framework/. (last visited 12 Jun 2021).

〔2〕　See Trautman, L. J, "Virtual Currencies; Bitcoin & What Now After Liberty Reserve, Silk Road, and Mt. Gox?", *Richmond Journal of Law and Technology*, Vol. 20, No. 4, 2014, pp. 1–108.

〔3〕　See Duque, J. J, "State Involvement in Cryptocurrencies. A Potential World Money?", *The Japanese Political Economy*, Vol. 46, No. 1, 2020, pp. 65–82. See Hudson R., Urquhart A, "Technical Trading and Cryptocurrencies", *Annals of Operations Research*, Vol. 297, 2019, pp. 191–220. https://doi. org/10. 1007/s10479-019-03357-1. (last visited 10 July 2021).

〔4〕　See Nakamoto, S., "Bitcoin: A Peer-to-Peer Electronic Cash System". Satoshi Nakamoto Institute Working Paper., 2008, Retrieved from: http://nakamotoinstitute. org/bitcoin/ (last visited 10 July 2021).

〔5〕　See Bulut A., "Cryptocurrencies in the New Economy", *Journal of International Trade, Logistics and Law*, Vol. 4, No. 2, 2018, pp. 45–52.

〔6〕　See Adhami, S.、Giudici G., Martinazzi S., "Why do Businesses go Crypto?, An empirical analysis of initial coin offerings", *Journal of Economics and Business*, Vol. 100, 2018, pp. 64–75. https://doi. org/10. 1016/j. jeconbus. 2018. 04. 001.

〔7〕　See Cennamo C., Marchesi C., & Meyer T., "Two Sides of The Same Coin? Decentralized Versus Proprietary Blockchains and the Performance of Digital Currencies", *Academy of Management Discoveries*, Vol. 6, No. 3, 2020, p. 65, https://doi. org/10. 5465/ amd. 2019. 0044.

和数字货币的性能》研究中再次肯定加密货币由算法引起并具有激励价值。大多数加密货币的创建都是为了引入总量有限的新货币单位，与国家发行的货币不同，加密货币不受既定法律的约束，而是受技术约束。因此在国外学者的研究中，将加密货币的认定置于特殊的使用范围之中，没有具体统一的规定，仅从技术角度对加密货币的形成所计算的算法进行了肯定。

关于央行数字货币的定性，目前在国际中对于央行数字货币的定性主要基于一国中央银行的规定。中国中央银行在《中国数字人民币的研发进展白皮书》中明确写道，数字人民币是人民银行发行的数字形式的法定货币。巴哈马中央银行（CBOB）于 2020 年 10 月 20 日为居民推出了"沙币"，这是该国法定数字货币。欧盟也在积极研发关于数字欧元的建设项目，本着改变国内纸币交易现状的目的，并力图完全以电子形式代替。美国央行现阶段也提出关于数字美元的构建，但并没有肯定是否要使用与试行，但在白皮书中强调了数字美元的法定地位。国外研究者在数字人民币的研究中称："数字人民币是最具流动性的货币供应形式的一部分，包括社会流通的纸币和硬币，称为 M0，但是以数字形式。它由该国中央银行发行和支持"。[1]

2. 数字货币交易法律风险与监管挑战

美国 2013 年国会研究服务报告《比特币：法律问题解决和分析》[2]中认为比特币的优势在于它具有较低的电子经济交易成本、增加隐私和不会因通货膨胀而削弱购买力，而劣势在于它不是法定货币，不享有美元的网络外部性、价格波动不利于其作为交换媒介的使用、系统的长期通缩偏见将不利于其作为货币的使用，并且比特币的网络安全性不确定。数字货币（如比特币、以太坊等）是否可以被描述为交换媒介或资产，存在许多有争议的问题。Baur[3]等人 2017 年在《比特币：交易媒介或投机资产》进行的统计分析表明，无论是在正常时期还是在金融动荡时期，比特币与股票、债券和商品等传统资产类别之间都没有相关性。

---

[1] Chris Anstey, "Dire dollar shortage shows world failure to fix key crisis flaw", Bloom berg Quint, 2020, March 23, https://www.bloomberg.com/news/cnticles/2020-03-022/dire-dollar-shortage-shows-world-failed-to-fix-key-crisis-flaw. (last visited 10 July 2021).

[2] See Craig K. Elwell et al., "Bitcoin: Questions, Answers, and Analysis of Legal Issues", Congressional Research Service Report, 2015, USA, p. 211.

[3] See Baur D. G., Hong K., and Lee A. D., "Bitcoin: Medium of Exchange or Speculative Assets?", *Journal of International Financial Markets*, Institutions & Money, 2017, pp. 1-34.

（1）数字货币交易缺陷及金融犯罪法律风险

数字货币的认定不一，造成其在交易过程中可能存在大量的法律风险，并对监管制度产生挑战。第一，大量流量可能会导致暂时关闭。如果发生硬盘故障，可能会导致丢失整个硬钱包，因此为避免这种损失，比特币类加密货币用户在网络上的多个位置拥有多个钱包。Pandey 和 Sharma 教授在《加密货币背后的技术问题》研究中认为与加密货币相关的技术挑战很多，但所有利益相关者的透彻理解将确保这些问题不仅通过连续更新得到解决，而且还需要建立健全的系统。[1]第二，由于比特币市场波动性幅度大，多次引发比特币公司破产等丑闻。如 Mt. Gox 的失败和一些数据泄露。[2]。由于比特币的波动性高度不稳定引发了市场对其作为货币的可行性的严重担忧。并且小幅度的市场变动与传统货币的竞争都直接导致比特币波动。这意味着任何小事件或交易都会影响比特币的价值，这导致流通中的比特币数量和接受比特币作为付款的商家数量很少。第三，对比特币缺乏信任。尽管比特币已逐渐在在线用户和企业中获得接受，但似乎大多数国家的政府都反对加密货币。一方面，目前缺乏监督比特币交易的中央机构或货币当局致使黑客事件增加。另一方面，在没有任何行为准则或法规的情况下，管理比特币行业可能会导致金融体系不稳定。在关于比特币监管问题研究中，Jenn 教授在《比特币为什么不受到政府的信任？》一文中提到特定行业中存在大量"灰线"，即使是犯罪活动和诉讼也需要一段时间才能解决[3]。比特币加密货币是一种不受政府和银行监管的互联网货币，但客户使用比特币作为一种货币兑换形式。因此，了解为客户提供最佳服务的法律和道德责任非常重要。各国政府正在努力规范其使用，用户目前在使用比特币时几乎没有受到法律保护，黑市网站也因比特币而无处不在。每当新技术进入世界时，就会出现此类问题，而如何处理这些困难则取决于立法者和公民。

---

〔1〕　See Pandey R.，Sharma B.，"Technology issues behind crypto-currencies"，Retrieved from https://www.livemint.com/Opinion/JAM2JrJJjpohEzlmQMFN2J/Technology-issues-behind-cryptocurrencies. htmllast visited 10 July 2021）.

〔2〕　See Sagar，J.，"Volatility Is Still a Serious Concern for Bitcoin Investor"，Retrieve from https://www.newsbtc.com/news/bitcoin/3-reasons-volatility-still-serious-concern-bitcoin-investor/。（last visited 10 Aug 2021）.

〔3〕　Jenn S.，"Why governments don't trust Bitcoin"，2015，Retrieved from https://www.newsbtc.com/2015/04/21/why-governments-dont-trust-bitcoin/.（last visited 10 Aug 2021）.

（2）加密货币的洗钱等金融犯罪风险

第 13 届国际科学与实践会议中分论坛主题为：人工智能人为自然与社会出身。在讨论中，Fabian Teichmann 的论文《通过加密货币洗钱》分析了加密货币相关的合规风险，特别是调查加密货币如何被盗用洗钱，他展示了犯罪分子如何使用加密货币来规避现有的反洗钱措施。[1]现有的反洗钱规则主要是国际金融行动特别工作组关于《国际反洗钱制度》的规定，分析了旨在降低国际金融体系洗钱风险的国际规则、原则和标准体系。国际反洗钱制度的范围从近年来发展起来的涉及国家间自愿合作安排的各种软法律（不具约束力）原则和规则，到约束越来越多主要国家的更具体的法律框架。特别是，金融行动特别工作组（FATF）及其成员国在制定国际规范和规则方面发挥了至关重要的作用，这些规范和规则要求金融机构采用最低水平的透明度和披露以防止金融犯罪。[2]在此背景下：

FATF 在《虚拟货币关键定义和潜在的 AML/CFT 风险》[3]报告中，明确了虚拟货币是什么，并根据其不同的商业模式和操作方法对虚拟货币进行了分类，并识别了典型虚拟货币系统中的参与者。它还将 2021 年 NPPS 指南第 Ⅳ（A）节中规定的风险因素应用于特定类型的虚拟货币，以识别潜在风险；描述了最近一些涉及虚拟货币的调查和执法工作；并展示了司法管辖区当前对虚拟货币的监管方法的样本。

（3）数字货币跨境交易监管挑战

在数字货币跨境交易的监管上存在的挑战是对于其监管难度。该方面的研究目标之一是关注各国在反洗钱报告方面对监管比特币的具体规定。在跨境交易方面，美国研究学者 Bryan 在《美国加密货币规则》的研究中发现监管机构的一个直接担忧是犯罪分子可能利用比特币的匿名性在全球范围内轻松地进行无法追踪的交易。其特殊性在地理位置上无法确定，造成监管困难。

---

〔1〕 Fabian Teichmann, "Money Laundering Through Cryptocurrencies", 13th International Scientific and Practical Conference- Artificial Intelligence Anthropogenic nature Vs. Social Origin ISC Conference-Volgograd 2020: Artificial Intelligence: Anthropogenic Nature vs. Social Origin, pp. 500-511.

〔2〕 Alexander K., "The international anti-money-laundering regime: the role of the financial action task force", *Journal of Money Laundering Control*, Vol. 4, No. 3, 2001, pp. 231-248.

〔3〕 See FATF, "Virtual Currencies-Key definitions and potential AML/CFT risks", 2014, http://www.fatf-gafi.org/media/fatf/documents/reports/Virtual-currency-key-definitions-and-potential-aml-cft-risks.pdf. (last visited 15Aug 2021).

因为加密货币是一种无形的、可转让的私有财产。交易过程中隐匿性强。比特币类加密货币对其当前所有者来说是一种宝贵的资产，如果他们接受这种付款方式，则可以将其转让给其他人。因此，比特币是有价权利的流通，但并不等同于变现权，而是一种立即不可撤销地转让有价资产的权利。另一个在跨境交易中产生的监管挑战是消费者保护方面。新加坡学者 Vallikappen[1]在《比特币在新加坡应用的风险》研究上提出，消费者面临的另一个风险是构成比特币生态系统基本组成部分的交易所之间缺乏法律追索权和一致性。确保交易所遵守反洗钱和报告要求的法规并未扩展到这些交易所的健全性和安全性。

3. 数字货币的监管机制应用

由于数字货币未形成统一的归类定性，因此各国在监管机制上也不尽相同，尤其是对加密货币的跨境监管应用上，各国普遍与国内法相结合。

美国金融监管机构对加密货币没有确定的监管法律，仅是应用在基础法律之下。美国证券交易委员会 United States Securities and Exchange Commission (SEC) 已警告投资者加密货币投资风险，停止了几个 ICO，并暗示需要加强加密货币监管[2]。加拿大的金融消费者管理局 Finacial Consumer Agency of Canada（FCAC）认为加密货币不是"法定货币"，法定货币不包括在该定义中除加拿大银行纸币和硬币之外的所有货币。然而，真正对加密货币监管立场并不严厉。事实上，在了解数字货币行业相关法律方面，加拿大似乎是该列表中最透明的国家[3]。英国尚未发布任何正式对比特币进行分类的监管指南，虽然英国将比特币归类为一种货币，但也存在一定的局限性。2014 年 3 月 3 日，英国税务海关总署（HMRC）免除了大多数与比特币相关的活动（贸易、采矿等）的税收。然而，英国税务海关总署将比特币部分视为一种金融投资[4]。沙特阿拉伯没有禁止比特币，它实际上正计划对比特币进行监

---

〔1〕 See Vallikappen S., Singapore to regulate Bitcoin operators for laundering risk. Bloomberg. https://www. bloomberg. com/news/articles/2014-03-13/singapoore-to-regulate-bitcoin-operators-for-money-laundering.（last visited 10 Aug 2021）.

〔2〕 See Agarwal S.，"Note：Bitcoin transactions：A bit of financial privacy"，*Cardozo Arts & Entertainment Law Journal*，Vol. 35，No. 1，2016，pp. 153-175.

〔3〕 See Agarwal S.，"Note：Bitcoin transactions：A bit of financial privacy"，*Cardozo Arts & Entertainment Law Journal*，Vol. 35，No. 1，2016，pp. 153-175.

〔4〕 Gullen T.，"Bitcoin's UK future looks bleak"，SCIRRA BLOG.（2013）Retrieved from https://www. scirra. com/blog/tom/4/Bitcoin-uk-future-looks-bleak，（last visited 15 Aug 2021）.

管，但尚未进行相关尝试。起初，沙特货币管理局 Saudi Arabian Monetary A-gency（SAMA）的高级顾问 Abdulmalik Al-Sheikh 表示，加密货币需要更多的发展并对金融市场产生更大的影响，以推动沙特阿拉伯对加密货币进行总体监管。尽管如此，SAMA 就处理比特币的高风险发出警告，并表示其交易商将不会得到任何保护或权利[1]。

4. 数字货币跨境交易的风险解决机制构建

由于数字人民币的实验场景丰富并试行成功，各国加快了研究本国央行数字货币的速度，在关于跨境交易的研究上，目前多集中在央行数字货币的跨境交易应用改变跨境支付风险，对于加密货币的跨境交易并没有得到普遍的认同。在 2021 年 6 月国际清算银行、世界银行、金融特别小组对 G20 关于央行数字货币的跨境交易报告中提到了关于未来央行数字货币的跨境支付制度构建。[2]它特别强调："跨境支付计划其他领域的改进，例如调整跨境支付的监管和监督框架、反洗钱/打击资助恐怖主义（AML/CFT）的一致性、支付（PVP）的采用和支付系统访问以上领域都是对于跨境中央银行数字货币（CBDC）的使用至关重要的探索方面"。

在制度的构建上，研究人员都偏向于合作途径。Shehnaz Ahmed[3]研究员在《CBDC 是否有助于跨境支付》中提出 CBDC 的设计和监管必须确保这种新的跨境支付解决方案不能规避资本流动控制。设计 CBDC 以应对跨境支付领域现有的摩擦将需要大规模的国际合作。随着大多数中央银行开始其 CBDC 设计工作，全球协调的 CBDC 设计工作将确保中央银行能够继续分享他们的经验并确定 CBDC 促进跨境支付的机会。Cinneken. C. L. van[4]关于

---

〔1〕 Arjun K., "Cryptocurrencies 'not mature enough' to assess impact: Saudi Arabia regulator", Retrieved from（2017）cryptocurrencies – regulatoryhttps://www.cnbc.com/2017/10/23/cryptocurrencies – not – mature – enough – to – assess – impact – saudi – arabia – regulator. html? view = story&%24DEVICE%24 = native – android–tablet, （last visited 15 Aug 2021）.

〔2〕 BIS, "Central bank digital currencies for cross–border payments Report to the G20", https://www.bis.org/publ/othp38.pdf, （last visited 15 Aug 2021）.

〔3〕 See Shehnaz Ahmed, "Will CBDCs help ease cross–border payments?", https://economictimes. indiatimes.com/markets/cryptocurrency/will– cbdcs – help – ease – cross – border – payments/articleshow/863617 78. cms? （last visited 15 Aug 2021）.

〔4〕 See Cinneken. C. L. van, "Settlement of Cross – Border Transactions through Central Bank Digital Currency: Analysis from a risk management perspective", https://essay.utwente.nl/78027/1/Ginneken_MA_BMS.pdf., （last visited 17 Aug 2021）.

《CBDC 积极意义及制度构建》的研究论文中提到"尽管 CBDC 将涉及克服众多立法、技术甚至政治挑战，但相信它的引入可以极大地创新跨境银行间支付领域"。

综上研究，国外学者、监管机构、政府金融官员在关于数字货币的法律问题研究上，主要集中在数字货币的定位分析及在交易过程中的法律风险，并对如何形成监管进行了各方面的论述，但是对于跨境支付数字货币的研究仍属于少数，对于跨境交易中的法律风险梳理及制度的构建内容依旧集中在加密货币中，对于包含央行数字货币的数字货币整体跨境交易的研究并不多见。

（二）国内文献综述

在数字货币的国内研究上，由于我国对于加密货币的禁止，在数字货币的研究上也因此而存在滞后性，尤其在数字货币的跨境支付研究上国内研究论文及著作较少。目前的研究理论普遍从央行数字货币、法定数字货币的角度出发，并对数字人民币相关内容及构建提出论点。

1. 数字货币的认定分类

关于数字货币的认定研究。中国人民银行反洗钱局副处长吴云认为，数字货币概念的提出意在区分现有的"电子货币"、"电子支付"等简单的数字化支付手段（如网络银行、第三方支付），从而表明"数字货币"是一种内涵更加丰富、数字化程度更高的电子化支付方式。[1] 周文卿认为数字货币的发行主体不同，因此分为央行与私人两种类型。[2] 黄光晓在《数字货币》一书中认为，数字货币的概念应当与法定数字货币或者央行数字货币的概念进行区分。[3] 他认为数字货币仅为私人数字货币，与央行数字货币不同。邹力行教授从货币历史的角度认为不论是传统货币还是电子货币、数字货币，在历史的发展中这些只是"货币壳"下的一种职能，都是货币的一种存在方式。[4] 徐雪梅研究员在《全球数字货币竞争的现状、前景及对策》[5]中也重申到数

〔1〕　参见吴云、朱玮：《数字货币和金融监管意义上的虚拟货币：法律、金融与技术的跨学科考察》，载《上海政法学院学报（法治论丛）》2021 年第 6 期。

〔2〕　参见周文卿：《关于我国数字货币发展探究》，载《中国集体经济》2022 年第 6 期。

〔3〕　参见黄光晓：《数字货币》，清华大学出版社 2020 年版，第 4 页。

〔4〕　参见邹力行：《数字货币与全球化》，载《东北财经大学学报》2022 年第 1 期。

〔5〕　参见徐雪梅：《全球数字货币竞争的现状、前景及对策》，载《现代商业》2021 年第 34 期。

字货币按照发行主体不同分为私人与央行两种。目前国内学者在关于数字货币的认定及分类上大部分认可发行主体依据下的私人与央行两种分类，另一些学者则在私人货币的"货币"性质上产生异议。

关于法定数字货币的理论研究。马克、张泽栋在《法定数字货币对货币创造体系的影响研究》中写道，主流观点认为，法定数字货币的发行主体和货币形态是确定的，即法定数字货币的信用本质是中央银行负债，发行主体应为一国中央银行，其与现行主权货币的区别仅在于发行形式（实物形式还是数字形式）的不同。研究的争议主要集中在货币系统开放性和货币发行技术上。[1]于品显总结了关于央行数字货币的三个特征：第一，在资产支撑上央行有中央资产负债的求偿权，而加密货币没有资产支撑。第二，双重特性，即具有基本央行现金特性又具有加密货币的无形性。第三，CBDC 不具有记账功能。[2]武振楠认为，我国法定数字货币是由央行主导、基于区块链技术的数字货币。央行发行法定数字货币、构建实物—数字货币并存的金融基础设施，可以提高币值的稳定性。[3]从现有的关于法定数字货币的研究看，我国大部分学者及计算机领域专家，都对央行数字货币的理论达成一定的共识。

2. 数字货币的跨境交易

目前在国内的数字货币研究中对于跨境交易支付的相关问题，主要集中在关于央行数字货币的跨境交易，但由于现阶段对央行数字货币的研发与试行都主要集中在国内零售层面，对于央行数字货币的跨境支付研究较少。

在关于央行数字货币跨境交易风险上。宛洁茹、吴优认为在跨境交易中 CBDC 可能带来四种风险：[4]（1）取代本币的风险。尤其担忧在数字美元的兴起后，存在主权货币被替代的风险，不发达地区主权货币可能被他国央行数字货币代替。这一趋势给国民经济带来难以逆转的不稳定影响。（2）将金融稳定性减弱。主要表现在削弱央行独立货币政策、引发银行挤兑，货币创造性不稳定引起金融危机，由此造成金融稳定性削弱。（3）加剧汇率波动。（4）"衍

---

〔1〕 参见马克、张泽栋：《法定数字货币对货币创造体系的影响研究》，载《经济纵横》2022 年第 1 期。

〔2〕 参见于品显：《中央银行数字货币法律问题探析》，载《上海对外经贸大学学报》2020 年第 2 期。

〔3〕 参见武振楠：《我国法定数字货币进展、可能风险及防范措施》，载《生产力研究》2021 年12 月。

〔4〕 参见宛洁茹、吴优：《央行数字货币的跨境支付问题研究》，载《新金融》2022 年第 1 期。

生法律与监管问题"。李志鹏、邓暄、向倩在央行数字货币的研究基础上提出了关于数字人民币跨境支付系统构建的挑战，包括：（1）对于数字人民币的基础设施及法律规定不完善。（2）由于其创新性领先地位可能遭到竞争压力及其他国家的抵制。[1]

3. 央行数字货币跨境交易的机制构建

在关于央行数字货币跨境交易的机制构建上。以数字人民币机制构建为主要研究目标，中国人民银行南京分行夏玮屿提出在数字人民币的法律基础构建上通过：（1）明确数字人民币的法律地位；（2）构建数字人民币的发行管理机制；（3）建立监管制度，监管制度主要从反洗钱、反融资方面，个人信息保护方面，人民币造假惩治及赔偿损失等问题上构建关于数字人民币基础法律制度。[2]陈静、黄传峰在关于数字人民币跨境支付的发展策略上提出：（1）需要抓住数字人民币发展的优势扩大跨境支付结算的应用场景。（2）与夏玮屿关于基础法律完善的观点基本相同，都强调了在数字货币跨境支付应用中完善基础法律的重要性。（3）提出了在跨境支付领域国际合作的重要性，这一观点基本与国外学者在研究数字货币跨境交易的态度上一致，都倡导在国际合作的基础上完善数字货币跨境监管等机制，为数字货币的跨境支付提供便利的通道与条件，尤其在各国的央行数字货币跨境合作上。（4）提出发展跨境支付数字人民币推动人民币国际化的积极作用与现实性。[3]邱燕飞在关于数字人民币法制路径探究上同样也与上述学者的观点一致，特别是在关于国际合作上提出了：首先通过企业互通进行双边合作，与他国签订双边条约，围绕核心企业的海外业务拓展并提供跨境金融服务，为数字人民币的跨境贸易拓宽市场。其次建立跨境金融平台或参与建设，可借鉴国外已有经验，例如：在欧盟，欧洲中央银行通过国际政策合作建立存取、换汇、转账支付的数字银行如：Wise、Monzo、Revolut、Stripe。[4]并再次提出对于数字人民币的研发，尤其在跨境交易支付系统的建设及法律制度上要抓住当下领先的优

---

〔1〕　参见李志鹏等：《数字人民币探索构建新型跨境支付体系的思考》，载《国际贸易》2021年第12期。

〔2〕　参见夏玮屿：《关于构建数字人民币发行法律基础的相关问题研究》，载《现代金融导刊》2021年第10期。

〔3〕　参见陈静、黄传峰：《数字人民币跨境支付发展策略》，载《中国外资》2021年第22期。

〔4〕　参见邱燕飞：《数字人民币实现跨境支付的障碍与法制路径》，载《金融与经济》2021年第11期。

势。在合作的基础上共同建立普惠式金融数字银行等机构。

四、研究方法和主要内容

（一）研究方法

1. 文献分析法

本书结合国内外专家学者文献及各知名行研机构、国际组织对于数字货币的研究报告进行分析，并对数字货币原理性著作进行研读，从基础运作到基本内容逐步研究，如对《国际金融法》《金融法学》《比特币白皮书》《数字货币》《数字人民币白皮书》等进行基本观点分析总结，以构建本书的理论基础。本书将关于数字货币的理论知识研究的文献进行梳理，掌握数字货币概念。本书不仅从法学文献中提取相关论点论据，还从涉及数字货币的经济学、应用学、计算机领域研究文献将数字货币的基础溯源透彻理解，通过文献研究的方法详细区分研究内容的种类并作出分类，将数字货币的理论知识充分阐明。

2. 功能分析法

功能分析法研究是根据社会现象出发，研究其根本实践应用作用。其最主要的目的是对社会效益带来改变及发展。研究数字货币的理论内涵应从其社会效益的根本入手，从其功能性考究其机制，总体分为三个层次，第一从基础功能研究，基础理论确定对于在现实需求中的数字经济时代的根本意义，第二从现实需求功能研究，分析数字货币在现实需要中的作用及必要程度，第三从机制构建的需求功能，分析数字货币在跨境支付体系中的制度需求并结合上述功能，全面掌握数字货币在不同功能角度的社会经济价值。

3. 案例分析法

书中选取数字货币交易过程中利用现有法律基础进行规制的实际案件。提取不同类型的案例，全面分析在案件中如何对数字货币交易的犯罪行为进行约束，主要从比特币的洗钱案件、ICO 是否符合证券交易的案件、数字人民币诈骗洗钱案件及跨境交易的洗钱犯罪案件，从不同种类数字货币交易的案件中详细探析其规制的现有方式与方法。另外探究其与现有法律制度的兼容性，分析在无法兼容的情形下现有制度的可借鉴之处及警示性，为下文关于数字货币跨境交易的法律制度构建提供借鉴依据。

4. 比较分析法

本书还采取了国别性法律制度比较与案例比较分析法。本书梳理了当前各国最新数字货币相关法律制度，主要涉及数字货币的认定、反洗钱、税收、监管等内容，从国别性制度的分析研究，进一步推进关于全球数字货币的制度建立。并从典型的案例进行对比分析，收集截至目前公开报道范围内已经出现的关于数字货币的相关案件，对这些案件的事实和法律问题均进行了分析和讨论。整体上对美国、欧盟、英国、加拿大等对于数字货币的监管立法做介绍和分析，比较其异同，并结合其本国背景分析差异原因。最后总结各国机制对我国数字货币立法的启示。

最后，关于文献来源，本书中所引用的中文论文主要从知网、北大法宝获得，中文书籍通过法大图书馆、自行购买取得；英文论文主要从 HeinOnline、LexisNexis、Westlaw Next、SSRN 和 Kluwer Competition Law 等数据库获得，英文书籍主要从法大图书馆、Google Books、Cambridge Books Online、Oxford Competition Law、自行购买等渠道获得。

（二）主要内容

本书一共分为七个章节：

第一章以辨析的手法探析数字货币的基本溯源，结合不同历史发展阶段的数字货币现实，分析数字货币的演进过程，梳理其各币种的产生原因及应用模式，分类讨论数字货币币种间的混淆原因，厘清种类间的区别，使文章所讨论的对象清晰明了。具体而言，本书总结了数字货币以信用程度不同促成的三类数字货币分类，一类为去中心化的加密货币，是当下应用范围最广的数字货币模式。一类为机构数字货币又称稳定币，是以金融机构与大型企业为发行主体，如当下最热门的 Facebook 推出的天秤币。最后一类是由中央机构发行的法定数字货币。上述币种叫法繁多，造成公众对数字货币概念的模糊。在此分类的基础上，本书通过对比辨析的方式将指出各币种间的不同，从基础概念分析数字货币的特征及发行方式，并为下文论述数字货币的法律问题奠基。

第二章从货币的传统跨境交易模式出发，阐明当下传统模式的主要路径并与数字货币跨境交易模式进行对比分析，其一分析其货币清算结算的方式，其二从使用上说明系统透明度低、费用昂贵、时间成本高等问题。由此，分析数字货币在跨境支付中的积极作用，从三类数字货币的跨境支付实践与试验中，详细分析央行数字货币、机构数字货币、稳定币在跨境交易结算清算过程中的便利作用。分析其交易的整个过程，通过与传统交易的对比，突出数字货币跨境交易支付体系在整个跨境贸易体系下的重要性。本书还讨论了数字人民币的成功试行，结合跨境交易实践的成功案例，从中国的实践说明数字货币跨境交易支付体系的必要性和便利性。在讨论三种不同类型数字货币的跨境支付应用中，可以得出，数字货币在跨境贸易中的重要作用，并为下文的数字货币跨境交易法律风险做出理论的铺垫。

第三章是关于数字货币跨境交易中所造成的法律问题的分析。本书主要分为加密货币造成的法律风险及央行数字货币可能产生的法律风险两个层面进行讨论。通过中心化程度的不同，分析两种主要形式的数字货币的风险。在加密货币层面，主要分析在跨境交易的环节中使用加密货币进行结算汇款时存在的法律风险，通过在发行阶段与交易阶段两个层面厘清不同节点的法律问题所在。在央行数字货币的风险分析上主要从跨境交易中可能产生的洗钱、诈骗、平台合规性进行评估性分析。通过两个层面的法律风险分析，本书发现，不论是加密货币还是以中央机构为领导的央行数字货币，在跨境交易的过程中都存在交叉的法律问题。因此，解决数字货币的跨境交易问题，可以从两者中的相同点进行统一的管制，而不同点可根据国际与国内的现状及特点进行区别化研究解决。

近期数字货币交易在各国都开始制定相应的解决措施，跨境交易中的法律风险依旧成为各国关注的重点，尤其是在一些国家对加密货币合法化后，不同国家对数字货币认定不同因此产生的法律规制不同，这在法律应用中带来一系列的法律混用现象。再者由于加密货币的匿名性及去中心化，跨境使用的管辖权节点无法通过现阶段的法律规定进行认定，造成各国在管理加密货币上可能因为管辖权的不确定而造成国际纠纷。洗钱的现象也在加密货币的跨境交易中时常存在。再者在交易过程中，加密货币的交易平台合规性也是在数字货币迅速发展并交易的过程中不断显现的问题之一。现阶段各国对平台合规性的约束仅限于前期的起步阶段，对大量新进平台并未有效地达到合规检验，同样的问题也存在于中央数字货币之中，详尽地分析数字货币两大类别的法律问题，从货币的发行与交易的不同层面详尽风险的存在，然后从问题出发构建数字货币跨境交易中风险解决机制。

另一方面的风险集中在数字货币在监管上的全球难题。就数字货币的监管而言，不论是美国类型化监管制度还是英国"监管沙盒"机制，均采取了对数字货币的性质归类，以不同法律性质规定应用的法律制约。因此，全球在数字货币的监管上并未形成统一的规定，全球数字货币监督管理体系仍然处于早期发展阶段。现有的监管体系没有涉及数字货币的定位、法律地位和运行规则等相关内容，对数字货币相关服务提供商以及交易参与者的权利和义务也没有做出明确的界定。虽然美国、英国等国家推出了数字货币监管模式和监管法律，但由于之前并没有可参考的案例，监管力度往往很难把控，监管严苛会阻碍数字货币的发展，监管松散又会产生风险。另外由于数字货币的中心化程度、匿名性跨国性导致了监管难度的进一步加大。本书通过对全球监管中的典型案例分析，论述现阶段在监管中全球的难题所在，以法律风险与监管难题相结合阐述解决风险的必要性与急迫性，以此表明金融系统的稳定需要合理的法律制度规制。

第四章是关于主要国家数字货币法律制度的阐述与分析。由于数字货币的分类及法律属性在国际上并未形成统一的标准，各国在定义数字货币及相关法律规制时都建立在本国国情之上，造成在数字货币的跨境交易法律监管方面的法律应用混乱。但各国在数字货币的法律实践上同样也是存在积极且可借鉴的国际经验，为建立数字货币国际法律制度带来一定的积极意义，在探索数字货币的法律问题上，各国的法律制度研究必不可少。本书选取了当下在数字货币法律制度应用中相对较为成熟的国家。其中包括：美国、澳大利亚、加拿大、欧盟、英国、日本、中国典型的国家进行对比分析。从对数字货币的接受程度分析各国对加密货币与法定数字货币接受程度的不同，并从涉及的法律问题，如反洗钱、税收、隐私保护等问题，通过各国本国法应用与数字货币规制中所遇到的问题及国际挑战，对比出国家间数字货币法律应用的不同，并在不同的态度下对数字货币发展模式的应用形式差异进行梳理分析。通过对比国家间的数字货币法律制度，进一步地探究数字货币的交易问题及现实经验的优势之处。在创新数字货币法律制度上借鉴经验成熟国家的先进制度，发挥各国在治理上的优势，促进建立共同的数字货币国际制度。

第五章主要从实际案例出发，结合当下各国关于数字货币的现有制度规定，对各类加密货币的真实案件尤其造成跨境交易风险的案件进行了具体的分析。案件包括关于 ICO 是否为证券及如何进行证券测试的案例，分析说明了在关于此类数字货币的交易时是采用怎样制度约束并从案件中发现是否有有利的借鉴方面。另一案例主要是关于加密货币的跨境犯罪，在面对加密货币一类的去中心化货币的交易，由于其去中心化及无监管的特点，极易造成大规模跨境交易犯罪，该案例真实发生正说明了这一现象的危险性。案件破获主要采用了联合监管的方式，通过联合机构将犯罪遏制。可以看出在数字货币跨境交易中阻碍犯罪发生，各国间监管机构及政策的合作极为重要。也为下文关于数字货币监管合作制度的构建带来有利的借鉴经验。最后是关于央行数字货币交易的犯罪案件，特别列举了关于数字人民币的最新洗钱犯罪案件。该案件是对我国数字人民币发行及在今后跨境交易应用的风险性警惕，应以更为严格的监管机制约束犯罪行为的发生。

第六章基于前文对数字货币两种主要形式的分类分析，从不同的角度发现其在跨境交易中所存在的法律问题，并根据现有经验基础，提出本章针对现有数字货币交易法律问题之下的风险解决机制构建。数字货币跨境交易中相关的法律问题集中在：第一数字货币国际通用概念的缺失造成大量的制度跨境使用混乱，第二是分为两个层面，其一是关于加密货币的制度，主要是管辖权的确权问题、洗钱风险、隐私风险、平台合规性及税收的确定，其二是中央数字货币制度，是关于隐私保护、洗钱、平台合规及网络威胁。解决这两个问题最大的意义在于使数字货币合理合法并维护金融稳定，促进其健康有序地发展。因此，解决的途径是需要通过确定的法律规制，并且建立国际的监管合作机制来促进其跨境交易的良性运作。国际合作将是应对跨境数字货币流动挑战的关键。这里基于以上问题提出以下制度的构建。本书以数字货币两大分类为基础，通过两种机制的构建解决数字货币的法律问题。通过对国际经验的借鉴，构建符合国际经济发展的数字货币法律制度。

数字货币在国际上的分类不同，各国的分类基础大致以中心化程度的不同可以分为以私人发行的加密货币及以中央机构发行的数字法币。两种中心化程度不同的数字货币在监管层面存在差异。在跨境交易过程中两类数字货币都可能造成不同的法律问题。解决两者的法律问题最基本的是构建关于数字货币的法律制度，这不仅需要国内制度的创新，也需要关于数字货币制度的统一、标准的制定、监管的国际合作。

第七章是中国数字人民币的现状分析及前瞻发展。中国人民银行于2014年成立了数字货币研究所，经过五六年的艰苦研究和探索，制定出了名为

"DCEP"的数字人民币。2020年在国内试行。中国人民银行对数字人民币的研发和推广正在走向成熟，正式步入人们日常生活的各类场景。数字人民币的推行无疑是中国在面对加密货币大量产生的一大应对举措。同时也出现了建立数字人民币相关制度的问题，是基于现有制度还是创建新的制度，在跨境交易的过程中如何做到使各国承认，都是数字人民币可能存在的问题，是现阶段中国需要解决的问题。

最后，本书在研究的过程中发现，数字货币的相关法律制度的完善不仅需要各国对本国制度的创新，还需要国际金融体系相关法律制度的创新，国内外两面的创新合作构建才是促进数字货币交易规范化的根本，研究数字货币的根本性质及国别制度对比分析，是全球数字货币法律规制的必要前提，只有在现有的基础上不断探索研究符合全球经济发展的数字货币制度，才能解决在跨境交易过程中的法律风险。

五、创新和局限

通观数字货币的国内外研究现状，对于数字货币的概念分类及法律属性并没有形成统一的观点，大部分研究集中在某一种数字货币，不具有完整性。研究数字货币的跨境法律问题需要全面地将各类型币种交易论述才能有效推动建立相关法律制度。在对于数字货币的监管问题上特别是在跨境交易的监管上，各国现有制度都处于初级探索阶段，并且当前对于数字货币的体系性论文著作都很少。本书对于数字货币的跨境支付的法律问题研究，试图将现有数字货币的跨境交易现实、法律实践及国际经验进行总结，并对可借鉴经验及法律制度规制进行梳理，最后提出关于数字货币跨境交易的风险解决制度构建建议，力图为今后数字货币国际制度构建提供可参考文本。

1. 在写作手法上，基础概念以辨析方式厘清区别传统文意解释

本书在关于数字货币的基础概念梳理上，通过辨析的方式进行厘清，与传统基础概念撰写相区别，具有创新性。本书撰写中查阅的论文大多以基础概念出发，以文意解释进行理论性说明，本书在数字货币的基础概念分析上通过辨析的写作手法对数字货币各类型的区别详细描述。结合数字货币理论并未形成统一概念的背景，通过辨析的手法更能将数字货币的概念清晰地展示。在概念不统一的情形下更需要对各项内容进行区别分析。

2. 在理论上，关于央行数字货币的法学理论有一定创新

目前在数字货币的研究中以加密货币的研究为主，对于央行数字货币的跨境交易理论鲜有涉及。虽然也有关于法定数字货币的文章介绍，但大多数研究是在金融学、计算机领域之下，对于央行数字货币法学研究较少，尤其是在央行的跨境交易的法律制度研究上。基于我国数字人民币的技术领先性，必须对法律制度的研究同步进行，在创新与制度上达到平衡，以实现央行数字人民币的根本价值，如果关于央行数字货币的法律制度长期缺乏，未及时跟进技术的发展，将对数字人民币的跨境支付造成负面的影响。因此本书将央行数字货币的法律构建详细描述，通过对国家间 CBDC 的研制现状及制度构建模拟提出关于我国数字人民币基础法律构建的建议，故为本书的理论创新之处。

3. 在视角上，以私人与央行数字货币跨境交易的双视角研究

从研究的思路及视角上本书通过对央行数字货币与私人数字货币的双视角进行关于数字货币跨境交易法律问题的研究。由于数字货币的范围存在争议，因此大部分的文献在对数字货币的研究上都以个别币种进行研究。从数字货币的广义范围上将其分为央行数字货币与私人数字货币的分类是大部分学者认同的，也是本书作者的研究视角范围。在关于数字货币相关法律问题的研究上需要全面性地分析，若将其割裂进行某一种数字货币的单独分析容易将问题以偏概全。在研究的专属性上应当可单独撰写但在以数字货币为主题范围的研究上应当将其范围涵盖全面。本书通过对私人数字货币跨境交易的现状、法律风险及各国在关于加密货币跨境交易的现有规制研究，为央行数字货币发行后的制度构建提供启示及经验借鉴，并根据当前各国对数字货币的中加密货币的认可差异性提出针对性法律制度构建，尤其是关于数字货币的制度构建上。本书提出了两种路径，一是关于央行数字货币的监管合作及跨境制度构建，二是关于私人数字货币的跨境制度构建。建立两种机制的主要原因在于各国对私人数字货币的认可度不同。因此从两种视角分析研究更符合当下数字货币发展国际现状，从思路与视角上都具有一定的创新性。

4. 在机制上，提出对数字货币跨境支付国际合作监管机制的框架构想

最后，在解决数字货币的监管问题上提出对国际合作监管框架的构想，目前数字货币的全球发展中缺乏全球性国际监管机制，并且也没有相应的国际条约规则。这是全球在数字时代发展中需要解决的重要问题，因此本书结

合各国目前的监管现状，对监管机制先进的国家进行经验借鉴，并结合国际货币基金组织对国际监管合作呼吁框架进行进一步研究与梳理，提出构建全球数字货币跨境交易国际监管合作机制的构想。为今后国际监管机制的制定提供可依据文本，并为中国数字货币发展提出适合我国发展的建议，并为数字货币国际监管合作机制的建立积极发出中国声音，增加我国在数字经济发展中的国际地位。

（二）不足之处

本书存在以下局限：第一，总体来说，本研究的内容主要由法律分析和评述构成，虽然少量地触及与数字货币相关的部分经济学理论以及数字货币领域的最新实验成果，但由于本书在专业背景上的局限性，更多的是从法学的角度对数字货币的已有理论和实践进行分析和讨论，在跨学科分析方面存在不足。第二，本书注意到，在技术革命重塑全球价值链的大背景下，数字货币不仅仅是一个独立、纯粹的经济法问题，需要将其放进更宏观的画面中进行全盘综合考虑，但数字经济所涉及的数字货币、数据和人工智能等新技术发展迅速，目前未达成法律规制的共识，特别是在规制的必要性及具体路径等方面，各方仍存在根本性分歧。另外，现有货币监管规制应对数字货币问题是否会造成与其他法律（如银行法）之间的冲突？因此，本书未在研究中加入更宏观的讨论。第三，本研究仅覆盖中英文文献，未涉及其他语言的文献。

数字货币的基本原理是探究数字货币法律制度的前提与基础，由于现阶段数字货币没有形成统一的定义，在实际应用中由于数字货币的定义模糊造成交易过程中法律应用的混乱，更是在数字货币的跨境使用中带来管辖权争议。数字货币的币种分类也因其中心化程度的不同造成监管模式存在巨大的差异。现阶段各国在数字货币的分类上主要以中央数字货币和私人数字货币为主要类别，但其中包含着各类数字货币种类。厘清其概念及法律属性的差异是研究数字货币法律制度的根本。

第一节　数字货币的基本原理

一、数字货币的演进

（一）科技革命与货币的创新

科技的进步与创新是时代发展的必然，计算机时代的出现改变了社会关系的普遍模式，[1]尤其是互联网的普及、在线贸易、跨境支付的需求扩大，使供需关系中的技术革新成为数字社会与经济的主要需求愿望，特别对关于电子支付方式的新技术的需求增加。电子化支付方式早在1990年中期就已经出现，表达为"改变货币的地理分布"这一术语，该术语是指零售电子支付使用互联网来作为新货币市场。[2]电子支付互联网使用在市场中的不断涌现又催生出新的电子支付方式，该类型的电子支付方式被称为 Electronic Cash、Cbag、E-currency、数字货币或数字现金。作为支付工具的一种，新型的数字形式的电子支付的呈现，是科技时代的革新的环节，这种工具的目的是提高

---

[1]　参见李钧、孔华威编著：《数字货币的崎岖进化》，电子工业出版社2014年版，第10页。

[2]　Piergiorgio Valente, "Bitcoin and Virtual Currencies Are Real：Are Regulators Still Virtual?", *Intertax*, Vol. 46, 2018, p. 55.

传统支付方式的效率。与传统货币相比在数字经济时代，电子支付性数字货币形式更能解决现金的弊端，尤其是在新型冠状病毒全球肆虐时期，人们更能体会到数字化生活的卫生安全、便捷、迅速。现金时代的货币创新在数字经济时代迅速成为主要的需求之一。由此，各国数字货币的狂潮如暴风雨般迅速成为市场中不可或缺的一部分。这里货币创新的第一环节便是比特币的出现。比特币是最早出现的去中心化数字货币，它以区块链为存在方式进行交易，其价值根据全球客户的接受程度而有所不同。这主要是因为比特币与民众平常使用的标准货币（例如受中央银行监管的美元或欧元）不同，比特币没有监管机构，它是以去中心化的模式在客户间交易。因此，由于开放系统以及在交易执行中不存在监管机构或中介，比特币的交易被认为更加私密和具有匿名性。交易使用加密保护进行，其执行是通过称为"分类帐"的公共电子书网络完成的。对于交易的验证，需要有用户可以设置的特定硬件和软件，并且在一定数量的交易后，他们会收到一定比例的比特币。如此，比特币开始通过网络交易市场迅速进入人们的生活当中，并开始形成以数字化形式存在的类似本币进行市场支付环节的交易。第二环节的货币创新便是以金融巨头公司带头所开发的企业稳定币，稳定币一定程度上缓解了加密货币市场波动巨大的弊端，与美元或欧元等世界主要货币挂钩，以 1:1 的货币存储量作为保障，更进一步地将数字化的交易方式推向新的方向。第三环节的货币创新是央行数字货币的出现，央行数字货币形式的出现是为了防止以稳定币为主的加密货币对本币的严重威胁，将金融大权重新掌握在以国家为主的领导下。这里涉及对数字货币各类型的不同风险与监管，本书将在以下文章相关部分论述。此处仅从宏观层面划分阶段，不做数字货币是否都为货币的属性内容的讨论。因此，科技的革新与货币形式的创新是数字货币演进的宏观基础，是第一形式的基本演进阶段。

（二）电子支付与数字货币

上一阶段的创新从宏观的层面了解了电子支付出现的必然。第二阶段便是电子支付的技术型发展阶段与数字货币的应用。电子支付方式实践始于 1960 年电子资金转账（EFT）的发展，这种电子转账的方式因便利性适用于越来越多的国家[1]。EFT 的本质是计算机和电信技术在支付中的应用。最大

---

[1]　Bounie D., Abel F., "Les déterminants de la détention et de l'usage des instruments de paiement: éléments théoriques et empiriques", *Revue d'Economie Financière*, Vol. 83, 2006, pp. 159-173.

的受益者是银行和金融机构，它们使用这种方法在国家和国际层面交换和转移大量资金。EFT 操作的基础是资金通过网络移动以替代现金或支票来执行交易。这样不仅缩短支付时间，而且降低了交易成本。EFT 的技术型电子支付的产生让大部分市场控制层面看到了巨大的利益。从转账的层面，随之又出现了 ATM，ATM 的出现和接受，标志着电子转账普遍性增强，其允许在销售点进行汇款（EFTPOS）。由此，EFT 从出现到普遍使用是交易电子化的第一层技术性变化。在 20 世纪 80 年代初期，由于网络技术的发展，电信和数据处理的成本降低了，到现在电子支付随着信用卡和借记卡的出现更能体现出其便利与必要的市场作用，并逐渐成为最流行的电子小额交易工具。

近两年，加密技术的发展在电子支付中发挥了重要作用。这种创新被认为是交易电子化的第二层面技术性变化。从支付的层面，卡支付的增长和接受度对传统支付方式产生了负面影响。许多国家已经从使用现金和支票等纸质工具转向使用电子工具。许多国家首次减少了支票支付的数量。支票作为一种非常流行的支付工具失去了市场作用，从而减少了它们的使用[1]。在传统贸易支付中，至少需要一名买方和一名卖方，他们都必须在通过票据交换所连接的银行中拥有自己的账户。使用支票等传统工具进行支付需要银行等金融中介机构的干预。使用电子货币支付类似于传统方案，有两方，一个或两个银行。然而，整个过程变得更加高效便利。交易不需要任何代码，并且不能超过之前定义的金额。如果芯片上的金额用完，商户可以在卡上自动充值，不收取任何费用，这要归功于特殊的 POS 机制[2]。一旦芯片已满，用户就不需要 ATM 或确切数量的现金。另一方面也减少和缓解了盗窃或损失金钱的问题。加密技术的出现更加便利了电子支付，在加密技术交易链上，数字货币交易不需要中介，因为以单位（称为比特）表示的货币是以电子方式从买方转移到卖方的。已支付的金额直接到卖方的终端，即金额不转移到金融机构。与其他支付方式相比，在电子支付中使用数字货币支付方式降低了交易成本，缩短了时间。此时，便是第二形式的技术性发展，从电子支付到电子支付与数字货币的交叉应用性技术。

---

〔1〕 European Central Bank, "The Blue Book. " Bucharest: European Central Bank; 2005, https://www.ecb. europa. eu/press/pr/date/2005/html/pr050802. en. html, (last visited 22 Aug 2021).

〔2〕 Baddeley M. , "Using E-cash in the new economy: An economic analysis of micropayment systems", *Journal of Electronic Commerce*. Vol. 5, No. 4, 2004, pp. 239-253.

（三）加密货币的"出世"

第二阶段的电子支付与数字货币的交叉应用，主要的创新之处在于加密技术的产生及加密货币交易的兴起。从易货经济时代，金属和硬币到黄金和白银，一直到现代货币体系和支票，再到电子支付、数字货币，货币时代的发展都随着时代的演进在不断更替，在一段时间内，每种货币在交易活动中都起着至关重要的作用。随着人类社会和市场的发展，特别是需要更复杂的商品交换工具。在这方面，加密货币的引入彻底改变了国际支付系统，其规模在几年前是无法想象的。加密货币是一种数字或虚拟货币，它使用加密技术来保证安全。由于这种安全功能，加密货币很难伪造。加密货币的决定性特征，可能也是最有吸引力的，便是它的有机性质，因为它不是由任何中央机构发行的。但这里，需要强调的是加密货币的出现并不是如电子支付一般是各国都无异议地使用与接受，加密货币的出现同时伴随着抵制的声音。这是由于加密货币存在自身的优点和缺点。使用加密货币的主要好处是它们更容易在交易双方之间转移资金[1]，通过使用公钥和私钥来保障安全地完成交易。这些资金转账以最低的处理成本进行，可以使用户避免大多数银行收取的大量在线交易费用。这里以最先出现的比特币说明，比特币是加密货币中的代表之一，最早出现在 2009 年 1 月，是一名化名中本聪（Satoshi Nakamoto）的计算机程序员发明的。他的发明是一种开源（其控制计算机代码对公众开放）、点对点（交易不需要第三方中介，如 Paypal 或 Visa）的数字货币（是电子的，没有物理表现）。[2]比特币系统是私有的，没有传统的金融机构参与交易。与早期的数字货币不同，比特币网络是完全去中心化的，所有的交易都由系统的用户完成。比特币交易不存在第三方中介。[3]买方和卖方直接交互（点对点），但他们的身份是加密的，没有个人信息从一方转移到另一方。这里与完全匿名事务不同的是，比特币上有一个事务记录。每个比特币和每个比特币用户的加密身份的完整交易记录都保存在公共账簿上。因此，比特

---

〔1〕　See David P. ，"Positive feedbacks and research productivity in science：Reopening another black box"，In：Grandstrand O，editor. Economics of Technology. London：*Elsevier Science*；1994，pp. 65-89.

〔2〕　See Chinelle van der Westhuizen，"Future digital money：The legal status and regulation of bitcoin in Australia"，The University of Notre Dame Australia School of Law，for Degree of Master of Laws by Research，2017，p. 12.

〔3〕　See Piergiorgio Valente，"Bitcoin and Virtual Currencies Are Real：Are Regulators Still Virtual？"，*Intertax*，Vol. 46，2018，p. 49.

币交易被认为是假名的，而不是匿名的。因此通过使用比特币加密货币能在相对隐私且无中间费用的环节下完成交易。这也是人们争相购买的原因之一，从交易的匿名性、成本低、时效快可以看出加密货币在相对积极的认可的部分群体中是认为其好处大于缺陷。

使用加密货币者认为：它们很容易在交易的双方之间转移资金。出于安全目的，使用公钥和私钥来促进这些交易。这些资金转账以最低的处理成本进行，使用户可以避免大多数银行收取的巨额费用。此外，许多国家已经开始接受比特币作为有效货币。特别是，旨在摆脱现金的国家对加密采取了非常友好的方法。如今，所有加密货币的总价值已达到超过 3900 亿美元的历史记录。这意味着加密货币的市场价值大于全球花旗集团的价值。其他重要的加密货币包括瑞波币和以太坊。为银行和全球汇款而设计的加密货币 Ripple 在其数字货币的价值方面也取得了重大成就。Ripple 已被银行和其他金融机构采用。这些公司认为，Ripple 的系统提供更好的价格，并且比包括比特币在内的其他数字货币更安全。它允许用户通过 Ripple 网络以去中心化的方式发送、接收和持有任何货币。截至 2017 年 10 月，Ripple 已将其区块链技术授权给 100 多家银行。其真正的吸引力在于瑞波 XRP 系统，该系统因其流动性、速度和效率而成为银行的理想选择，因为交易仅持续 4 秒，与其他加密货币交易不同。加密货币和区块链随之也催生了新的"去中心化金融"（Decentralized Finance，DeFi）DeFi 业务和项目群，各种加密货币层出不穷，并且也出现了"稳定币"这一与本币抗衡的币种。

但是，这里也存在对于加密货币的不同观点。由于在加密市场上存在的加密货币种类繁多，虽然它带来了便利与财富，同时也存在很多风险，这也是加密货币怀疑者否认其的原因，最重要的是它威胁到了一国本币的地位，因此成为中央银行主要监管的对象。在中国目前否认了比特币、加密货币的使用，禁止其在本国流通。更多的国家也意识到加密货币影响本国金融市场及货币政策，同样都积极地开展了关于本国央行数字货币的研究与试行。这便是货币创新的第三形式的变革，虽然加密货币的出现是伴随风险与疑义的，但它的技术创新与算法应用是数字经济发展的优势，是否要否定它的全部价值？这需要实践及政策的考虑。

（四）央行数字货币的积极试行

第四形式央行数字货币的出现，最主要的原因是加密货币给各国政府带来了一系列新的挑战，以及在当下公共安全卫生的严峻形势下，各国在交易与支付及跨国贸易上都需要更具创新及安全的交易方式。并且在疫情下催生的数字经济时代，需要在金融层面存在更加符合时代的支付手段，尤其应在央行的指导下保障公众的财产安全。因此如何应对加密货币的挑战、满足公众的需求、保障国家主权货币的地位成为数字货币又一发展阶段。首先加密货币正是因为其存在一定的风险，例如它的匿名性和可移植性吸引了大量犯罪集团、恐怖组织和国家等不良行为者。新兴金融技术的监管处理也存在不确定性。再者，加密采矿可能需要大量电力，这引发了对环境影响的担忧。与此同时，DeFi 和加密支付的兴起引发了对消费者保护、市场波动以及央行执行货币政策能力的质疑。[1]并且，近年来，网络犯罪分子越来越多地进行勒索软件攻击，他们通过这种攻击渗透并关闭计算机网络，然后要求付款以恢复它们，通常是使用的加密货币。根据美国缉毒署（DEA）最近的年度评估，贩毒集团和洗钱者也"越来越多地将虚拟货币纳入其活动"。美国和欧洲当局已经关闭了一些所谓的暗网市场——匿名个人可以使用加密货币买卖非法商品和服务的网站，主要是毒品。然而，包括伊朗和朝鲜在内的受制裁国家越来越多地使用加密货币来逃避美国的处罚。[2]与此同时，自称伊斯兰国、基地组织和巴勒斯坦组织哈马斯的军事部门等恐怖组织也在进行加密货币交易。并且比特币挖矿是一个非常耗能的过程，这引发了人们对加密货币对气候变化的影响的担忧。加密货币和 DeFi 企业的迅速崛起意味着数十亿美元的交易现在发生在一个相对不受监管的行业，引发了人们对欺诈、逃税和网络安全以及更广泛的金融稳定性的担忧。如果加密货币成为全球支付的主要形式，它们可能会限制中央银行，特别是较小国家的中央银行通过控制货币供应来制定货币政策的能力。因此，想要从安全、风险、隐私、环境保护上与加密货币进行竞争，需要一种新的以国家公权力为主导而形成的主权货币电子形式使其既维护本币权威，又稳定社会、满足公众需求。

---

〔1〕　See David Gogel, DeFi Beyond the Hype The Emerging World of Decentralized Finance Produced by the WhartonBlockchain and Digital Asset Project, in collaboration with the World Economic Forum. https://wifpr. wharton. upenn. edu/wp-content/uploads/2021/05/DeFi-Beyond-the-Hype. pdf. （last visited 26 Aug 2021）.

〔2〕　参见杨庆明：《虚拟货币支付领域反洗钱监管的国际实践与借鉴》，载《武汉金融》2017 年第 1 期。

由此，为了维护主权，包括美联储在内的许多中央银行正在考虑引入自己的数字本币，即 CBDC。但数字美元是否会真正发行也是一个未知的内容，在 2022 年 1 月 20 日，美联储发布了央行数字货币白皮书，美联储表示，不打算继续发行央行数字货币，最理想的形式是具有授权法律。[1]但是白皮书中美联储详尽论述了关于央行数字货币的各项优势和发行的相关模型。此外，全球范围内，已有数十个国家正在探索 CBDC。目前中国央行数字货币发展处于领先，从 2014 年开始研发到在 2019 年年底试行了数字人民币，该币现在用于数十亿美元的交易。这一发展已经领先其他国家并且在发展上有了相对成熟的经验，2022 年北京冬奥会上数字人民币成为主要的支付工具。这标志着中国在央行数字货币的研发与试行中都是处于世界的先例，并且取得成功的试行结果。随着各国对央行数字货币的研发积极性增加，也使人们对 CBDC 的兴趣有所增强，虽然当下人们对数字货币的认知还并不普遍，但这可能为其超过 20 亿用户提供新的支付选择。近期各国对央行数字货币的研究与开发都在积极探索的过程中。央行数字货币是否会成为去全球数字货币交易的主要方式及跨境交易的主要对价单位，仍需要时间及实践的考验。

综上便是数字货币从电子支付到比特币、加密货币，再到央行数字货币的形成过程与当前发展，是从宏观社会、技术、创新的多维角度阐明的。

二、数字货币的常见类别

目前为止，在讨论数字货币时并没有统一的标准与划分，数字货币并没有形成统一的类型认定标准与法律属性归属。从全球数字货币应用角度、国内外对加密货币的认可程度及对电子货币的归类，国外将数字货币涵盖的范围包括了各类电子货币、虚拟货币、加密货币、数字法币及其他类型的数字化货币形态，而中国部分学者认为数字货币不包括电子货币，并将加密货币称为加密资产，数字货币认定为法定数字货币。国际统一标准并未形成，本书根据发行主体信用程度的不同将数字货币主要分为三大类：

---

[1] See "Money and Payments: The U.S. Dollar in the Age of Digital Transformation", https://www.federalreserve.gov/publications/money-and-payments-discussion-paper.htm, (last visited 12 Oct 2021).

（一）去中心化的加密货币

这类数字货币基本上是在以加密技术为基础的区块链系统内运行流通，基于各类加密共识算法运作，具有可控匿名、可溯源、不可伪造等特征。因此称为加密数字货币，根据价值表现形式差异，去中心化加密货币可以分为两类，一类是原生数字货币，这类数字货币依附于区块链系统并在系统内运行，其价值无法锚定外部资产，主要是依存于算法的认可及使用者共识，就是所谓的 ICO，这类加密货币类似于首次公开募股（IPO）：公司提供公司资产以换取投资。[1] ICO 与 IPO 的不同之处在于，买家支付的钱不会收到股票，他们收到的是公司发行的数字货币（也称为"代币"），如果公司成功，这些代币将升值。[2] 截至 2017 年 8 月，累计 ICO 资金已达到 178 亿美元。另一类是某类外部资产支持型数字货币。例如比特币，以 2009 年比特币出现为起点，去中心化数字货币市场已经发展十余年，并逐步形成完整的产业链，从数字货币的一级发行市场（以挖矿产业为主），到二级市场（以数字货币交易所为主）再加上数字钱包服务商、安全服务商、数据提供商、咨询培训、媒体研究等相关产业链条都在日益成熟。这也成为加密货币迅速成为货币市场主力的原因，接下来随着不同需求演变为各类加密货币。

（二）机构稳定币

机构稳定币是指由商业银行发行、多数基于区块链技术，并以企业内部和业务场景使用为主的数字货币，它是商业机构在民间去中心化数字货币发展到一定程度的产物，从目前来看，机构稳定币多用于企业机构的内部生态，价值上需锚定本国或他国强势法币。具体由法定货币 1∶1 支持的数字硬币或代币，例如美元、欧元、英镑、人民币或全球数百种其他法定货币。发行稳定币的个人或组织应持有银行准备金或流动性金融工具以对其进行抵押。顾名思义，这种抵押使得稳定币的波动性远远低于没有通货支持的加密货币（如比特币）。反过来，这种稳定性使它们比波动剧烈的比特币更适用于支付和不太复杂的储蓄工具（尤其是用于税收目的）。目前稳定币依据其工作机制

---

〔1〕 See Mike Orcutt, "What the Hell Is an Initial Coin Offering?", MIT Tech. Rev. （Sept. 6, 2017）, https：//www. technologyreview. com/s/608799/what-the-hell-is-an-initial-coin-offering/. （last visited 12 Oct 2021）.

〔2〕 See "Initial coin offering", Article, Wikipedia, https://en. wikipedia. org/wiki/Initial_ coin_ offering（last visited Sept. 30, 2021）.

可以分为三类，第一类为法定抵押稳定币[1]，法定抵押稳定币维持法定货币储备，如美元，作为发行适当数量的加密货币的抵押品。其他形式的抵押品可以包括黄金或白银等贵金属，以及石油等大宗商品，但当今大多数法定抵押稳定币都使用美元储备。此类储备由独立保管人维护，并定期接受审计以确保遵守必要的合规性。第二类是加密抵押的稳定币[2]，加密抵押的稳定币由其他加密货币支持。由于储备加密货币也可能容易出现高波动性，因此，此类稳定币被超额抵押——即维持大量加密货币代币作为储备，以发行较少数量的稳定币。例如，可以持有价值 2000 美元的以太币作为发行价值 1000 美元的加密货币支持的稳定币的储备金，该稳定币可容纳高达 50% 的储备货币（以太币）波动。这类稳定币需频繁地审计和监控才能增加价格稳定性。在以太坊（Ethereum）的支持下，Maker DAO 的 DAI（DAIUSD）与美元挂钩，并允许使用一篮子加密资产作为储备。第三类为非抵押（算法）稳定币[3]，非抵押稳定币不使用任何准备金，但包括一个工作机制，如中央银行，以保持稳定的价格。例如，与美元挂钩的基础币使用共识机制根据需要增加或减少代币的供应。此类行为类似于中央银行印钞以维持法定货币的估值。它可以通过在可以以自主方式运行的去中心化平台上，实施智能合约来实现。

目前稳定币的两大巨头为：Tether 和 USDC，美元支持的 Tether（也称为 USDT）是最受欢迎的稳定币之一。截至 2021 年 7 月，Tether 已超过 6400 亿美元的市场份额——超过一半的稳定币总供应量，价值 1100 亿美元（高于 2020 年底的 200 亿美元）。第二受欢迎的稳定币是美元支持的 USDC。它由加密巨头 Coinbase 和 Circle 发行，截至 2020 年 7 月，市场份额为 270 亿美元。这两种领先的稳定币在形式和用途上相似，但在审计、监管、区块链使用和透明度方面存在一定的差异。

稳定币赎回权也可能有很大差异，包括谁可以向发行人提供稳定币进行赎回，以及是否对可能赎回的代币数量有各种限制。例如，一些现有的稳定

---

〔1〕 See "Stablecoin", investopedia, https：//www.investopedia.com/terms/s/stablecoin.asp.（last visited 12 Oct 2021）.

〔2〕 See "Stablecoin", investopedia, https：//www.investopedia.com/terms/s/stablecoin.asp.（last visited 12 Oct 2021）.

〔3〕 See "Stablecoin", investopedia, https：//www.investopedia.com/terms/s/stablecoin.asp.（last visited 12 Oct 2021）.

币发行人声称对持有人（无论是最终用户还是数字资产平台）可以赎回法定货币的稳定币数量没有限制，而另一些则设置了发行人之前必须满足的最低赎回金额将处理赎回请求。在某些情况下，这些最低赎回金额可能远高于典型用户持有的稳定币的价值。根据安排条款允许一些发行人将赎回付款推迟7天，甚至随时暂停赎回，给赎回时间带来相当大的不确定性。再者，稳定币在提供给用户的债权性质上也有所不同，一些向发行人提供债权，而另一些则不向用户提供直接赎回权。[1] 此外，用户赎回其稳定币的能力可能受到稳定币安排其他方面的影响，包括将任何赎回收益转移到银行系统的能力。

（三）中央银行数字货币

中央银行数字货币（CBDC）一词是指法定货币的虚拟形式又称法定数字货币。CBDC是一个国家官方货币的电子记录或数字代币。因此，它由国家的货币当局或中央银行发行和监管。它们得到了发行政府的充分信任和信誉的支持。CBDC可以通过将没有银行账户的人纳入金融体系来简化货币和财政政策的实施，并促进经济中的金融包容性。它是一种中心化的货币形式，CBDC在世界各地处于不同的发展阶段，截至2021年10月，全球共有83个国家在进行CBDC开发[2]。2019年，法定数字货币迅速崛起，中国央行数字货币已在多地进行试点并达成成功的实验效果。美英等国加强对法定数字货币的研究力度，G20、G7等多次讨论相关话题，国际清算银行等国际组织也在积极推进法定数字货币的发展。

常见的法定数字货币设计模式有以下几种：

1. 基于分布式账本的零售央行数字货币[3]

零售CBDC向公众发行。在这种模式下，消费者可以在钱包或账户中拥有CBDC并将其用于支付。这种类型的CBDC将作为任何人都可以使用的公共数字银行选项。对于无法访问传统银行服务的消费者来说，它可能特别有帮助。由于资金有政府支持，因此也不存在银行倒闭的风险。不少国家选择

---

〔1〕　此外，即使流通中的稳定币的声称价值等于储备资产的价值，其他债权人也可能对储备资产拥有与稳定币持有者竞争的债权。

〔2〕　See Atlantic Council. "Central Bank Digital Currency Tracker", https://www. atlanticcouncil. org/cbdctracker/, (last visited 12 Oct 2021).

〔3〕　参见张正鑫、赵岳：《央行探索法定数字货币的国际经验》，载《中国金融》2016年第17期。

了零售 CBDC 模式，包括巴哈马，它是第一个推出广泛可用的 CBDC 的国家，也选择了零售模式。

2. 基于分布式账本的批发央行数字货币

金融机构将使用批发 CBDC。银行和其他金融机构可以使用中央银行的 CBDC 更快地转移资金和结算交易。虽然这种类型的 CBDC 可以提高国内支付的效率，但它也可能对跨境支付非常有用。批发 CBDC 的另一个好处是提高了安全性。这些货币用于处理和记录交易的数字分类账有助于防止银行欺诈。一些国家专注于批发 CBDC，包括新加坡、马来西亚和沙特阿拉伯。但大多数人正在开发零售或混合 CBDC。

3. 基于代币的央行数字货币

基于代币的 CBDC，它是现金的替代品。它们是存储在现金卡或其他电子媒体（钱包）上的存款，可以在点对点的基础上进行匿名支付。2020 年欧洲央行发布的关于数字欧元的报告中就提出了一种可以离线使用的数字欧元，这种类型的央行数字货币是基于代币的 CBDC。

4. 基于账户的央行数字货币

基于账户的 CBDC 也是现金的替代品，也可以替代商业银行的存款。它们构成中央银行账户中的存款。在此类 CBDC 中，可以区分主要用于支付的存款，但也（尽管仅在有限的范围内）作为价值存储（"支付 CBDC"）；以及只能用作价值存储的存款（"价值存储 CBDC"），因此只能在自己的传统银行账户和 CBDC 账户之间进行支付。它是间接 CBDC 概念的基础，其中在狭义的层面是指银行以 100% 准备金的形式在中央银行持有存款。

表 1：CBDC 的设计类型

		零售 CBDC	批发 CBDC（大公司和支付服务提供商）
基于代币的 CBDC：（点对点支付）		钱卡（"电子货币"）、数字钱包	——————
基于账户的 CBDC	支付手段	通用 CBDC（直接 CBDC）	通用 CBDC
	价值储存	价值存储 CBDC（"安全资产"）	CBDC 作为支付服务提供商的信托账户

由此可以看出，当前一些国家探究并试行的央行数字货币总体可分为"零售 CBDC"和"批发 CBDC"。还可以进一步分为不基于分布式账本技术的 CBDC 和基于分布式账本技术的 CBDC。将它们分为以下四种类型：（1）没有分布式账本技术的基于账户的零售 CBDC，（2）没有分布式账本技术的基于价值（代币）的零售 CBDC，（3）基于分布式账本技术的零售 CBDC，以及（4）基于分布式账本技术的批发 CBDC。

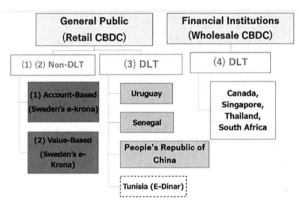

图 1：央行数字货币提案[1]

（注：DLT，分布式账本技术；CBDC，中央银行数字货币）

瑞典央行一直在积极考虑"电子克朗"项目下的前两项提案。第一个"基于账户的零售 CBDC"提案是以直接在瑞典央行提供账户的形式向公众发行数字货币。第二个"基于价值的零售 CBDC"提案是发行一种数字货币，其预付价值可以本地存储在卡或手机应用程序（数字钱包）中。两个提案的所有交易都是可追溯的，因为基础登记册可以记录所有交易并识别数字电子克朗的合法所有者（表 2）。因此，这两个提案下的交易是非匿名的，所有交易都已被识别。不匿名的一个例外是预付电子克朗卡的情况，已经存储了电子克朗，可以用作现金并从一个用户交给另一个用户。只要付款金额低于欧盟规定的 250 欧元（在 2020 年降至 150 欧元），就允许这样做。瑞典央行正在对这些计划进行试验。

---

〔1〕《央行数字货币流通构建》，载 https://voxeu.org/article/central-bank-digital-currency-concepts-and-trends，最后访问日期：2021 年 6 月 23 日。

表 2：瑞典央行数字货币模型〔1〕

				General Public	Anonymous	Traceable	Peer to Peer	24 Hours/365 Days	Interest Rate
Account-Based	Non-DLT	Retail	Sweden	○	×	○	×	○	○
Value-Based	Non-DLT	Retial	Sweden	○	△	○	△	○	△
Digital Token	DLT	Retail	Uruguay	○	○	○	△	○	○
Digital Token	DLT	Wholesale	Canada, Singapore, South Africa, Thailand, Eurozone-Japan	×	○	○	△	○	○

到目前为止，大多数其他央行还没有对这种类型的提议表示兴趣。这主要是因为担心商业银行可能会遭受从其账户到中央银行账户的零售存款损失，从而失去向企业和个人提供信贷所需的贷款融资来源。如果中央银行向公众支付的利率低于商业银行向零售客户支付的利率，这种担忧可能会得到缓解。另一个担忧是，一旦发生银行危机，银行挤兑可能会通过将存款从商业银行转移到中央银行而加剧，从而加深危机。此外，大多数国家流通的央行纸币数量持续上升，稳定货币政策，根据这些提议，瑞典央行在技术上可以实施正利率或负利率政策。然而，从法律的角度来看，利率只能适用于基于账户的电子克朗，而不适用于基于价值的电子克朗。

基于分布式账本技术的零售央行数字货币具有匿名性、可追溯性，该类型的央行数字货币在新兴经济体中比较受欢迎，因为各国希望在迅速崛起的金融科技行业中处于领先地位，通过加速向无现金社会的转变来促进金融普惠，并降低现金印刷和处理成本。厄瓜多尔、以色列、乌拉圭、立陶宛、马绍尔群岛、突尼斯、中国和委内瑞拉都已经探索或进行了相关试行。与新兴经济体形成鲜明对比的是，发达经济体的中央银行对此提议并不热衷。第一，其现有零售支付和结算系统已经变得更加高效和快捷，并且在某些经济体中任何时间可用，因此没有充分的理由来推广该提案。第二，现金的使用并未减少。第三，几乎所有公民都有银行账户，因此普惠金融不是需要中央银行解决的紧迫问题。第四，许多央行不希望在央行货币和私营部门货币之间制

---

〔1〕 参见《瑞典央行数字货币流通构建》，载 https：//voxeu. org/article/central-bank-digital-cur-rency-concepts-and-trends，最后访问日期：2021 年 9 月 23 日。

造竞争，从而给现有银行体系带来困难或放大由此产生的金融稳定风险。最后，发达经济体的中央银行通常比新兴经济体的中央银行更为谨慎，因为它们担心如果一项举措被证明不成功，会损害其声誉。有限的公共利益和对该提案的支持是阻止这些中央银行积极考虑该提案的另一个因素。

另一种基于分布式账本技术的批发央行数字货币，该提议在中央银行中最受欢迎，因为它有可能使现有的批发金融系统更快、更便宜、更安全。国际清算银行也认为批发 CBDC 可能有利于支付和结算系统。自 2016 年以来，加拿大、新加坡、日本、巴西、南非和泰国等国家的中央银行以及欧元区的中央银行都进行了检验。[1] 这些检验试行的主要目的是促进中央银行对分布式账本技术系统及其在现有批发金融市场中的适用性的理解，例如，实时全额结算系统、交割对支付系统、跨境银行间支付、结算系统等。大多数国家的中央银行得出的结论是，他们的实验成功地在分布式账本上以合理的数量实时转移了数字代币。但由于目前的技术并不能支撑这一先进的模式，无法应对隐私保护问题，所以这些国家还没有采取进一步的措施来实施。这类提议的中央银行认为，如果验证者是中心化的（通过一组选定的商业银行或中央银行），验证交易的过程可能会更快且最具成本效益，但这种方法不一定优于现有系统。此外，他们目前的批发支付和结算系统已经足够高效，因此无法从 CBDC 计划中获得强劲收益。

目前不同国家或地区可用或正在测试的 CBDC 的示例有：巴哈马推出了沙币，这是巴哈马元的数字版本。它由巴哈马中央银行通过授权金融机构发行。中国正在测试数字人民币，也称为数字法定货币。在拥有最大经济体的国家中，中国在发展其 CBDC 方面走在领先位置。尼日利亚正在推出 eNaira，它在集中式区块链分类账上记录交易，这是第一个推出 CBDC 的非洲国家。

第二节　数字货币币种间的概念辨析

正是由于数字货币没有确定的统一概念，在数字货币不断产生与应用的当今社会，衍生了多种对数字货币的定义。造成数字货币概念的混用，大部

---

〔1〕　参见《瑞典央行数字货币流通构建》，载 https://voxeu.org/article/central-bank-digital-currency-concepts-and-trends，最后访问日期：2021 年 9 月 23 日。

分对于数字货币的详细定义都是存在各类解说，不同的解说造成在概念的定位上、国内外对数字货币的类别定义、法律属性上存在一定的区别。本书将在此章节，将数字货币的中外定义、法律属性；数字货币、CBDC、虚拟货币、加密货币、ICO、区块链之间的区别与联系详尽论述，以达到清晰地厘清数字货币的总体概念分类及内在意义。

一、数字货币与虚拟货币概念混淆之辨析

通常，我们在分析数字货币的时候会将虚拟货币的相关内容与之混淆。而虚拟货币是一种去中心化无监管机构监管的数字代币，只能以电子形式提供。它仅通过指定的软件、移动或计算机应用程序或专用数字钱包进行存储和交易，交易通过安全的专用网络在互联网上进行。因此，虚拟货币仅能说明是数字货币的一部分，被认为是数字货币组的一个子集，其中还包括存在于区块链网络中的加密货币。虚拟货币可以定义为货币价值的电子表示，可由私人发行人、开发商或创始组织发行、管理和控制。此类虚拟货币通常以代币形式表示，并且在没有法定货币的情况下可能不受监管。与普通货币不同，虚拟货币依赖于信任体系，不会由中央银行或其他银行监管机构发行。它们基于底层机制获得价值，例如在加密货币的情况下挖矿，或底层资产的支持。任何关注加密货币价格的人都会看到心理交易的跷跷板效应。据比特币相关报道，随着普通公众的使用，虚拟货币的使用可能会受到限制，它可能只在特定在线社区的成员或在专用网络上进行在线交易的虚拟用户组之间流通。虚拟货币主要用于点对点支付，并且越来越多地用于购买商品和服务。

数字货币是包括虚拟货币在内的整体超集，虚拟货币包括加密货币。与虚拟货币相比，数字货币涵盖了一个更大的群体，以数字形式代表货币资产。数字货币可以受监管或不受监管。一种是可以以主权货币计价，一个国家的中央银行可以发行其法定货币票据的数字形式。另一种则是不受监管的虚拟货币，像比特币和以太坊这样的加密货币被认为是虚拟货币组的一部分。加密货币使用加密技术来保证交易的安全和真实，还有助于管理和控制新货币单位的创建。此类加密货币存在并通过向公众开放的基于区块链的专用网络进行交易。任何人都可以加入并进行加密货币交易。图一中将数字货币作为整个数字化货币的最大范围集合，将虚拟货币、加密货币、电子货币等作为

其子集，可以将数字货币的整个逻辑梳理清晰。

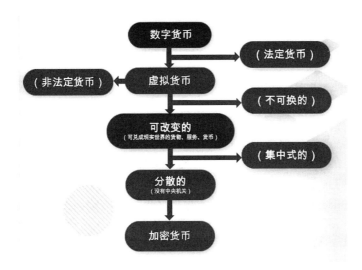

图 2：虚拟货币的分类[1]

由此，将数字货币视为虚拟货币和加密货币的超集。这是世界大部分国家对数字货币与虚拟货币集合关系的认定。

而中国学者对数字货币与虚拟货币包含关系存在着不同的说法，在《数字货币的概念与法律性质》一文中作者称，数字货币与虚拟货币概念既有重合又有差异。根据国际货币基金组织的定义，虚拟货币是价值的数字表示，由私人开发商发行并以自己的记账单位计价，其范围比货币更加广泛，其中就包括数字货币。该作者认为数字货币是虚拟货币的一种，但是具有与传统虚拟货币，如 Q 币、游戏币、积分、点券等不同的特征。[2]还有个别中国学者也是以虚拟货币包含数字货币的观点撰文，但实则，上文学者提到的国际货币基金组织（IMF）的定义的原文是，VCs can be obtained, stored, accessed, and transacted electronically, and can be used for a variety of purposes, as long as

---

〔1〕 "IMF, STAFF DISCUSSION NOTE Virtual Currencies and Beyond: Initial Considerations", file:/// Users/pangdongmei/Downloads/_ sdn1603. pdf. (last visited 12 Jun 2021).

〔2〕 参见齐爱民、张哲：《论数字货币的概念与法律性质》，载《法律科学（西北政法大学学报）》2021 年第 2 期。

the transacting parties agree to use them. The concept of VCs covers a wider array of "currencies", ranging from simple IOUs of issuers (such as Internet or mobile coupons and airline miles), VCs backed by assets such as gold, and "crypto currencies" such as Bitcoin. However, they differ from other digital currencies, such as e-money, which is a digital payment mechanism for (and denominated in) fiat currency. VCs, on the other hand, are not denominated in fiat currency and have their own unit of account.[1]其翻译为中文时并没有虚拟货币包括数字货币这一对应，而翻译的含义是指虚拟货币是数字货币中的一个更大的超集合，范围比传统货币更广泛，其中虚拟货币包含了比特币等加密货币及可以价值兑换的平台币，虚拟货币不同于微信、支付宝这类电子货币及数字法币，同理说明数字货币包含了虚拟货币、E-money等，而不是所谓的虚拟货币包括数字货币。综上在语意、语境上，作者更同意前文提到的世界性范围的认定。

二、数字货币、虚拟货币、加密数字货币之差异

在上述论述中已将数字货币与虚拟货币的概念比较，并达成一定的结论，数字货币包括虚拟货币，加密货币是虚拟货币的一种，数字货币是虚拟货币和加密货币的超集合，这里重点将加密货币阐述说明，与之相对比。如表格一所示，数字货币、虚拟货币、加密货币最大的重点在于监管与管制的差别，数字货币包含了受监管与不受监管的所有电子形式货币，虚拟货币是"去中心化"不受控制的代表，而加密货币是存在一定的加密保护技术的另一种形式的"去中心化"。

表 3：数字货币监管区别

数字货币	虚拟货币	加密货币
受管制或不受管制的货币，只能以数字或电子形式提供	是由网络协议限制的由其开发人员，创始组织定义的，并且不受监管的数字货币	使用加密技术来保护和验证交易以及管理和控制新货币单位创建的虚拟货币

---

〔1〕"IMF, STAFF DISCUSSION NOTE Virtual Currencies and Beyond：Initial Considerations", file：/// Users/pangdongmei/Downloads/_ sdn1603. pdf。(last visited 12 Jun 2021).

不同国家对加密货币法律性质的定义，可能是两种方法[1]：

（1）将其与现有的法律监管对象（非文件证券、外币、商品等）等同起来，这意味着需要制定仅考虑加密货币作为其变体的特定法规对应的对象；

（2）引入概念，将"加密货币"纳入立法，将其视为一个全新的法律监管对象，并因此从头开始制定加密货币立法。

在大多数情况下，加密货币被定义为受监管的民事流转对象之一。澳大利亚税务局（ATO）认定数字货币是商品，而不是货币，这与加拿大和新加坡等其他国家有关当局提供的税收指示是相一致的。ATO在2014年12月17日的决议规定，比特币交易类似于易货协议，并具有类似的税收后果。ATO还指出，比特币既不是货币也不是外币，出于税收目的，比特币的销售不被视为一种金融服务。根据澳大利亚证券和投资委员会（ASIC）的规定，数字货币本身并不包含在"金融产品"的法律定义中，数字货币交易也不属于金融服务的范畴[2]。加拿大中央银行行长斯蒂芬·波洛兹（Stephen Poloz）表达了不同的观点，他在2018年1月表示反对"加密货币"一词，因为它们不是货币，也不是资产，从技术上讲，它们可以被归类为证券[3]。长期以来，俄罗斯对加密货币的法律性质及其法律地位没有明确的国家立场。尽管没有直接禁止加密货币交易，但在大多数情况下，官员的声明和政府机构的立场对俄罗斯联邦加密货币结算的潜在许可表现出非常谨慎的态度。俄罗斯银行认为，让加密货币以及任何指定或与加密货币相关的金融工具，在俄罗斯联邦境内进行有序地交易、结算和清算，为加密货币及其相关衍生物交易提供服务还为时过早[4]。俄罗斯联邦税务局表示，与使用外汇价值（外币和外部证券）或俄罗斯联邦货币购买或出售加密货币相关的交易是货币

---

[1] See O. S. Bolotaeval et al., "The Legal Nature of Cryptocurrency", et al 2019 IOP Conf. Ser.: Earth and Environ. Sci. Vol. 272, No. 3, 2019, p. 2.

[2] See "Digital currency-game changer or bit player", Parliament of Australia, https://www.aph.gov.au/Parliamentary_ Business/Committees/Senate/Economics/Digital _ currency/Report（last visited 12 Jun 2021）.

[3] See "Regulation of Cryptocuprency Around the World", June 2018, https://tile.10c.gov/storage-serivce/ll/llgrd/2018298387/2018298387. pdf.（last visited 12 Jun 2021）.

[4] The imformation of the Bank of Russia of 04 September 2017 "On the use of private "virtual currencies"（cryptocurrencies）" Consultant. ru legal reference system, http://www.consultant.ru/document/cons_ doc_ LAW_ 256266,（last visited 15 Jun 2021）.

交易[1]，因此将加密货币等同于外币。迄今为止，他们已经起草并讨论了一项"关于数字金融资产"的联邦法律，该法律将加密货币归于使用加密手段创建的电子形式的财产。根据该法律草案，加密货币在俄罗斯联邦境内不被视为合法的支付方式[2]。包括俄罗斯在内的不同国家的官员多次提出的确定加密货币法律性质的选择之一是引入"数字商品"（"虚拟商品"）的概念。接受这个变体后，民事立法应该增加关于公民权利的新对象——数字（虚拟）事物的规范。然而，由于它是无形的，因此将物权制度扩展到这样的对象是困难的。从民法的角度来看，只有有形的东西才能让与，而无形的民事权利客体，包括智力活动的结果和法人、商品、作品、服务和企业个体化的手段，则不可转让，只有他们的权利可以转让。一些国家确实逐渐认识到，将加密货币等同于已经存在的民间流通对象是不对的。2016年2月，在英国，英联邦虚拟货币工作组发布了一份关于数字货币法律地位及其交易监管的报告，该报告采用了金融行动特别工作组（FATF）提出的虚拟货币定义：价值的数字表示，可以进行数字交易并作为交换媒介、记账单位和/或存储价值，但在任何司法管辖区都没有法定货币地位[3]。

从以上讨论的观点可以看出各国对加密货币的认定属性上都有不同的依据与规定。一方面，加密货币可以被视为一种商品，因为它具有真正的价值，它是由其以使用计算机计算能力的形式生产的成本形成的，电力成本巨大。另一方面，将加密货币转让给未经认证的证券也是可能的，因为它在固定某个价值的同时，证明了所有者有权获得一定数量的钱（索赔权）。然而，加密货币也有这样的特性，不允许将其明确地归于这个或那个类别。因此，当我们以加密货币行使索赔权时，该索赔可以向谁提出？如果用户是法律关系的一方，那么谁是另一方？对于电子货币系统，它是一个系统运营商，而对于

---

[1] See: "MINISTRY OF FINANCE OF THE RUSSIAN FEDRATION THE FEDERAL TAX SERVICE LETTER", October 3, 2016, http://www. consultant. ru/cons/cgi/online. cig? req = doc; base = QUEST; n = 162746#0, (last visited 15 Jun 2021).

[2] Draft of the Federal Law No. 419059-7 "On digital financial assets" (in the edition submitted to the State Duma, State Assembly of the RF, text as of 20 March 2018) Consultant. ru legal reference system http://www. consultant. ru/cons/cgi/online. cgi? req = doc&base = PRJ&n = 170084&rnd = 53B115D8693B68E376573 FBBB3E220A3#0279533398533232, (last visited 20 Jun 2021).

[3] See "Regulatory Guidance on Virtual Currencies", The Commonwealth, http://production-new-conmonwealth-file. s3. eu-west, October 2019. (last visited 12 Jun 2021).

去中心化的加密货币系统，根据定义，它没有债务人。如果没有债务人，债权如何认定[1]？这是各国应当探究的问题，另一方面也说明了加密货币的属性归属是亟需国际通用的认定，而不是各国肆意的主张。加密货币又是具有独特性的，其固有属性必须有具体的法律地位和对其使用关系的法律规范的基础。虽然仍然有国家禁止加密货币，如中国，但新的法律监管对象会在一定程度上影响所有现有的社会关系。"加密货币功能的合法化也将提高金融情报的效率，有可能使现代反洗钱标准和建议适应虚拟货币的特点"。[2]因此，需要一种平衡的方法来确定加密货币的法律性质和法律地位。

三、首次发行代币（ICO）与加密货币、虚拟货币之间的区别

比特币等加密货币和通过 ICO 发行的代币之间没有明显区别。这两个术语经常互换使用。在这种情况下，区别两者的唯一方法是创建方式。任何对编程有一定了解的人都可以创建和发行代币，而像比特币这样的加密货币是具有预先确定的一组规则的算法创建的。加密技术用于规范单元的创建（称为挖矿）并验证分散式区块链网络上的交易。因此，发行单位（例如比特币）的数量及其发行的监管方式是预先确定的。所谓的"矿工"收到比特币作为寻找区块的报酬。这需要大量的计算能力。比特币的交易记录在这些区块中。然后将该块添加到现有的块链中。由于网络中的每个参与者都有该链的副本，因此不可能干扰记录在区块中的交易。另一方面，数字代币是通常在现有区块链上创建的单元。代币的设计者可以决定他们希望创建多少个代币，以及将哪些其他功能添加到代币中。最近的大多数 ICO 都涉及在以太坊区块链上发行的数字代币。

ICO 和虚拟货币之间的区别，在 ICO 的情况下，因为发行人可以轻松地在短时间内筹集大量资金，相比之下它比虚拟货币的风险更大。例如，有一些 ICO 在几小时、几分钟甚至几秒钟内筹集了数百万欧元。

---

〔1〕　Roman Turkin. , "About the legal regime of cryptocurrencies", https://2akon. ru/blog/2018/04/1810-pravvom_ rezhime_ kriptoualyut, （last visited 12 Jun 2021）.

〔2〕　Shaydullina V. K. , "Cryptocurrency as a new economic and legal phenomenon", *Journal of the State University of Management* 2, pp. 137-142.

四、数字货币与区块链之辨

常常在讨论数字货币时，区块链的概念是无法不提及的。两者间的关系与区别也是易被混淆的。区块链是在使用分布式账本时利用密码学进行账户保护。它们本质上是公共数据库，每个人都可以随时添加或查看数据库。数据不是驻留在单个中央服务器上，而是在全球成千上万台计算机之间复制，允许每台计算机访问该数据库。交易被编译成称为"块"的数据保存工具。曾经执行过的每个区块的连续字符串构成了一个区块链：一个按时间顺序排列的交易的分布式数据库。区块链是支撑比特币的技术，它是专门为比特币开发的。所以，比特币是区块链的第一个例子，没有区块链，就没有比特币。

但这并不意味着区块链和比特币是一回事。比特币是一种去中心化的数字货币，或点对点电子支付系统，用户可以在其中匿名转移比特币，而不受第三方机构（如银行或政府）的干扰。不过，比特币只是加密货币的一个例子，其他加密货币网络也由区块链技术提供支持。所以虽然比特币使用区块链技术来交易数字货币，但区块链不仅仅是比特币。区块链实际上在加密货币网络之外还有更广泛的应用，例如：（1）执行智能合约。区块链促进数字交易，可以用于通过智能合约将数字关系正式化。使用智能合约，一旦合同条款得到履行，就可以发布自动付款，这不仅节省时间，而且有助于减少差异或解决纠纷。（2）维护共享、透明的记录系统。区块链是保证所有各方都可以安全访问长期、安全和透明的资产记录（土地权就是一个很好的例子）的理想解决方案。（3）审核供应链。区块链允许用户一直追溯商品的所有权记录，追溯到源头。例如，钻石公司戴比尔斯已经开始使用区块链来追踪从矿山到最终客户的钻石。任何想要验证他们的钻石没有冲突的人都将拥有透明和完整的记录。（4）提供保险证明。保险公司使用区块链来提供保险信息证明。该工具将帮助警察、保险公司和客户立即验证保险范围，这将有助于加快索赔过程。

区块链与加密货币的区别主要是区块链可以启用需要加密货币的去中心化平台。区块链是作为分布式账本并允许网络保持共识的技术。分布式共识使网络能够跟踪交易，并实现价值和信息的转移。加密货币是在这些网络中使用的代币，用于发送价值和支付这些交易，或提供网络激励。此外，也可以将它们视为区块链上的工具，在某些情况下用作资源或实用程序，甚至可以将资产的所有权数字化。

五、央行数字货币与加密货币

CBDC 不是加密货币。尽管 CBDC 的想法来自加密货币，但它们是两种截然不同的数字货币。CBDC 和加密货币之间的主要区别在于中心化。加密货币是一种去中心化的数字货币，这意味着没有中央控制它。交易在区块链上进行处理和记录，这是一个公共的分布式账本。顾名思义，央行数字货币由央行控制。加密货币还提供比 CBDC 更大的隐私。交易通过钱包地址发送和接收，并且可以保留一定程度的匿名性。某些类型的加密货币甚至被认为是无法追踪的。通过 CBDC，中央银行将拥有用户及其交易的记录。

六、央行数字货币与数字人民币

如前文所述，央行数字货币是法定数字货币，分为通用与批发类型，更细的分类是将其采用分布式记账或不采用分布式记账分为账户型和价值型。目前中央数字货币实践中，中国数字人民币（e-CNY）的成功试行是具有领先意义的，在冬奥会上中国首次正式使用数字人民币，这是在货币领域的一大突破。也是国外争相效仿的币种。但在数字人民币的建设上与 CBDC 存在一定的差别。中国电子支付的钱包与数字人民币存在差异，第一是，例如微信、支付宝是金融基础设施，是钱包，钱包里的内容则是数字人民币，是一种工具。中国央行数字货币是采用 DC/EP 的模式，DC/EP 只是在试行数字人民币使用上的一种双层的研发和试点项目计划，这里并不是支付产品。[1]数字人民币可以说是 DC/EP 项目计划的子支付产品，而主钱包里可能包含着若干可以尝试并推广的支付产品。第二点是与 CBDC 的开发思路不同，DC/EP是采用的双层运营模式，在第一层面的是中央银行，第二层面的是商业银行、电信运营商和第三方网络平台公司，与法定货币的运营模式相似。这点与CBDC 不同的是，在 CBDC 的设想中将所有风险加重到央行比如货币所有权和债券责任，而中国的 DC/EP 设计中，是将风险分散于第二层面的所属机构，例如商业机构实际上拥有 e-CNY 的所有权以及可支付保证，并且还需要承担

---

〔1〕 参见盛松成、蒋一乐：《央行数字货币才是真正货币》，载《中国金融》2016 年第 14 期。

了解客户，即 KYC（Know your customer）、反洗钱以及用户数据隐私保护等一系列责任。这就将央行的责任风险减轻，平衡金融机构的风险压力，这是中国数字人民币的主要优势及在实际操作中的意义，也是优先于各国央行数字货币研究的主要原因之一。美国研究的数字美元也和数字人民币存在根本性差异，美国在使用数字美元的实验中采用了分布式记账方式，数字人民币目前未采用分布式记账，但在未来是否需转型，作者认为应当需要一段时间的实验与试行开发，也应成为前端开发者的重要研究对象，毕竟分布式记账的积极作用是促进数字经济的重要技术性应用。

第三节　数字货币法律属性定位之差异

当前数字货币的主要目标是在国内及跨国间促进消费者的日常付款，以代替现金，具有提高支付速度和效率并扩大金融包容性的潜力。但目前，在数字货币的具体概念上全球尚未形成统一的规定。国外各国通常将支付宝、微信、加密货币（比特币）、稳定币、平台币、数字法币统称为数字货币，与之不同的是，中国将支付宝、微信单独列为电子货币，不算在数字货币当中，并认为加密货币（比特币）是加密资产而不属于货币，平台币为虚拟货币，数字人民币拟为数字法币，对于数字货币的这一统称定位国内并没有做出确切的回应。

一、性质认定差异法律属性不同

数字货币各币种的法律属性，需要究其产生时的认定性质，例如，不同的 ICO 发行不同类型的数字货币，具有不同的经济用途。在这些发行中可以分为三类加密货币：（1）打算推出私人货币或"货币代币"的 ICO；（2）为投机性投资发行数字资产类别或"证券代币"的 ICO；（3）为延迟交付商品或服务或"实用代币"发行一种凭证的 ICO。当前全球部分国家对数字货币性质的认定更多的是将数字货币归类为数字商品、证券和现行法律下的货币单位。但各国在数字货币的定义上并没有形成统一认识，因此，在数字货币的属性上，各国的认定也有所不同，例如，根据美国 SEC 观点，"数字资产"

包括加密货币、硬币和代币，例如 ICO 中提供的资产。[1]美国的监管机构——证券交易委员会（SEC），一直积极主动地将数字货币纳入现有法律类别（和监管框架），将大部分 ICO 视为证券发行，并将某些数字货币定性为数字商品。[2]而在中国，《关于防范比特币风险的通知》（银发〔2013〕289 号）"从性质上看，比特币应当是一种特定的虚拟商品"。商品具有一定的价值，否则无法作为交换的标的，所以比特币应该是一种有价值的物或者资产。如果我们把数字资产定义为具有价值的以数字形式体现的物或者资产，比特币应该属于数字资产的一种，除了比特币，市场上还有 ETH、EOS、XRP、TON、USDT、DC/EP、Libra。2021 年在"数字支付与数字货币"的年会上，时任央行副行长李波表示，"比特币和稳定币是加密资产，加密资产本身不是货币，而是另类投资品。加密资产将来应发挥的主要作用是作为一种投资工具或替代性投资工具。对于私营企业发行的稳定币，如果将来作为一种支付工具，就必须接受银行或准银行金融机构的监管。"虽然《关于防范比特币风险的通知》禁止金融机构服务于比特币交易，但未来在技术可控的前提下，特定数字资产的推出是非常有可能的，因此应当加速建立与完善数字货币的监管制度[3]如将数字货币规制适用于现行法律下也会对现有法律和监管产生是否兼容的问题。例如，除了洗钱、审慎和资本市场监管，数字特征还决定了数字货币的税收状况。迄今为止，大多数国家注意力都集中在监管问题上。[4]

---

〔1〕 参见王伟：《区块链与数字货币合规指南》，法律出版社 2021 年版，第 19 页。

〔2〕 Securities and Exchange Commission, Release No. 81207: Report of Investigation Pursuant to Section 21（a）of the Securities Exchange Act of 1934—The DAO'（25 July 2017），https://www.sec.gov/litigation/invest report/34-81207.pdf; US Commodities Futures Trading Commision, Release Number 7231-15（17 September 2017），https://www.cftc.gov/Press Room/Press Releases/pr7231-15; "US Department of the Treasury FinCEN", FIN-2013-G001（8 March 2013），https://www.fincen.gov/s ites/default/files/shared/FIN-2013-G001.pdf; in SEC v Trendon T. Shavers & Bitcoin Savings and Trust, Case No.4: 13-CV-416（US District Court, Eastern District of Texas, 18 September 2014），inwhich Mazzant J held that an investment of bitcoins was an investment of 'money' for the purposes of the test in SEC v W. J. Howey Co., 328 U. S. 293（1946）. By way of comparison see e. g. ASIC, 'INFO 225: Initial Coin Offerings'（4 October 2017），http://asic. gov. au/regulatory-resources/digital-trans formation/initial-coin-offerings/. See also Reuben Grinberg, 'Bitcoin: An Innovative Alternative Digital Currency' *Hastings Science & Technology Journal*, Vol. 4, No. 1, 2012, p. 161.（last visited 20 Jun 2021）.

〔3〕 参见王伟：《区块链与数字货币合规指南》，法律出版社 2021 年版，第 19 页。

〔4〕 See K. F. K. Low and E. G. S. Teo, "Bitcoins and other cryptocurrencies as property?", *Law, Innovation and Technology*, Vol. 9, No. 2, 2017, p. 236.

二、分类不同但法律属性相似

由于现阶段并没有对数字货币进行明确统一的归类，因此在性质的分类上各国也存在不同认定下的不同分类，这样就导致法律属性形似但不统一。目前各国以监管的方式来明确区分符合证券和不符合证券条件的加密资产（82%为选定司法管辖区）。这些司法管辖区用于确定加密资产是否有资格作为证券的标准因各自司法管辖区而异：大多数司法管辖区（80%）是在逐案基础上运作的，涉及单独评估每种资产的特征，而20%的人使用金融工具测试（例如美国的"Howey 测试"）。

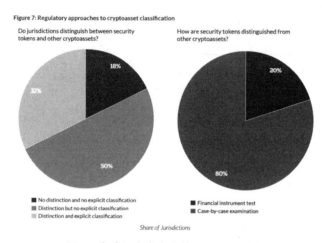

图3：全球加密资产监管格局研究[1]

据统计，在23个选定的司法管辖区中只有四个是没有明确区分证券型代币和其他加密资产，这些管辖区要么禁止分发加密资产（例如中国禁止ICO），要么预计缺乏代币分类框架来协助司法管辖区保持灵活性并跟上新型加密资产的出现（例如百慕大和泰国）。在研究各司法管辖区对于加密货币资产性分类中得出，有32%的司法管辖区为加密资产创建了清晰的分类框架。

---

［1］ "GLOBAL CRYPTOASSET REGULATORY LANDSCAPE STUDY"，https：//www.jbs.cam.ac.uk/wp-content/uploads/2020/08/2019-04-ccaf-global-cryptoasset-regulatory-landscape-study.pdf）（last visited 16 Jun 2021）.

一般来说，现有框架倾向于将加密资产分为三大类：

（1）支付代币：主要用作数字支付或交换手段；

（2）实用代币：授予持有人访问和使用数字资源（例如网络、应用程序）的权限；

（3）证券代币：代表性质类似于传统证券的投资。

表4：主要监管加密资产分类

	用作数字支付或交换手段	出于投资目的	授予持有人访问数字资源的权限
英国	交换令牌	安全令牌	实用令牌
阿布扎比	加密资产	证券代币	实用代币
以色列	加密资产	证券代币	实用代币
德国	支付代币	股权代币	实用代币
欧盟 ESMA	支付型加密资产	投资型加密资产	实用型加密资产
欧盟 EBA	支付/兑换/货币代币	投资代币	实用代币
瑞士	支付代币/加密货币	资产代币	实用代币

从表4中可以看出，这些国家对于数字货币的使用都存在两个或多个类别特征的加密资产。使用的术语因司法管辖区而不同（例如，交换令牌和支付令牌都指主要用作支付和交换手段的令牌），总的来说这些类别的定义是相对相似的。从以上对比我们可以得出一个结论，数字货币的法律属性并不具有全球统一性，尤其是在加密货币的使用上，各国都是通过不同用途的加密货币来定位它们的法律性质及何种法律规制。在加密货币的性质认定上各国更推崇将加密货币定义为加密资产，具有代币性质。从实用性和分析性的角度来看，确定法律对数字货币的处理方式的必要条件是某种法律上可识别的对象——无论该对象最终是否被定性为商品或价值或单位货币；正如 Sjef van Erp 所论证的，结构化信息可以以这种方式被处理，"仅当它被限定为关于哪些主体可以具有法律关系的单独对象时。"[1]如何理解这句话呢？其实中心的

---

[1] Sjef van Erp, "Ownership of Digital Assets?", *European Property Law Journal*, Vol. 5, No. 2, 2016, p. 74.

含义是表达为：如果将数字货币应用在现行法律之下，就需要对数字货币各类型的币种进行认定，只有确定某一币种是法律中表达的规制对象，才受到该种制度的限制与规范。作者认为，判定数字货币币种的法律性质主要是确定某类型的数字货币是否可以纳入私法规制的对象，但现实是，数字货币的性质特殊，它是算法构成的一段数据，数据的法律性质应该怎样从它使用的用途上来确定法律性质，目前并没有确定的法律规定。

从上述分析可以看出，对于数字货币的法律性质的认定，主要是根据各国在实际使用的用途、方式来判断、定性为何种法律规制的对象。在统计中可以看出，在相对加密货币态度宽松的地区，更多地将加密货币定位为加密资产，并通过相关证券法、物权法、投资法进行限制，而在禁止加密货币的国家更多地将其认为是一种投资工具（如中国）。在法定数字货币的范围内各国并没有对性质的认定产生巨大的分歧，都是在维护主权货币的前提下将数字法定货币认定为一种法定货币的数字表现形式，那么同理它的规制也根据法定货币进行监管。但是否合理是有待考究的。毕竟数字货币与实物货币存在根本性的差异。目前，国际上也没有对数字货币的法律性质进行统一的规定，最大的问题是在加密货币的认可上无法达成统一，但作者认为这并不是阻碍国际规则制定的理由，因为若没有国际规则的监管将会导致在跨境交易中更多的法律困境。因此，国际规则框架的制定应积极响应并加快制定。

本章小结

数字货币的产生改变着传统货币形式，传统货币的基本职能在于交易、流通、存储，而数字货币经历改进也在不断地朝着货币的三大职能迈进。数字货币主要的优势在于节约成本、便利快捷并符合数字经济的发展目标。20世纪90年代密码朋克（Cypherpunk）的首次出现，让人们意识到密码学在军事、国家安全方面的重要性，接着《新密码技术指南》出版，讨论了关于对称加密与非对称加密的理论。进一步促进加密学传播的是1993年布鲁斯·施奈尔正式出版的《应用密码学》。密码朋克时期人们开始探索加密技术和匿名数字货币在个人隐私保护领域的使用和改善。第二个数字货币递进时期是电子现金系统的出现，及1999年点对点技术（Peer-to-Peer，P2P）的成熟并应用于较大的范围，随之在2008年中本聪宣布比特币的出现。

　　由此可见，数字货币的产生并不是因比特币而突然出现，而是经过了较长时间的更替，并在密码学的基础上不断完善。数字货币的基础是加密技术、算法等技术性密码学。了解数字货币从数字货币这一词汇的产生原因、过程及变化的过程才能充分了解其内涵。本章主要从数字货币的基础原理出发，首先分析了数字货币的演进过程，从过程中可以全面地厘清从比特币到加密货币多种类的产生到稳定币及机构数字货币的产生，最后法定数字货币的应运而生的整个发展过程，在对数字货币种类了解的基础上，分析在当今数字货币币种间的相关概念的混淆及存在误区、币种间的差异及联系，进一步完善数字货币的基础理论。当下，全球数字货币如暴风雨般出现，各国对数字货币尤其是在加密货币的认定上存在不同的态度，因此法律性质的认定也随着各国在使用加密货币的方式上进行相应的法律规制。例如在探讨数字货币的法律性质上存在不同的请求，如，关于作为商品的消费者数据的所有权；虽然数据的 "所有者" 并非没有任何权利，但他们的法律地位将由合同法、刑事法、竞争法、知识产权法、财产法、侵权法和隐私法确定，但当前的法律中并没有相关的规定；再者在线游戏中的最终用户许可协议（EULA）规定游戏运营商拥有游戏的独家控制权和所有权，游戏中的虚拟物品是否拥有或没有法律意义或地位？因此确定数字货币的法律性质是确定法律关系的重要基础。本章在当下相对混乱的概念认定上，将数字货币的概念、种类及法律数字属性做了相对全面及清晰的梳理。

数字货币的跨境支付与交易

在第二章，本书将从数字货币在跨境制度中的应用进行分析，从传统的货币跨境支付方式过渡到数字货币跨境支付，最大的原因在于传统支付形式在时间和交易环节的费用上存在巨大的不便，以及中间商跨境交易所的垄断造成的客户损失及国家经济利益损害。而数字货币作为点对点支付并以匿名化形式将时间成本节约并省去中间商交易环节，极大地改善了跨境支付，促进跨境贸易的便利发展。

第一节 传统货币跨境支付与交易方式

长期以来，国际支付一直是推动跨境贸易和投资的引擎，并且在全球火速兴起。跨境支付是付款人和收款人位于不同国家的金融交易。它们涵盖批发和零售支付，包括汇款。传统跨境支付方式效率低下、透明度低、费用高和耗时长，给全球使用者带来极大的不便。由于全球清算结算机构的集中，也造成 SWIFT 的垄断，在跨境清结算领域的垄断造成部分发展中国家在跨境交易中可能遭遇价格不公平、时间成本大等问题。

一、跨境支付市场的兴起

在论述跨境支付之前，肯定会问什么是跨境支付？跨境支付交易是实体希望向不同司法管辖区的收款人发送付款的交易。通常发送方和最终接收方无法访问同一个账本；因此，它们之间的交易是通过不同分类账上的一系列链接转移进行的。一个常见的例子是在一系列中间交易中使用多个代理银行以到达接收方。

在没有跨境支付系统支持跨境支付的时期，人们通过以下三种方式将资金转移到另一个国家：携带实物现金跨境；通过熟人或利用快递途径转移资金；或使用基于信任的非正式经纪人网络（例如 Hawala）进行转移没有实物货币运动的货币。[1]然而，这些方法带来了问题——它们效率低下、不可靠、有风险，而且通常成本高昂。在实现跨境支付自由且便利上全球各国花了100年的时间来进行变革。在 1930 年初期，德国邮政服务开发了第一个主要的电传打印机，[2]这使得书面信息的电子传输成为可能。银行可以使用它与海外同行沟通以结算交易。因此，直到 1970 年，电传成为促进发达国家国际汇款的主要工具。1973 年，来自 15 个国家的 239 家银行联合起来开发了一种更好的媒介——环球同业银行金融电讯协会（SWIFT）。[3]SWIFT 总部位于比利时，为全球支付数据建立了一种通用语言和模型，从那时起，它就成为与跨境交易相关的通信的默认网络。如今，全球 200 多个国家和地区的 11 000 多家金融机构使用 SWIFT。[4]然而，单靠通信网络并不能解决进行可靠跨境支付的另一个先决条件——一种在断开连接的系统之间转移资金的方式。由于货币是闭环系统，银行无法将资金从一个国家的国内支付系统转移到另一个国家。因此，金融机构开发了一种新的融资机制来解决这一挑战：代理银行。如果一个国家的银行 A 想将钱转移到另一个国家的银行 B，每个人都需要在对方的账户上再开一个账户。在国际交易中，资金没有实际流动。相反，银行家贷记一个司法管辖区的账户，并从另一个司法管辖区借贷相应的金额。当银行想要向全球所有国家和所有银行进行国际支付时，就会出现问题。为了成功，他们要么需要在各地建立自己的分支机构，要么需要管理数千个直接关系和数百个账户。然而，世界上最大的国际银行中只有少数几家接近实现这一目标，即使它们也不断地从技术、基础设施和监管的角度应对当地要求的众多挑战。但实际上，银行通常需要与中介机构（也称为代理银行）进行交易。在某些情况下，可能会涉及不止一家代理银行——尤其是在将资金转移到新兴市场时。但是随着链中代理数量的增加，交易时间和成本也会增加。在过去 40 年中，这种 SWIFT 通信网络和代理银行关系的结合一直是跨境

---

〔1〕　See FATF REPORT, "THE ROLE OF HAWALA AND OTHER SIMILAR SERVICE PROVIDERS IN MONEY LAUNDERING AND TERRORIST FINANCING", October 2013, https：//www.fatf‐gafi.org/media/fatf/documents/reports/Role‐of‐hawala‐and‐similar‐in‐ml‐tf.pdf, (last visited 16 Jun 2021).

〔2〕　See Renate Mayntz, Thomas P. Hughes, *The Development of Large Technical Systems*, Westview Press, 1988, p.69.

〔3〕　See "SWIFT history", https：//www.swift.com/about‐us/history, (last visited 16 Jun 2021).

〔4〕　See "SWIFT history", https：//www.swift.com/about‐us/history, (last visited 16 Jun 2021).

转移资金的首选方法。这就是超过90%的跨境支付收入仍被银行占据的原因。尽管它对大多数公司交易仍然实用，但该模型并不经济，尤其是对于较低价值的交易。因此，越来越多的非银行提供商涌入，他们越来越专注于进军更大的市场，以应对不断增长的中小企业和消费市场。

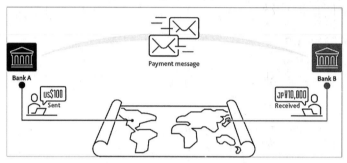

图4：使用各银行账户的简单跨境支付〔1〕

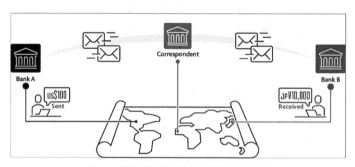

图5：使用代理银行的跨境支付〔2〕

图四中，银行 A 和银行 B 彼此没有账户，因此他们使用双方都持有账户的银行——代理银行。跨境交易中涉及的中介越多，交易的速度就越慢，成本也越高。对于支付量大的货币对（例如，美元兑英镑），通常会有较短的链。但是对于支付量较低的货币之间的转换，涉及的代理银行更多。涉及的代理银行越多，交易所需的时间就越长，链的每个阶段都会涉及更多的成本。一国与

---

〔1〕 英格兰银行 https://www.bankofengland.co.uk/payment-and-settlement/cross-border-payments（last visited 12 Jun 2021）.

〔2〕 英格兰银行 https://www.bankofengland.co.uk/payment-and-settlement/cross-border-payments。（last visited 12 Jun 2021）.

另一国之间的一组支付流称为"国家走廊"或"支付走廊"。在链中的每家银行，都将收取处理和外汇费用，支付信息需要根据当地金融犯罪要求进行检查，并且每家银行处理收款人账户的余额仅可在国内支付系统的正常工作时间运行。汇款人的银行需要持有足够的现金来支付这些未知费用，直到付款完成。

跨境支付通常涉及外汇（FX），因为发送方持有本币（LCY），而接收方希望以本币接收资金，从发送方的角度来看，这被标记为外币（FCY）。获得FCY的方法各不相同（例如，发送方可能已经从之前的交易中获得了FCY）。因此，外汇资金方面不同于支付本身。在这种情况下，可以被视为两个独立的逻辑步骤：

第1步是LCY对FCY的外汇交易；

第2步是将FCY转移到接收方。

LCY-FCY交换的第1步可以是进一步细分为1a，从发送方到外汇交易对手方的LCY转移，以及1b，从外汇交易对手方到发送方的FCY转移。这些步骤构成了跨境支付交易的组成部分，并且可以以不同的顺序执行。在上面的例子中，如果中介银行或代理银行为发送方执行外汇，将会使LCY从发送方到中间方转移，以及FCY从中间方到接收方的转移。

在最基本的层面上，电子结算系统是记录资产所有权的会计分类账，结算是更新被转移资产所有权记录的过程。付款或从发送者到接收者的资金转移是通过更新分类账，减少发送者的余额和增加接收者的余额来"结算"的，从而减少发送者和接收者之间的任何付款义务。因此，直接转让只能在双方之间进行，资产保存在同一分类账上。分类账转移的一个例子是国内银行间结算系统，参与机构在中央银行的分类账上相互交易。这被称为中央银行负债交易，因为与中央银行保持的余额代表可按要求偿还"存款"。从中央银行的角度来看，这些余额被记录为负债。各方也可以通过在私人机构的账本上维护账户和资产来进行交易。

跨境支付体系是支撑国际贸易和投资的重要基础设施，在不断完善跨境支付的过程中，B2B、P2B类的跨境零售支付业务最初的模式也是应用最多的、最活跃的。B2B的定义是根据其价值与紧迫性的高低进行定位的一种资金转移。支付方包括个人、企业或政府机构，并且为最终用户。在跨境交易时付款人和收款人的位置不在同一管辖权范围。P2B主要是大额资金转移的金融机构间的使用模式。在跨境交易中大额批发支付长期占主要比例，在对外程度的开发度提升后，跨国性旅游消费、留学及移民的数量增多，跨境零售支付的数量增多并成为普通消费的主要层面。更进一步的是跨境电商产业的迅速崛起，新型互联网交易产业链成为新的跨境交易的主导力量。但中小企业与消费者的零售与大额批发的跨境支付不同，由于跨境交易的跨国性，因此所涉及的管辖不同，交易的时间存在时间差，并且传统货币间不同币种的转换受到不同的国家管制，涉及不同的监管、合规审查、文本要求及汇率变动，增大了时间成本并存在高额中间费用等弊端。与企业的大额批发交易相比，个人及中小企业由于交易的零售性价值小因此对于议价更为困难。在交易的过程中存在不透明的机制，更让零售交易无法应对，并对国际经济合作、拓展国外客户的能力明显造成了削弱影响。在传统货币的跨境交易商进行交易的时间长达10天，中间费用高昂，达到转让价值的10%，并且跨境支付的操作系统落后。这一系列的缺陷反映出当前跨境零售支付领域迫切需要改革，从而解决当前各项弊端。

二、传统货币跨境支付的模式

跨境支付可以通过几种不同的方式进行。银行转账、信用卡支付。在大多数情况下，付款的发送方和接收方不共享公共分类账，两国之间的交易涉及一系列中间交易。在全球层面，2018年跨境交易的价值为23.7万亿美元。[1]这些跨境交易大部分是企业支付。跨境支付量的增加可归因于电子商务的增长，B2B和P2B跨境零售支付。[2]

跨境支付通常通过代理银行结算，这涉及两家银行相互建立互惠账户。往来账户被称为Nostro和Vostro账户。[3]例如，一家加拿大银行从一家代表加拿大银行持有往来账户的美国银行获得代理银行服务，该账户中的资金以美元计价。另一方面，美国银行在加拿大银行有一个互惠账户，称为Vostro

---

〔1〕"Value of cross-border payments worldwide from 2016 to 2022", by type in trillion U.S. dollars. Available from: https://www.statista.com/statistics/609723/value-of-cross-border-payments-by-type/, (last visited 12 Jun 2021).

〔2〕Bank for International Settlement, "Cross-border retail payments", Available from: https://www.bis.org/cpmi/publ/d173.pdf (last visited 12 Jul 2021).

〔3〕Nostro和Vostro是描述同一银行账户的两个不同术语，一家银行向另一家银行持有的账户被持有银行称为Nostro账户，而同一账户被对方银行称为Vostro账户。

账户，其中的资金以加元计价。本质上，金融机构（FI）彼此保持余额，使代理银行关系相互高度依赖。大多数跨境交易是通过代理银行网络进行的，这是大多数司法管辖区进行跨境支付的方式。代理银行跨境交易过程中可能会有多家银行参与方。在最基本的条件下，代理行持有其他被访银行拥有的存款，并向这些银行提供支付服务〔1〕。从本质上讲，这是两家银行之间的双边协议，它们相互提供服务。（如图6所示）

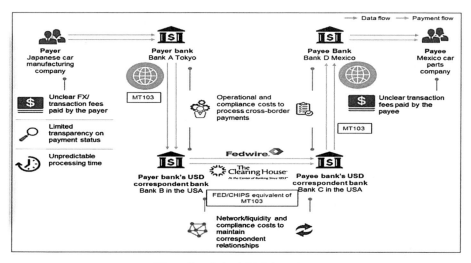

图6：代理银行支付流程图〔2〕

当前的趋势表明，对跨境支付的需求在持续增长，但是，与许多国内支付系统相比，跨境支付仍然缓慢、昂贵且缺乏透明度。因此，现有企业和新兴金融科技公司有切实的颠覆性机会，可以利用数字货币支付改善跨境支付。

三、传统货币跨境流动的弊端分析

传统货币的跨境支付在成本、速度、准入和透明度方面落后于国内支付。

---

〔1〕 CPMI, "A glossary of terms used in payments and settlement systems", March 2003 (updated June 2015), https://www. bis. org/dcms/glossary/g/ossary. pdf? scope＝CPMI&base＝term. (last visited 12 Jul 2021).

〔2〕 SWIFT Institute (2018). The Future of Correspondent Banking Cross Border Payments. Available from：https://swiftinstitute. org/wp－content/uploads/2018/10/SIWP－2017－001－The－Future－of－Correspondent－Banking_ FINALv2. pdf, (last visited 25 Jul 2021).

与在一个国家/地区进行类似付款相比,从一个国家/地区向另一个国家/地区付款通常更困难。在某些情况下,跨境支付可能需要几天时间,成本可能是国内支付的 10 倍。其主要的弊端还存在于以下方面:

(1)碎片化和截断的数据格式。付款是通过金融机构之间发送的消息进行的,以更新发送方和接收方的账户。这些支付信息需要包含足够的信息来确认支付各方的身份并确认支付的合法性。数据标准和格式因司法管辖区、系统和信息网络的不同而具有差异。例如,某些格式只允许使用拉丁字符,而某些格式允许的数据多于其他格式,这意味着必须翻译其他文字中的名称和地址,从而导致拼写精确度的分歧。这使得建立自动化流程变得困难,导致处理延迟以及技术和人员成本增加。

(2)合规检查的复杂处理。制裁筛查和金融犯罪的监管制度实施不均衡意味着可能需要多次检查同一交易,以确保各方不会将自己暴露在非法金融中。银行可能使用不同的来源进行检查,这可能导致付款被错误标记(例如,实体名称与制裁或金融犯罪数据库中的名称相似)。这种复杂性随着链条中中介机构数量的增加而增加,因为为满足初始检查而提供的原始数据可能不包含在其他国家制度下进行检查所需的元素。这使得合规检查的设计成本更高,阻碍了自动化并导致付款延迟或被拒绝。

(3)营业时间有限。银行账户余额只能在基础结算系统可用的时间内更新。在大多数国家,基础结算系统的工作时间通常与该国家的正常工作时间一致。即使实施了延长工作时间,这通常也只是针对特定的关键付款。这造成了跨境支付清算和结算的延迟,特别是在时区差异较大的走廊中。这会导致延误,也意味着银行需要持有足够的现金来支付最终外汇汇率的未知成本,在此期间汇率波动,推高了交易的整体成本。这被称为流动性受困。

(4)传统技术平台。支持跨境支付系统的技术中有很大一部分仍然在基于纸质支付流程首次迁移到电子系统时构建的遗留平台上。这些平台具有基本的局限性,例如依赖批处理、缺乏实时监控和数据处理能力低。这会造成结算延迟和流动性受限。这些限制会影响国内运营,但当不同的传统基础设施需要相互交互时,这些限制就会成为实现跨境支付自动化的更大障碍。与传统技术交互的要求可能成为新兴商业模式和技术进入市场的障碍。

(5)融资成本高。为了实现快速结算,银行需要提前提供资金,通常是跨多种货币，或者可以进入外汇市场。这给银行带来了风险，他们需要留出资金来应对；这意味着资本不能用于支持其他活动。何时收到资金的不确定性通常会导致头寸资金过剩，从而增加成本。

（6）长交易链。这些摩擦使银行在每个司法管辖区建立关系的成本都很高。这就是使用代理银行模型的原因，但这会导致更长的交易链，进而增加成本和延迟，产生额外的资金需求（包括支付链扣除的不可预测的费用），重复验证检查以及数据可能会在旅途中被腐蚀。

（7）弱竞争。寻求提供跨境支付服务的公司面临着巨大的进入壁垒。发送付款的最终用户也难以准确评估发起付款的成本，难以衡量不同提供商提供的是否物有所值。这些障碍可能会提高最终用户和公司的价格，并抑制对跨境支付流程现代化的投资。

正是由于传统货币在跨境支付上存在一系列的弊端，因此需要在跨境支付上具有创新性、稳定性的变革，不仅要在支付系统上解决代理银行系统的弊端，还需要在货币流通上以新的方式进行便利的交易。

第二节　创新性的分布式记账货币跨境支付

如上文所述，在传统货币的跨境支付上存在各种弊端，而这种弊端短时间内无法在代理银行的改革上完善，因此，数字货币便是创新性的开发，是对跨境支付与交易的变革性创新模式。数字货币本质上是无国界的，分为非央行数字货币和央行法定数字货币，这促使它成为促进跨境支付便利的理想选择。转移加密货币将创建一个新的"区块"，其中包含交易信息，包括费用，这些信息由一种加密签名涵盖。这些包含交易信息的区块不断累积在现有处理区块之上，共同形成区块链，构成所谓的分布式账本技术（DLT）的一部分。简而言之，分布式账本是一个以货币执行的所有交易的数据库，该数据库在货币生态系统中的所有参与者之间以自愿、实时、更新、共享和同步的方式进行。这意味着每个人都将拥有一份包含所有交易信息的分类账副本。在这个模型中，没有充当仲裁者或监控者的中央机构，分布式账本实现了更大的透明度和冗余，以防止网络中节点的操作中断。应该注意的是，即使在整个支付网络中共享分类账，也可以以一种许可的方式构建对交易的完全可见性，以便在保持隐私的同时进行监督和欺诈检测。

利用 DLT 促进跨境支付意味着网络是去中心化的，并且支付几乎可以立即通过数字货币、加密货币进行结算。

一、自由品牌加密货币跨境支付

传统跨境支付的许多问题源于：参与处理交易的代理银行形成的大量中介。每个额外的中介都会增加处理费用，增加失败点的数量，并增加支付路径中某个地方的欺诈风险。SWIFT 是连接国际支付交易机构的国际支付消息传递网络，其速度非常慢并且容易受到安全漏洞的影响。2017 年，孟加拉国中央银行在黑客获得了该银行的系统用户凭证并将现金转入菲律宾和斯里兰卡的账户后，损失了 8100 万美元。此外，遵守各家银行必须遵守的各种法规使得完成交易的成本更高。区块链允许银行通过提供一种在分布式账本中记录交易的安全方式来绕过这些传统的支付渠道，而无需直接涉及任何中介。区块链还降低了欺诈风险并创造了更高的遵守消费者数据隐私法规的机会，因为交易信息存储在分布式账本网络中，未经所有网络成员的许可很难修改。

从初出茅庐的金融科技公司到传统行业的老牌企业，许多公司正在进入以区块链为动力的跨境支付市场。Ripple Labs 是该领域新兴的金融科技公司的一个显著例子，其 XRP 货币和 RippleNet 构建支付网络。Ripple 声称通过允许银行和其他汇款机构加入其分布式账本网络并在 XRP 代币中持有资金，从而实现实时跨境结算和货币兑换。根据 Ripple 的首席技术官 David Schwartz 的说法，平均交易完成时间不超过 5~7 秒。网络的去中心化性质提供了一种无缝替代方案，以替代由于资金在代理账户之间流动、SWIFT 系统速度缓慢以及传统跨境支付路线缺乏透明度而产生的高额费用的传统缓存。[1]据 Cointelegraph 称，2019 年，The PNC Financial Services Group, Inc.（以下简称 PNC）银行成为第一家加入 Ripple 网络的美国银行，为其企业客户提供跨境支付服务。[2]Ripple 网络的其他知名成员包括桑坦德银行、万事达卡和美国运通卡。

---

[1] 参见刘东民、宋爽：《数字货币、跨境支付与国际货币体系变革》，载《金融论坛》2020 年第 11 期。

[2] See Marie Huillet, "US Banking Giant PNC Starts Using RippleNet for Cross-Border Payments", https://cointelegraph. com/news/us-banking-giant-pnc-starts-using-ripplenet-for-cross-border-payments, (last visited 25 Jul 2021).

去年，Ripple 推出了 Payburner 的测试版，这是一个集成支付系统和数字钱包，允许全球用户在几秒钟内使用 XRP 进行 P2P 和 P2B 支付。[1]Payburner 可以作为浏览器扩展安装在 Google Chrome 和 Brave 中，使其成为用户现有数字生态系统中随时可用的功能。IBM 还通过其名为 IBM Blockchain World Wire 的试点分布式账本国际支付系统加入加密市场支付，允许成员以 Stellar 加密货币转移资金和兑换货币。在推出时，IBM 声称该网络支持 70 个国家或地区、50 种货币和 45 个银行端点的支付。[2]Stellar 允许用户访问其开源网络并利用其 API 将其技术应用于特定用例。尽管为企业客户提供服务，IBM 的产品有望降低最终用户的跨境汇款成本。

区块链上的加密货币支付已经存在了很长一段时间，但并非所有消费者都急于采用它们作为首选的价值转移方式。自加密货币问世以来，广泛采用的最大障碍是普通用户难以购买加密货币，以及其价值缺乏稳定性。2021 年前比特币的价格从刚刚超过 4000 美元的低点波动，再到 2021 年的头几周迎来超过 40 000 美元的高点。另一个障碍是区块链技术的相对新颖性和缺乏消费者采用。2020 年秋季 Mercator[3]研究团队在北美支付洞察调查中的大多数受访者都证明了这一点，调查报告中受访用户对加密货币极不熟悉，只有 15% 的受访者声称拥有加密资产。PayPal 最近为用户提供以四种不同加密货币发送 P2P 支付选项的举措，这是在跨境支付中广泛采用区块链的重要一步。这是与 Paxos 合作完成的，Paxos 是为企业客户提供加密货币和定制稳定币支付集成的提供商。

加密货币在跨境交易的实验模型中，商业银行或实体的财团根据商定的数字货币标准发行数字代币，以在封闭系统中执行跨境结算和其他价值交换。数字代币通常由中央银行以流动性抵押或其他资产或负债存款的形式，由中央银行发行的法定货币支持，或由中央银行或其他受信任实体担保。其中的两

---

〔1〕 See Man H. A. et al.，"A New Payment System for Enhancing Location Privacy of Electric Vehicles"，*IEEE Transactions on Vehicular Technology*，Vol. 63，No. 1，2014，pp. 3–18.

〔2〕 See Sam Klebanov，"A Look at Blockchain in Cross – Border Payments"，https://www. paymentsjournal. com/a-look-at-blockchain-in-cross-border-payments/，（last visited 25 Jul 2021）.

〔3〕 Peter Revile，"2020 North American PaymentsInsights：Debit-Continued Change"，December 21，2020，javelinstrategy. com/reserch/2020-north-american-paymentsinsights debit-continued-change.（last visited 25 Jul 2021）.

个例子是 Utility Settlement Coin（USC）[1]和 JP Morgan Coin（JPM Coin）[2]。使用 USC 或 JPM Coin 的跨境结算利用区块链，通过直通式处理和提高透明度来确保更快、更安全的跨境支付。

USC 是一种基于 DLT 的实验性数字现金工具，由瑞士全球金融服务公司 UBS 与 Clearmatics Technologies 合作在一个由 14 家银行组成的财团中发起。截至 2019 年，该财团从 14 家股东银行筹集了 6300 万美元的资金。[3]在 USC 模型中，大型私人银行和金融科技公司创建数字代币（USC），代表来自多个国家的资金，可以在分布式账本平台上进行交易。数字代币由中央银行账簿上的参与银行的现金余额进行完全抵押。与比特币不同，USC 是通过负债证券化创建的。USC 的分散性质使其成员能够更有效地在银行间结算。此外，USC 也可以通过将非经营性现金余额转移到一个特殊目的工具（SPV）来发行，该工具管理现金而没有盈利目标。

与 USC 类似，2019 年，摩根大通成为第一家设计网络以使用区块链技术促进即时支付的全球银行——通过推出 JPM Coin 实现 24/7 全天候的企业对企业资金流动。JPM Coin 也是一种基于 DLT 的实验性数字硬币，由摩根大通发起。JPM Coin 是一种数字代币，可以兑美元 1∶1 的比例赎回。JPM Coin 的目的是在跨境结算中转移价值。JPM Coin 获得许可，其用户完全是机构客户，并且使用 Quorum 分类账。用作支付通道和存款账户的分类账，允许所有摩根大通客户在系统内转移存放在摩根大通的美元，促进流动性资金的流动和在正确的时间付款。JPM Coin 促进实时价值流动，帮助解决传统跨境支付的常见障碍。作为 JP Morgan 旗下 Onyx 的一部分的方法，JPM Coin 致力于金融服务行业的创新，寻求解决跨境支付的复杂难题，并通过下一代企业资金服务帮助简化客户的资金转移需求。JP Morgan 的 Liink 使机构能够快速、安全地交换与支付相关的信息，并应对导致成本增加和延误的挑战。在当前基础设

---

〔1〕 See "What is 'Utility Settlement Coin' really?" Available from：https://ftalphaville.ft.com/2017/09/18/2193542/what-is-utility-settlement-coin-really/，（last visited 12 Jul 2021）.

〔2〕 See "Jasper-Ubin Design Paper Enabling Cross-Border High Value Transfer Using Distributed Ledger Technologies" from：https://www.mas.gov.sg/-/media/Jasper-Ubin-Design-Paper.pdf，（last visited 20 Jul 2021）.

〔3〕 See "Major Utility Settlement Coin Project Raises ＄63 Million for Commercial Realization"，Available from：https://cointelegraph.com/news/major-utility-settlement-coin-project-raises-63-mln-for-commercial-realization，（last visited 20 Jul 2021）.

施证明不足的情况下，用于 JPM Coin 的 Coin Systems 技术解决方案能够支持 DVP（交付与付款）、PVP（付款与付款）和机器对机器支付等预付款类型，并帮助解决传统跨境支付中的常见阻碍。Coin Systems 创建了一个全新的支付通道，旨在支持国内和跨境支付，并可以帮助企业客户使用多银行共享账本进行可编程、实时、多币种的支付。在此基础上，通过摩根大通开发的区块链技术来促进外汇、证券结算和其他增值服务的支付应用程序。在跨币种交易上，以超过 120 种货币付款并以超过 35 种货币收款，每周 7 天、每天 24 小时实时了解外汇汇率，利用最新的外汇技术——包括 API、DLT 和低价值的替代支付方式，并使用交钥匙即插即用解决方案，将跨币种交易直接集成到客户现有的财务工作流程中，并通过客户选择的渠道更轻松地进行支付。通过在整个业务中端到端的预付实时结算外汇汇率和自动对账，更有效地管理付款、应收账款、流动性和贸易方面的跨币种风险。

此外，摩根大通于 2017 年启动了基于法定人数的银行间信息网络（IIN）作为试点项目。IIN 允许成员银行交换支付信息，以克服在跨境结算中共享此类信息的挑战。截至 2019 年 4 月，全球有 220 家成员银行参与 IIN。其中包括三家加拿大指定的系统重要性银行（SIBs）：蒙特利尔银行、加拿大皇家银行、加拿大国家银行。[1] IIN 和 JPM Coin 都旨在解决代理银行在信息共享和结算方面的不足。然而，它们也可能破坏加拿大支付组织等提供的中央清算服务，并使传统的批发支付空间成为边缘。事实上，可兑换现金资产的数字代币的即时跨境转移消除了现有批发结算系统所需的繁琐的日常抵押品管理流程，由于此类代币与跨司法管辖区的批发支付系统的运行时间无关，因此交易可以每周 7 天、每天 24 小时无阻碍地自由流动。

二、稳定币的跨境支付

稳定币[2]（Stable Coin）为加密货币的一种，其价值波动比普通加密货币稳定。其产生的根本原因是比特币类加密货币的价格波动巨大，影响货币

---

〔1〕　See "Largest Number of Banks to Join Live Application of Blockchain Technology". Available from：https：//www. jpmorgan. com/global/treasury-services/IIN,（last visited 25 Jul 2021）.

〔2〕　塔链智库.2018 年稳定币研究报告，2018-11-09. https：//wxappres. feeyan. com/block/2018/09/ mGc6473PhRluZOFoLQtIzwrDaiMnjyE. pdf。（最后访问时间 2021 年 12 月 6 日）。

投资市场稳定。这需要一种交换媒介来连接数字货币世界与法币世界。诸如比特币等数字货币的价格（兑换法定货币）高度波动，这些货币在一些产品：服务的使用场景下不合适甚至不能用。例如，如果每个月需要定期支付房租，那么由比特币这种价格剧烈波动的货币支付的话，那就不知道每个月该预留多少钱了。与此同时，如果坚持比特币就是数字黄金的投资理念，相信它会一直增值并具有良好的价值储存功能，那么比特币就不会再被用于日常交易支付。在以上两个例子中，稳定币就能具有价值储存和交易媒介的功能，更适合日常交易支付使用。

另外需要强调的是，稳定币除了价格稳定的加密货币之外，还兼具比特币或以太币等数字货币的优秀特性，比如：可编程性（智能合约）、高效（低手续费或者零手续费，快速的结算时间）、可替代性以及开源（比如无须许可）等。以智能旅游保险为例，安盛集团提供了一个新兴保险项目，这是一个将智能合约和稳定币技术有效结合起来的案例。[1]这个实践应用解释了，为什么在应用场景下，是以稳定币区块链结合而不是以以太币作为计价单位或结算单位。

在英国，每年有大约60万乘客因为航班延误或取消而没有获得应有的保险赔偿，而在"智能航班保险"区块链应用上，都能查到延误或取消的航班记录。如果航班延误或者取消，智能合约将自动支付给索赔人，能消除烦琐的申诉过程。保险费可以由第三方托管在链上，从而避免交易对手方风险。在旅游和其他智能保险的案例中，与以太币等价格波动较大的数字货币相比，在智能合约上使用稳定币更好。一般而言，人们买保险来降低风险，因此想使用稳定币来巩固智能合约。稳定币的发展还有其他的驱动力。虽然在加密货币市场，较大的资本利得能快速获得，但是投资者对于将资产变为波动性较低的稳定币的需求也不断增长。做市商和交易商在日常运营的时候也需要价值更加稳定的货币。

在数字货币生态系统中，波动性是阻碍其债务市场和信用市场发展的因素之一。因此，稳定币的出现是数字货币生态系统发展的必然结果，市值最

---

[1] 安盛集团称：当在 Fizzy 平台上购买航班延误险时，将购买记录在防篡改网络以太坊区块链中，使保险合同同样防篡改。该智能合约连接到全球空中交通数据库，因此一旦观察到超过两个小时的延误，就会自动触发补偿。通过这种方式，安盛将补偿决定委托给了一个独立的网络，增强了客户对安盛的信任。

大的稳定币 USDT，目前市值大约 27 亿美元，数据透露出稳定币在市场的需求大。最近 Tether 市值上升到加密货币排名前十的行列，甚至有时候交易量排名第二，仅次于比特币。截至 2018 年 11 月 5 日，全球加密货币市场总市值 2110 亿美元，稳定币市场总市值将近 23 亿美元，占 1.1% 左右。USDT 规模最大，将近 18 亿美元，占据 3/4 的市场份额。其次是 TUSD 和 USDC，共计占 13% 左右。其中，资产支持类型占到了 77%（其中，54% 为链上抵押，46% 为借据抵押）。

2018 年 9 月 10 日，美国纽约州金融服务管理局同时批准了两种基于以太币发行的稳定币，分别为 Gemini 公司发行的 GUSD 和 Paxos 公司发行的 PSD，[1] 这是一个具有重要影响的举动，因为这是第一个合规合法、接受监督的稳定币（也就意味着受到法律保护）。GUSD 和 PSD 信用背书大幅提升，而且其基于以太坊的 ERC-20 [2] 标准来发行，这意味着财务相关数据完全公开透明、不可篡改，完全去中心化。稳定币既具有法定货币的稳定性，又具有数字货币的去中心化特点，不仅是为了实现数字货币与法定货币之间的稳定兑换，更重要的是会对传统货币金融生态产生长远影响。不同于高度波动的比特币，根据发行后的市场表现来看，稳定币基本可以实现与法定货币之间的稳定兑换关系，也就是说其定价波动区间较小，以其为计价单位的加密资产价格波动随之得到控制，那么，未来围绕加密资产进行的储蓄、担保抵押、资产证券化等金融活动就具备了更高的可行性。

稳定币属于加密货币的一种但又区别于加密货币，稳定币具有一定的价值背书，具有稳定性，波动程度小并成为解决跨境零售支付体系低效痼疾的技术解决方案之一。由于其结合了比特币分布式账本技术，构建点对点电子支付系统，并在进行跨境支付时也无需通过任何中介，具有即时便利且费用低、透明度高等特点，更大的优势在于它通过将其价值与一个或一组价值稳定的资产（包括法币）联系起来，避免了加密货币通常具有的价格大幅波动的致命缺陷，并被称为"具有更高价值的存储手段和支付手段，并且它们可能有

〔1〕 参见米晓文：《稳定币的影响及其发展趋势判断：以 Libra 为例》，载《海南金融》2019 年第 9 期。

〔2〕 See "What Are ERC-20 Tokens on the Ethereum Network?", https://www.investopedia.com/news/what-erc20-and-what-does-it-mean-ethereum/ (last visited 12 Jul 2021).

助于发展比现有安排更快、更便宜和更具包容性的跨境支付安排"[1]。

与许多加密货币一样，稳定币提供即时处理和支付安全性。它们还提供了与法定货币平价的稳定性。属于这一类别的两种数字货币是 RippleNet 的原生数字货币 Ripple（XRP）[2]和 Stellar 网络的原生加密货币 Lumens（XLM）。[3]相对于代理银行业务，Ripple 和 Stellar 都可以实现更快、更高效的跨境支付。然而，它们的不同之处在于，Ripple 专注于改善国际银行之间的跨境结算，而 Stellar 则专注于为最终用户和没有银行账户的人群提供低成本的跨境支付金融服务。

Ripple 使跨国公司能够通过 Ripple 网络转移 XRP 来结算跨境支付，从而产生按需流动性。它共有三个生态系统：（1）维护分类账的服务器；（2）客户；（3）中介。与比特币或以太坊不同，Ripple 不运行工作证明，也不运行权益证明共识机制。相反，Ripple 交易依赖于拜占庭将军问题（BGP）[4]共识协议，称为 Ripple 网关，用于验证系统的账户余额和交易。Ripple 结算过程涉及创建由账户所有者签署并提交给网络的交易。格式错误的交易将立即被拒绝。否则，它们会被临时包含在分类账中。Ripple 网络有许多验证节点，用于验证交易。为了成功地进行交易，验证者必须达成交易共识。虽然它声称是去中心化的，但其实在交易中 55 个验证节点都属于 Ripple，这是否和它所声称的去中心化相矛盾？随着第三方节点的加入，每两个加入的第三方节点都会删除每个 Ripple 验证器节点，这可能会改变它中心化的语境定义，并随着时间推移变得越来越去中心化。任何可接受类型的货币或资产都可用于

---

[1] "G7 Working Group on Stablecoins", 2019。https://www.bis.org/cpmi/publ/d187.pdf，（last visited 12 Jul 2021）.

[2] "Ripple", Available from: https://www.ripple.com/，（last visited 22 Jul 2021）.

[3] "Stellar", Available from: https://www.stellar.org/lumens/，（last visited 9 Jul 2021）.

[4] First proposed in 1982 by Marshall Pease, Robert Shostak and Leslie Lamport, the BGP conceptually imagines that several divisions of the Byzantine army are camped outside an enemy city, each division commanded by its own general. The generals can communicate with one another only by messenger. After observing the enemy, they must decide upon a common plan of action. However, some of the generals may be traitors, trying to prevent the loyal generals from reaching agreement. The generals must therefore devise an algorithm to guarantee that（A）All loyal generals decide upon the same plan of action and（B）A small number of traitors cannot cause the loyal generals to adopt a bad plan. For further details refer to Marshall Pease, Robert Shostak and Leslie Lamport（1982）"The Byzantine Generals Problem", *ACM Transactions on Programming Languages and Systems*（TOPLAS）, Vol. 4, No. 3, July 1982, pp. 382-401.

Ripple 网络上进行交易，因此使用 Ripple 的跨境支付本质上是使用 XRP 进行交易的 Ripple 网关。每笔交易都需要在此过程中销毁一小部分 XRP，这意味着 XRP 的总供应量会随着时间的推移而减少，并且理论上可以保持其价值。

相比之下，Stellar 使个人和最终用户能够跨司法管辖区直接相互交易，使用受托中介机构处理外汇和资金转移。在 2016 年巴克莱非洲和德勤试点中，观察到使用 Stellar 的交易确认时间范围从每秒 1000 笔交易到每秒约 10 000 笔交易。[1] Stellar 的交易费用保持在每笔交易 0.000001 XLM 的固定费率，从而使 XLM 对零售跨境交易具有成本效益。对于要在几秒钟内处理的交易，Stellar 网络需要在确保准确性的同时快速达成共识。[2] Stellar 共识协议（SCP）的工作原理是利用相互通信的可信节点组来验证交易。可信节点之间平均每两到五秒达成共识。与 Ripple 类似，XLM 的价格取决于与其他货币（包括法定货币）的交易以及数字货币本身的广泛采用。

最近，Facebook 宣布了自己的许可区块链数字货币 Libra。Libra 只是众多社交媒体数字货币平台之一，其中一些（例如 LBRY 和 Steem）已经运营多年。[3] 与之前的 Steem 一样，Libra 的主要用途是 P2P、P2B 以及在线支付商品和服务。尽管 Libra 仍然是一种相对较新的数字货币，但鉴于 Facebook 生态系统中约有 26 亿（或全球人口的三分之一）用户的庞大全球网络，Libra 相对于许多其他稳定币和数字货币具有显著优势。作为一种不受国界约束的数字货币，Libra 有可能颠覆现有的零售跨境结算代理银行模式。

1. 稳定币的分类

从货币性质角度进行划分，稳定币可分为两类，即资产支持和算法支持，从形式上看，资产支持的方式是多样的，主要分为传统资产担保和加密资产担保两大类。传统资产既可以是实体资产（黄金、白银等），也可以锚定美元、欧元等法定货币，也有两者混合的。当然，也可以选择加密资产担保和

---

〔1〕　See Kyle McCollom，"How Many Transactions Per Second Can Stellar Process?" Available from：https：//www. lumenauts. com/blog/how-many-transactions-per-second-can-stellar-process，（last visited 9 Jul 2021）.

〔2〕　共识意味着整个网络就交易价值达成一致，是去中心化网络的重要组成部分。

〔3〕　Steem is the Steemit ecosystem issued stablecoin with a construction similar to a self contained macroeconomy having what is akin to government securities with short to longer term note maturity/term structures. For an overview of the economics of Steem，refer to https：//steemit. com/steem/@ spectrumecons/steem-explained-by-an-economist。（last visited 22 Jul 2021）.

传统资产担保绑定的方式。锚定法定货币：由法定货币或实物价值支持（如 USDT、TUSD）。锚定加密货币：与其他加密货币的价值挂钩（如 Dai）。无抵押的稳定币：算法控制，不与资产挂钩（如 Carbon、Basis），每一种稳定币都在一定程度上有所不足，也没有充分的试验数据来说明哪一种最好或最坏。此外，某种稳定币不可能在所有的使用场景中都最优，换句话说，稳定币的好坏取决于很多因素，包括透明度、可审计性、稳定性机制、后备程序、可拓展性等。

从项目发行的角度来看，稳定币为中心化的借据抵押模式，这是由实体抵押物（法定货币资产和金银贵金属资产）支撑的稳定币，用户持有的实质是：稳定币发行方的借据。每一个稳定币都对应着发行公司在银行抵押的等值的传统金融资产，以确保稳定币兑法币的比例能保持稳定，购买者所购买的稳定币，可以按一定比例兑回。该模式的典型项目是目前占绝对主导地位的 Tether 发行的 USDT，以及全球首个受监管的稳定币项目 GUSD。

2. USDT

USDT 于 2014 年面世，是通过 Omni Layer 协议〔1〕在比特币区块链上发行的稳定币，现在已经成为发展最久的稳定币之一。每个 USDT 都由 Tether 公司储备的美元支持（即每发行 1USDT，Tether 公司银行账户都会有 1 美元的存款或资产保障），并且可以通过平台赎回。USDT 是加密货币的一种具有加密资产的特点，既能具有平稳的价格波动又无手续费用，并可以在平台与其他加密货币进行交易，用户可以在任何钱包使用自己的私匙进行存取。USDT 的优点是流程直观清楚，基本保持了与美元 1∶1 比例的锚定，其缺点在于资金托管情况不透明，存在超发的可能性。对此，Tether 在 2018 年 6 月发布了一份"透明度更新报告"，表明其与美元挂钩的 USDT 完全由存放在两家独立银行的实物美元支持。该报告由一家法律公司 Freeh，Sporkin & Sullivan LLP（FSS）发布。〔2〕USDT 在稳定币市场占据主要地位，它被广泛运用，在很多头部交易所流通，对那些不能提供美元交易账户的主流交易所非常有吸引力，

---

〔1〕 USDT 在 2014 年 10 月基于比特币网络的 Omni layer 发行，目前发行量 25 亿；2017 年 11 月基于以太坊网络的 ERC-20 协议发行，目前发行量 0.6 亿，所以 USDT 分别有 Omni 和 Ethereum 两个地址，现在都能使用。

〔2〕 Cryptocurrency firm Tether releases law firm report attesting to U. S. dollar reserves，https://www. reuters. com/article/us-cryptocurrencies-tether-idUSKBN1JG1SB，（last visited 22 Jul 2021）.

比如 ShapeShift、Bittrex、Bitfinex、Binance 和 Poloniex 等。[1]加密货币的购买者或交易者可以通过将较大波动的加密货币兑换成相对稳定的 USDT 来避免直接兑换法币而退出加密市场。尽管在实际交易中 USDT 仍然存在缺点，但大量的交易数据增加也验证了它的客户用量价值，并且 Tether 公司也获得了美国财政部金融犯罪执法局（FinCEN）的法律许可，成为货币服务企业。[2] 但仍存在一些争议。总之，交易者目前的交易依然离不开 USDT，Tether 公司也与头部交易所建立了良好的信任关系，这也是其目前能够在稳定币领域占据支配地位的重要原因。[3]但是，USDT 的缺点也给了其他稳定币进入市场的机会，通过链上资产抵押来最小化信任和交易方风险的稳定币与相对中心化的 USDT 形成了鲜明的对比。[4]

3. GUSD

2018 年 9 月，Gemini 交易平台所发行的 GUSD（Gemini dollar）是"世界上第一受到政府监管的稳定币"。GUSD 也是基于以太坊 ERC-20 协议发行的，是与美元 1∶1 比锚定的稳定币。相对于 USDT，GUSD 最大的不同之处便是受到美国纽约州金融服务管理局（NYDFS）的监管，并且每一笔增发都会有相应的资金入账，并进行账户审计，如果执法部门觉得相关交易账户存在问题，便可以冻结相关的账户。GUSD 的成功发行在数字货币的发展历史上是一个非常重要的里程碑，首先，它是由美国纽约州政府审批通过的，代表稳定币在法律上的合规，扫除了稳定币在欧美主流市场上未来面临的法律风险，这是 USDT 无法比拟的；其次，GUSD 在审计（由一家独立的注册会计师事务所每月检查，以核实 1∶1 的挂钩情况）和监管方面由政府和专业机构负责，这相

---

〔1〕 See Paolo Santucci De Magistris，"Arbitrage and Trading in Cryptocurrency Markets"，Course of Empirical Finance，2018/2019，http：//tesi. luiss. it/25089/1/712221_ IUNNIKOV_ ARSENII. pdf，p6 - 10.

〔2〕 See United States Department of Justice Office，"REPORT OF THE ATTORNEY GENERAL's CY-BER DIGITAL TASK FORCE"，https：//www. justice. gov/cryptoreport October 2020，（last visited 22 Jul 2021）.

〔3〕 参见 USDT、DAI、TUSD 等 6 种稳定币深度解析，https：//www. baidu. com/link？url=VpZFJrn 6hKhWn9gKVToRGv8vHvhPZ_ Hl34hY4mh_ IWOYBaeKtXBz3XuZvVtZpzIgnfqEFmpUewi_ SvaV2rxvpK&wd=& eqid=8064779b000c59f20000000661f3948e，最后访问日期：2021 年 11 月 21 日。

〔4〕 参见 USDT、DAI、TUSD 等 6 种稳定币深度解析，https：//www. baidu. com/link？url=VpZFJrn 6hKhWn9gKVToRGv8vHvhPZ_ Hl34hY4mh_ IWOYBaeKtXBz3XuZvVtZpzIgnfqEFmpUewi_ SvaV2rxvpK&wd=& eqid=8064779b000c59f20000000661f3948e，最后访问日期：2021 年 11 月 21 日。

当于增强了 GUSD 的信用，主流市场也更认可这款稳定币。这类以信托为基础的数字美元很可能加速全球其他国家货币数字化的进程。

技术上，GUSD 主要由三种不同功能的智能合约组成。

（1）代理（Proxy）：控制创建和交易稳定币的权限，提供用户交互界面，管理稳定币的交易和发行，执行 Lmpl 层中包含的智能合约。

（2）Lmpl：包含 ERC-20 智能合约的逻辑和数据，拥有大多数基于ERC-20 标准的智能合约功能，在"代理"合约授权下才能工作。

（3）存储（Store）：GUSD 交易分类账本，对应到持有者。

为保证 GUSD 数量不超过账户美元余额，GUSD 采用了混合的在线和离线托管机制，在 Lmpl 层中设置了一个名为"Print limiter"的硬性限制机制，每当 GUSD 的供应数量需要改变时，就会触发检查程序。这样的限制需要同时获得离线密钥集（托管方）和在线密钥集的批准。总体上来说，GUSD 的发行采用的是一种将发行、开发和托管三方进行分离的半集中式模式。

第三节　央行数字货币的跨境交易与支付

随着中央银行加强对中央银行数字货币（CBDC）的研究，CBDC 在促进跨境支付方面的国际影响将非常重要。尽管在全球范围内，大多数 CBDC 项目都以国内为重点，但某些国家的中央银行正在合作探索使用 CBDC 来促进跨境支付。G20 已将加强跨境支付作为优先事项，CBDC 正在成为一个关注领域。中国数字人民币的成功试行也进一步说明央行数字货币的重要性，它不仅是货币政策的需求也是各国经济发展的需要，当前，中国也在积极地探索与试行关于数字人民币的跨境交易。

一、央行数字货币与跨境结算

由于涉及多个中介机构，跨境支付既耗时又昂贵。2021 年第一季度的全球平均汇款成本为 6.38%。[1]跨境资金转移往往存在时间滞后，在此期间交

---

〔1〕 "AN ANALYSIS OF TRENDS IN COST OF REMITTANCE SERVICES REMITTANCE PRICES WORLDWIDE QUARTERLY", Issue 38. June, 2021, https：//remittanceprices. worldbank. org/sites/default/files/rpw_ main_ report_ and_ annex_ q221. pdf, （last visited 25 Jul 2021）.

易对手面临信用和结算风险。标准的外汇交易需要两天以上才能结算。金融稳定委员会（FSB）确定了现有跨境支付框架中的多个摩擦点，例如分散和截断的数据格式、复杂的合规检查处理、有限的营业时间和遗留技术平台。[1]为解决这些痛点，FSB 与支付和市场基础设施委员会（CPMI）为提高跨境支付效率，积极研究 CBDC 在跨境支付中的作用。CBDC 可以以不同的方式用于跨境支付。例如，可以检查 CBDC 系统之间的互操作性，以减少现有的摩擦，以促进跨境和跨货币支付。从广义上讲，这种互操作性可以通过不同的 CBDC 系统和安排相互交互的几种方式来实现。迄今为止，全球中央银行的大多数 CBDC 的实验都集中在国内使用问题上。在实践中，CBDC 的国内发行还需要经过相当多的经济和实践检验，才能加快跨境使用的探索步伐。另外也需要对相关的内容进行调整。例如跨境支付的监管、监督框架、反洗钱/打击资助恐怖主义（AML/CFT）的一致性、支付（PVP）的采用和支付系统访问对于跨境 CBDC 的使用具有重要的意义。大多数 CBDC 项目都专注于国内需求，但提高跨境支付效率也是 CBDC 工作的重要动力，包括汇款在内的跨境支付是全球化经济中经济发展的重要因素。

当前在零售方面，大多数汇款都是通过汇款运营商利用自己的全球网络发送到国外的。国际汇款引发了一些众所周知的问题，其中一些可以通过适当的 CBDC 解决方案来解决：首先，费用普遍较高；其次，在某些情况下，汇款人可能无法保证资金全部到达预期的收款人；最后，国际汇款受到国内支付系统之间缺乏互操作性的影响。

在批发方面，由于缺乏支付系统互操作性而导致的这些低效率由代理银行网络弥补，在代理银行链较长的情况下，这可能成本高昂且速度缓慢。跨境支付的许多障碍[2]即在于实施 AML/CFT 标准、结算最终性规则、支付系统与中央银行货币结算的参与标准、法律等。在这种情况下，许多中央银行将 CBDC 视为简化和提高跨境支付性能并使其最终结算 24/7 全天候可用的机

---

〔1〕　See "Will CBDCs help ease cross-border payments?" https://economictimes. indiatimes. com/markets/cryptocurrency/will-cbdcs-help-ease-cross-border-payments/articleshow/86361778. cms? from = mdr，，（last visited 25 Jul 2021）.

〔2〕　FSB（2020a），"CPMI Conference：Pushing the froneiers of payments：towards faster, cheaper, more trausparent and move indusive cross-border payments"：https://www. fsb. org/wp-content/uploads/P090420-1. pdf, CPMI（2020a）：https://www. bis. org/events/cpmi_ ptfop/overview. htm，，（last visited 25 Jul 2021）.

会，即在闭环解决方案或那些端到端控制支付。发行和使用 CBDC 进行跨境支付可能有助于简化中介链、提高速度和降低成本。事实上，跨境支付效率是 CBDC 发行的一个重要动力。因为当前各国在央行数字货币的研究上主要集中于国内使用。在评估跨境支付中潜在的 CBDC 设计时，可以通过两种不同的方式设想来使用 CBDC 进行跨境支付：一是给定辖区的零售 CBDC，可供该辖区内外的任何人使用，发行中央银行之间没有具体的协调。二是基于中央银行之间的强有力合作，在不同的零售或批发 CBDC 之间建立准入和结算协议安排。

在国际使用的第一个场景中，可以设计数字化的 CBDC，使其不受使用地点和使用人的限制。如果设计允许像现金这样的匿名支付，那么外国居民默认可以使用它。然而，在实践中，相对较少的中央银行正在考虑完全匿名的系统。或者，与现金相比，CBDC 可以被设计为受到发行中央银行对跨境使用的某些限制。在第二种情况下，中央银行之间的协调与合作将倾向于损失较小的方法。这可以通过允许来自合作管辖区的外国人访问国内 CBDC 解决方案或通过多边 CBDC 桥（m-CBDC Bridge）安排来实现。[1]这些协调的设计框架，包括技术、市场结构和法律方面，旨在促进来自不同司法管辖区的多个 CBDC 跨境互操作性。在允许参与国内系统的情况下，付款人和收款人使用相同的 CBDC，而与他们的住所和地点无关。然后，商业实体或个人可以使用 CBDC 来持有和支付来自不同司法管辖区和不同货币的 CBDC，通过来自不同司法管辖区的 CBDC 的"钱包"在 m-CBDC Bridge 安排的情况下，可能会发生货币转换：付款人可以在一个 CBDC 中付款，而收款人在另一个 CBDC 中接收。可以通过将一种零售 CBDC 与另一种零售 CBDC 交换来进行货币转换。或者，批发 CBDC 可用作 PVP 机制中的安全结算资产——既可用于结算跨币种零售 CBDC 交易，也可用于以商业银行货币或中央银行货币进行跨币种交易的外汇（FX）结算。以上是现阶段央行数字货币跨境支付在未来可实现的现状，研究央行数字货币的跨境交易的目的主要是解决传统跨境支付的障碍，提供更为安全的支付方式。这一创新的理由更大程度上是取决于它不

---

〔1〕 See BIS (2021), "BIS Innovation Summit 2021: How can central banks innovate in the digital age": https://www.bis.org/events/bis_innovation_summit_2021/overview.htm, Auer R., P. Haene and H. Holden (2021), "Multi-CBDC arrangements and the future of cross-border payments": https://www.bis.org/publ/bppdf/bispap115.pdf, (last visited 25 Jul 2021).

同于纸币或其他加密货币的优势。

二、央行数字货币跨境交易的潜在优势

1. 降低国内和跨境支付的成本并改善其获取途径

在世界许多地方，甚至在美国，国内支付仍然很昂贵。对于跨境汇款，成本更高。允许个人在本国或通过可互操作的多国系统直接通过中央银行资产负债表清算支付，可以降低成本并改善准入。

2. 更广泛地扩大金融体系的准入

根据世界银行的 Findex 调查，2017 年，低收入和中低收入国家的 40 亿成年人（16 岁以上）中约有一半没有在金融机构开设账户。[1] 即使在美国，联邦存款保险公司 Federal Deposit Insurance Corporation（FDIC）在统计数据中发现 2017 年四分之一的家庭"没有银行账户"或"银行账户不足"。[2] 通过在中央银行提供简单、低成本的账户，应该可以减少无银行账户和银行账户不足的人口规模。

3. 促进政府福利的分配

在自然灾害中，政府很难将资源转移给有需要的人。在国际公共卫生安全事件中分配福利是一项特别的挑战。如果家庭和企业在中央银行有账户（直接或通过授权代理），这种转账会更快、更可靠。[3]

4. 替代不受欢迎的加密货币和有风险的稳定币

在数字经济发展迅速的当下社会，有数千种基于私人代币的货币即加密货币。[4] 还有数十种不受监管的稳定币由各种资产组合支持。这些工具的价

---

〔1〕 See *The Global Findex Database 2017 —Measuring Financial Inclusion and the Fintech Revolution*, https://globalfindex. worldbank. org/sites/globalfindex/files/2018 - 04/2017% 20Findex% 20full% 20report _ 0. pdf, （last visited 20 Jul 2021）.

〔2〕 "FEDERAL DEPOSIT INSURANCE CORPORATION, 2017 FDIC National Survey of Unbanked and Underbanked Households", https://www. fdic. gov/householdsurvey/2017/2017report. pdf, （last visited 20 Jul 2021）.

〔3〕 这一类包括直接货币资助的财政扩张，其中中央银行的资金直接转移给个人，即所谓的"直升机撒钱"。

〔4〕 Carstens（2021）for a description of the difference between token- and account-based digital currencies. https://www. bis. org/speeches/sp220118. htm, （last visited 9 Jul 2021）.

值占货币市场的很大一部分并且还在上升，许多市值超过 100 万美元。[1] 全球各中央银行担心这些加密货币的价值波动可能会导致金融环境的不稳定并且有可能是造成不稳定的一大根源。因此，CBDC 的研究与发行，可以取代这些加密货币的市场价值，并且帮助提高金融弹性。

5. 帮助打击逃税和使用货币犯罪

识别基于账户的 CBDC 的持有人，可以改善对国内和国际金融交易的跟踪。这可以提高央行确保税收合规以及防止洗钱和恐怖主义融资的能力。

6. 与 CBDC 各国间的合理竞争

对于除最大司法管辖区以外的所有司法管辖区，通过发行自己有吸引力且方便的数字货币，可能有助于限制本国货币进一步被替代为美元、欧元等货币。较小的国家可以防止货币主权的潜在丧失。

7. 降低存款保险成本

如果 CBDC 取代私人银行的存款保险，它可以减少对政府提供的存款保险的需求。央行数字货币的优势说明了当下试行央行数字货币的意义，也是保护国家主权货币的必行之路，现阶段大部分国家都在积极研究试行央行数字货币。

三、央行数字货币应用试行的具体项目

1. 分布式记账 CBDC 项目-Jasper-Ubin

2016 年，加拿大银行 The Bank of Canada（BOC）和新加坡金融管理局 Monetary Authority of Singapore（MAS）启动 Project Jasper 和 Project Ubin，分别探索使用分布式账本技术（DLT）进行支付和证券的清算与结算。发布的相关报告中描述了在不同区块链平台上开发的 Jasper-Ubin 原型网络如何能够互操作，从而允许以中央银行数字货币结算跨境支付，提高效率并降低风险。Jasper-Ubin [2] 项目共有加拿大支付公司、加拿大银行、英格兰银行、新加坡金融管理局以及汇丰银行和摩根大通联合参与，是全球商业银行与财团的

---

〔1〕 Total market capitalisation of cryptocurrencies now exceeds ＄2 trillion and that of stablecoins is well over ＄100 billion., https://coinmarketcap.com/ (last visited 9 Jul 2021).

〔2〕 See "Jasper-Ubin Design Paper Enabling Cross-Border High Value Transfer Using Distributed Ledger Technologies", from: https://www.mas.gov.sg/-/media/Jasper-Ubin-Design-Paper.pdf, (last visited 2 Oct 2021).

联合项目，探索了在区块链上使用 CBDC 分布式账本用于跨境支付结算的方式。[1]加拿大银行与新加坡银行的合作项目的试验成功，标志着区块链下平台利用数字货币结算的可实现性。具有不同标准、流程、规范和法规的碎片化世界是当今跨境支付的主要挑战。与集中式方法相比，分布式账本技术可以提供一条更容易、更快的采用途径，因为它可以让不同的司法管辖区参与对其网络部分的控制，同时允许与网络的其余部分紧密集成。

在传统代理银行模式中使用中介会导致信用违约风险和结算风险。消除此类风险的一种方法是消除通过中介持有资金的需要。在 Jasper-Ubin 项目中，发送方将 LCY 转移到 LCY 网络上的中介，中介将 FCY 转移到 FX 网络上的接收方。中介促进了交易的完成，而不需要交易方持有资金。这与传统的代理银行模式不同，后者的资金存放在代理银行，从而降低了代理银行的信用风险（反之亦然，汇款人从代理银行收到付款信贷）。通过确保相关或关联转账的原子性，也可以消除结算风险。原子性是指完成包含交易的所有传输，其中它们一起成功或一起失败。在失败的情况下，其他链接的转账也将自动失败，将资金返还给发送者。在上面的示例中，有两个链接事务，但可能存在必须跨多个链接传输确保原子性的情况。采用这种中介模式可以最大限度地降低信用风险和结算风险；此外，由于它在很大程度上类似于当前的代理银行模式，它将能够依赖现有的法规和流程要求 LCY 和 FCY 网络上都存在中介机构，大大减少了可以发挥中介作用的金融机构的数量。在理想情况下，中介机构将是一家全球金融机构，在这两个网络中都有存在，因此不承担信用风险。尽管如此，中介可能是一对独立的愿意承担相互信用风险的金融机构。在这种情况下，交易双方仍然不存在信用风险，但中间行将承担其交易对手中间行的信用风险。这也可能增加可以促进跨境交易的中介机构的数量。

Jasper-Ubin 项目是基于权限的系统。[2]与代理银行模式的主要区别在于，Jasper-Ubin 项目中的中介机构不代表其他中介机构持有资金，因此消除

---

〔1〕　See "Enabling Cross-Border High Value Transfer Using Distributed Ledger Technologies. " Available from：https://www. accenture. com/_ acnmedia/PDF-99/Accenture-Cross-Border-Distributed-Ledger-Technologies. pdf (last visited 2 Oct 2021).

〔2〕　基于权限意味着交易方仅与同一分类账上的交易方进行交易。不在同一分类账上的各方将通过使用中间人或获得中央银行负债进行交易。

了交易对手信用风险并降低了结算风险。它使用哈希时间锁定合约设计（HTLC）在新加坡基于 Quorum 的 DLT 网络和加拿大基于 Corda 的 DLT 网络之间执行交易。HTLC 采用智能合约来同步所有支付操作，这意味着交易要么成功要么失败。[1] 例如，发件人将本币转移到本币网络上的中介，中介将外币转移给外币网络上的接收者。接收方将通过生成加密付款证明来知道他们何时会收到付款。如果它未能要求付款，付款将退还给付款人。使用 HTLC 的系统不需要信任第三方，但需要信任技术系统。具体来讲就是，HTLC 设计用于公共区块链，允许跨不同区块链网络进行资产交换。在概念上类似于两段式提交，但 HTLC 不需要受信任的第三方。相反，中间托管账户作为具有预定义规则的智能合约自主运行。在跨境支付的情况下，交易由两部分组成，一个在本国，一个在国外，HTLC 协议可用于管理交易的两个部分。接收方将生成一个密匙（用 S 表示），并将其转换为固定长度的加密输出，称为哈希（用 H（S）表示），以包含在交易中。接收方需要在预定义的时间范围 T 内验证来自发送方的交易的 H（S），否则，交易将作废。

Jasper-Ubin 模式中提出了三个跨境支付的概念设计，其中发送者和接收者在不同的分类账上使用不同的货币进行交易。第一种选择涉及使用中介机构，第二种和第三种选择涉及允许交易方获得中央银行的负债。可以通过两种不同的设计来获得中央银行的负债。第一种设计通过允许交易方直接访问网络上的账户或钱包来实现直接访问，即允许金融机构持有中央银行发行的 FCY，即使它不是该特定司法管辖区的金融机构。第二种设计允许 LCY 流入可以直接进行交易的外币网络。这也可以看作一个多币种结算系统。HTLC 合约由两部分组成：哈希验证和时间到期验证。将首先创建一个秘密，记为 S，然后生成其哈希值，记为 H（S）。H（S）和 S 是用于确保跨两个区块链网络的链接交易的原子性的关键信息。HTLC 可能在不同的 DLT 平台上以不同的方式实现，具体取决于每个平台的功能和限制。

在 Jasper-Ubin 的网络介入环节，银行可以访问国内和国外网络，并在每个网络中持有资金。这意味着发送方银行将能够在外国网络中持有一个钱包，该钱包中包含 FCY，而接收方银行将能够在国内网络中持有一个钱包，该钱包中包含 LCY。这将需要对现有政策进行改变，在现有政策中，只有一部分

---

〔1〕 智能合约是可编程的代码行，它将各方与协议条款和交易承诺绑定在一起。

受国内监管的金融机构可以直接访问 RTGS 系统和中央银行负债，因此需要扩大准入的政策。

Jasper-Ubin 还有一个特点是使用多币种交易，在以前的方法中，货币从本地网络中的 LCY 中的发送者发送到 FCY 中的外国网络中的接收者。外汇转换和转移由中介管理，因为每个网络只能以自己的货币运作（不考虑其他资金安排）。该模型假设可以在每个网络中交易多种货币。例如，发送方银行将在其国内网络中同时拥有 LCY 和 FCY 钱包。该项目成功实施，展示了使用 HTLC 在新加坡的基于 Quorum 的网络和加拿大的基于 Corda 的网络之间执行原子交易的能力。新加坡本地银行 A 和加拿大本地银行 B 之间以 1 新加坡元兑 0.95 加元的汇率成功转账 105 新加坡元。交易结束时，当地银行 B 收到 100 加元，还成功测试了各种故障场景。例如，当加拿大银行在 HTLC 超期的最后期限前没有索取相应的 100 美元时，新加坡本地银行 A 能够收回 105 美元。此项目还分析了各种故障模式的设计，例如交易执行中不同节点在特定点发生故障的影响。从中发现了 HTLC 在处理这些场景方面非常强大。虽然证明了两个不同 DLT 网络之间跨境支付的具体概念，但 Jasper-Ubin 项目的有限范围仍有无限的探究方面。

目前它通过了加拿大和新加坡之间的跨境交易的成功测试：新加坡金融管理局（MAS）成功将在新加坡法定人数网络上发行的新加坡元转移到加拿大 Corda 网络上的加拿大银行（BOC）。BOC 收到了换算成加元的相同金额。他们之间的交易是通过不同分类账上的一系列链接转移进行的。这一实验成果采用分布式记账技术以央行数字货币进行结算及交易，一方面肯定了央行数字货币在跨境交易与支付上的可行性，另一方面也能看出在现阶段央行数字货币利用分布式记账跨境交易还处于技术实验初级阶段，还存在更多需要完善的地方，尤其是在跨境监管、用户隐私保护、数字安全等制度上都需要根据相应的环节进行全面的创新。

2. 零售型 CBDC 项目

中国先进的 CBDC 项目以及巴哈马和东加勒比中央银行（ECCB）货币区的两个 CBDC 的方法证明了零售 CBDC 跨境使用的可能性。自 2014 年以来，中国人民银行一直在央行数字货币（DC/EP）项目中开发数字人民币，目前称为 e-CNY，该项目处于试行阶段。[1] 在国际上，数字人民币将连接到现有

---

〔1〕　参见赵海宽：《人民币可能发展成为世界货币之一》，载《经济研究》2003 年第 3 期。

的零售和批发支付系统。数字人民币目前的主要目标是国内零售使用，外国游客和商务旅客在中国大陆逗留期间可以注册使用带有外国手机号码的入门级数字人民币钱包。另一种是如果可以与外国司法管辖区达成跨境交易的合作协议，则可以在数字人民币和其他零售系统之间实现互操作性，并且可以在数字钱包之间的虚拟边界处处理数字人民币和其他法定货币的转换。中国人民银行旨在与私营部门合作，确保持续遵守相关的 AML/CFT 规则。未来，数字人民币可能会被用于与外国进行人民币发票贸易，但这仍需与其他中央银行和实体协商。中国成为世界上第一个试行数字货币的主要经济体。在其四个主要城市进行的试点项目表明，数字人民币在支付商品时有效。DC/EP（数字货币/电子支付）旨在提高零售支付系统的便利性、效率和弹性，从而进一步加强人民币的货币主权和国际化。它的设计特点提供了替代 M1（流通中的现金货币，例如硬币和纸币）的潜力，并且可以在线和离线使用。监管机构预计它不会取代银行账户中的长期存款。中国采用混合方法进行技术设计，中国人民银行（PBC）向商业银行发行 DC/EP，然后再将其分发给公众。这提供了记录用户之间数字货币流动的可能性，为中国人民银行提供了对货币使用的更大可见性。数字人民币项目已达到高级试行水平，已发行超过 20 亿元人民币（约 3 亿美元）。

在跨境支付与交易的项目实验中，香港金融管理局（HKMA）与中国人民银行数字货币研究所正在进行相关合作，为使用数字人民币进行跨境支付做技术准备。2021 年 3 月 31 日，深圳市人民政府和中国人民银行深圳市中心支行与中国银行、中国银行（香港）有限公司合作，成功完成了香港居民在内地试用数字人民币的调查工作。中央银行与香港金融管理局合作，对跨境使用数字人民币进行技术测试。这项测试主要针对两类香港居民：一是香港居民，经常到深圳旅游，可以通过他们的内地旅行证（返程许可证）以真名认证；另一种是偶尔来深圳的香港居民，也就是那些只住的人，用香港身份证，通过他们的香港手机号码，匿名开通五种数字人民币钱包。这项测试以香港居民通过香港手机号码匿名登记消费开放的五种数字人民币钱包进行了测试，并通过了验证，证明了这种方式的有效性。在消费商品时，仅通过 POS 扫描支付代码就可以完成支付。这项测试成功地为香港居民使用数字人民币构建了跨境支付方案，有效地降低了跨境支付成本。另一个试验，是中国工商银行海南省分行借助数字人民币在海南跨境进口电商企业国免（海南）科技有限公司使用并完成支付，这是数字人民币在海南首次应用到跨境进口电商支付场景并成功落地。[1]相较于一般电商平台而言，跨境进口电商在实名认证基础上进一步做到了订购人和支付人一致性校验，符合海关监管要求。[2]对消费者来讲，在下单最后支付阶段选择"数字人民币支付"即可，实现了从消费者到平台间的结算闭环，使整个支付过程经济性、安全性更强。[3]数字人民币在跨境进口电商平台的使用，对于平台商户来讲，降低了成本，增加了收益，对于用户来讲，数字人民币的跨境应用更好地保护了隐私，便利了贸易。2021 年 2 月初，央行与 SWIFT 合作，在北京成立了金融门户信息服务有限公司，2 月 24 日，香港金融管理局，泰国中央银行，阿联酋央行和中国人民银行数字货币研究院宣布，共同启动 m-Bridge 桥研究项目，探索央行数字货币在跨境支付中的应用。[4]

　　另一种零售型 CBDC 是巴哈马中央银行（CBoB）于 2020 年 10 月 20 日为居民推出的"沙币"。巴哈马 CBDC 项目的一个主要目标是深化金融包容性。至少到目前为止，CBoB 已明确表示，Sand Dollar 仅供国内使用，非国内收款人被排除在外。非居民在访问巴哈马时可以通过注册 Tier 1 Sand Dollars 钱包来交易和持有 Sand Dollars，持有限额为 500 Sand Dollars，每月交易限额为 1500 Sand Dollars。CBoB 允许 Sand Dollar 账户的持有人与传统银行账户整合，然后可用传统渠道进行跨境支付。CBoB 进一步表示，商业银行仍然是唯一授权以巴哈马元进行进出支付的行为者，因此"沙币"不会影响巴哈马目前采用的资本账户限制。

　　东加勒比中央银行（ECCB）于 2021 年 3 月启动了零售 DCash，作为一项为期一年的大规模试点。[5]DCash 允许在东加勒比货币联盟（ECCU）的国家之间购买商品和服务，从一开始就使其成为跨境 CBDC，在这个阶段，ECCB

---

[1]　参见《海南跨境进口电商平台实现数字人民币支付》，载 http://www.xinhuanet.com/fortune/2021-05/18/c_ 1127461246.htm，最后访问日期：2021 年 5 月 20 日。

[2]　参见《海南跨境进口电商平台实现数字人民币支付》，载 http://www.xinhuanet.com/fortune/2021-05/18/c_ 1127461246.htm，最后访问日期：2021 年 5 月 20 日。

[3]　参见《海南跨境进口电商平台实现数字人民币支付》，载 http://www.xinhuanet.com/fortune/2021-05/18/c_ 1127461246.htm，最后访问日期：2021 年 5 月 20 日。

[4]　参见《海南跨境进口电商平台实现数字人民币支付》，载 http://www.xinhuanet.com/fortune/2021-05/18/c_ 1127461246.htm，最后访问日期：2021 年 5 月 20 日。

[5]　See "Bitt Partners with ECCB to Develop World's First Central Bank Digital Currency in a Currency Union", https://www.eccb-centralbank.org/news/view/bitt-partners-with-eccb-to-develop-world-s-first-central-bank-digital-currency-in-a-currency-union, (last visited 12 Oct 2021).

的重点是在 ECCU 成员中采用 DCash，普惠金融是首要政策目标。鉴于贸易和国际汇款对 ECCU 国家的重要性，ECCB 将其 CBDC 的跨境方面视为关键考虑因素。因此，ECCB 一直在与其他地区中央银行就与其他支付系统和平台的互操作性上进行初步讨论，以实现该地区的汇款和贸易。中期计划将重点放在 ECCU 内的跨境整合上，然后再扩展到其他领域。

瑞典电子克朗（E-krona）项目也是零售央行数字货币项目中的一种，瑞典央行在其中央银行数字货币 E-krona 的工作中遵循了两个主要工作流程。[1]第一个工作流是分析性的，第二个工作流是技术性的，探索如何设计电子克朗以及它可以具有哪些功能。瑞典央行目前对可能的电子克朗的立场是，它应该满足三个主要目标：它应该让公众获得中央银行的资金，它应该加强支付市场的稳健性和连续性，它应该促进竞争和创新。第一个目标是任何零售 CBDC 的固有特征。这种访问可能为统一的货币体系提供重要的锚点。电子克朗可以通过让金融科技部门访问其基础设施来潜在地做出贡献，从而减少他们对银行的依赖。目前关于电子克朗跨境支付系统的研究正在积极进行中，这是为了符合当下各国对央行数字货币跨境支付与交易的诉求，进一步地完善电子克朗的跨境支付体系也是瑞典央行的核心研究内容。

3. 同业批发型 CBDC 项目

香港金融管理局（HKMA）于 2017 年启动 LionRock 项目。初步研究结果强调了 CBDC 用于批发和跨境支付的巨大潜力。[2]2019 年，为测试 CBDC 在跨境支付中的应用，金管局和泰国银行（BOT）启动了 Inthanon-LionRock 项目。该联合研究于今年进入第二阶段，目的是开发一个软件原型，以实现 CBDC 的跨境结算，并探索一系列不同的用例。联合研究还寻求从双边跨境使用案例发展为涉及多个司法管辖区和多种货币的案例。2021 年 1 月初的亚洲金融论坛上，阿联酋和中国也宣布加入了该倡议。值得注意的是，香港特别行政区 CBDC 研究还将批发与零售用例结合起来。此外，香港金融管理局正与中国人民银行密切合作，探讨与内地 DC/EP 进行跨境支付互联互通的可能

---

〔1〕 See "e-krona: Sweden's journey to a central bank digital currency", https://www. itu. int/hub/ 2022/01/e-krona-sweden-riksbank-central-bank-digital-currency-cbdc/, (last visited 27 Jan 2022).

〔2〕 参见《香港金管局联同中国央行数字货币研究所等发布"多种央行数码货币跨境网络"中期研究成果》，载 https://finance. stockstar. com/IG2021092800007535. shtml，最后访问：日期 2021 年 10 月 23 日。

性，以提升香港特别行政区作为全球离岸人民币（RMB）枢纽的商业地位。其次是 2020 年 7 月 13 日新加坡 Project Ubin 实验最终完成，也是新加坡 CBDC 探索项目的第五阶段。在最后阶段，新加坡金融管理局（MAS）宣布完成了对支持各种货币的基于区块链的支付解决方案的一系列测试。[1]最后一个阶段包括开发接口以建立与其他区块链网络的连接。这些接口可以支持各种用例，例如私人交易所的交付与支付、有条件支付、贸易托管和贸易融资支付承诺。MAS 鼓励与其他中央银行进一步合作，并已公开宣布有意与中国人民银行合作。继 Ubin 项目之后，为了提高批发支付的效率，星展银行、摩根大通和淡马锡等多家机构正在开发基于区块链的清算和结算网络。该网络正在寻求以新加坡为基地，并从那里扩展到其他司法管辖区。再次，英格兰银行（BoE）于 2020 年 3 月 12 日发布了其讨论文件《中央银行数字货币：机遇、挑战和设计》。[2]其指导原则是了解单独引入批发 CBDC 的好处、风险和实用性。英国央行最初提出了一个平台模型，该模型将与银行现有的 RTGS 平台并列。支付接口提供商可以提供面向客户的 CBDC 服务。它还概述了必须满足的三个设计原则：（1）可靠和有弹性；（2）快速高效；（3）创新和开放竞争。承认每项原则的完美结果在实践中是不可能的，英国央行就优先考虑哪些原则以及可能需要权衡的原则提出了意见。CBDC 的引入需要得到政府、议会和相关监管机构的批准。世界银行尚未决定是否引入 CBDC。在亚洲国家中，自 2016 年 12 月以来，日本银行（BOJ）一直在与欧洲央行开展一项联合研究项目——Project Stella。[3]迄今为止，第一至第四阶段已经完成，虽然日本央行没有立即发行 CBDC 的计划，但它强调了准备工作的重要性，其驱动力如下：鉴于科技技术创新和进步的速度很快，公众对 CBDC 的兴趣可能会大大增加，日本央行应确保稳定高效的支付和结算系统。作为对批发项

---

〔1〕 See Monetary Authority of Singapore, "Project Ubin: Central Bank Digital Money using Distributed Ledger Technology", https://www. mas. gov. sg/schemes - and - initiatives/project - ubin, (last visited 12 Oct 2021).

〔2〕 See BoE, "Central Bank Digital Currency: opportunities, challenges and design", https://www. bankofengland. co. uk/paper/2020/central - bank - digital - currency - opportunities - challenges - and - design - discussion - paper, (last visited 12 Oct 2021).

〔3〕 The Bank of Japan is the central bank of Japan Project Stella: the ECB and the Bank of Japan release joint report on distributed ledger technology (Phase 4), https://www. boj. or. jp/en/fintech/rel 200212a. htm. (last visited 12 Oct 2021).

目的补充，日本央行将努力进行零售概念验证，其目标是研究主要特征的技术功能。如果需要，日本央行可能会启动一项试点计划，其中包括支付服务提供商（PSP）和最终用户。概念验证分为两个阶段：第一阶段，从2021年第二季度开始，专注于测试环境的开发和核心功能的跟踪；第二阶段将解决测试环境中附加功能的实施以及可行性测试。日本央行继续探索机构设置以及与一系列利益相关者的协调工作。

4. 数字欧元（Digital euro）项目

根据欧洲央行2020年支付调查，欧元区数字支付在2019年的价值上首次超过现金支付，欧元区电子支付的主导地位日益提高，尤其是新冠病毒大流行加速了这一趋势。另一个主要趋势是数字支付领域的全球竞争规模加大。支付受制于强大的网络效应：支付系统或解决方案（或一组完全可互操作的解决方案）拥有的用户越多，它对新用户的吸引力就越大。Visa、MasterCard和PayPal吸引了越来越多的欧洲消费者，近年来，欧洲金融支付工具在全球支付系统竞争不佳。虽然欧洲允许相关国家的数字货币应用，但过度依赖少数外国私人或公共数字支付方式和技术可能会导致欧洲公民和商人的租金提取以及战略依赖。不断变化的全球环境以及国际关系的恶化，会增加支付、货币和潜在政治主权的风险。因此，欧洲央行于2020年10月2日发布了第一份关于欧洲央行可能发行的中央银行数字货币（CBDC）的报告，称为数字欧元，"用于公众（即包括公民）可以使用的零售交易和非银行公司——而不仅仅是由中央银行管理的大额支付系统中的传统参与者（通常是银行）使用"。[1]

2021年7月14日，欧洲央行决定启动数字欧元项目的调查，并在新闻稿中解释了其主要目标，强调这不是未来实际发行数字欧元的决定。调查阶段将持续24个月，旨在解决有关设计和分销的关键问题。在项目的调查阶段，欧元系统将根据用户的需求确定可能的功能设计。它将涉及焦点小组、原型设计和概念工作。调查阶段将检查数字欧元应优先提供的用例以实现其目标：一种无风险、可访问且高效的数字中央银行货币形式。调查阶段确定可能需要对欧盟立法框架进行的更改，从而欧洲央行将继续与欧洲共同立法者接触，

---

〔1〕 See ECB 2020a6. "Statement following the thirteenth meeting of the Euro Retail Payments Bard held on 6 July 2020." https://www.ecb.europa.eu/paym/groups/erpb/shared/pdf/13th - ERPB - meeting/ Statement_ of_ 13th_ ERPB_ %20meeting.pdf, (last visited 12 Oct 2021).

并将与委员会进行进一步的技术工作。此外，调查阶段将定义数字欧元生态系统的商业模式（即对分销和其他服务的可能补偿、可能的低商家费用、成本回收目标和公益因素）。在调查阶段将征求数字欧元潜在用户和分销商的意见，以确保数字欧元以用户友好且可行的方式融入支付生态系统。

从货币政策的角度来看，数字欧元的发行将有助于稳定数字化转型中的央行货币。然而，这也将涉及一系列影响，例如：货币政策传导、欧元体系资产负债表和整个金融部门的设计决策。在国际清算银行报告中得出的基本原则，数字欧元的设计方式应使其"无害"中央银行的货币和金融稳定任务。目前，数字欧元的调查仍在进行中，关于数字欧元的法律制度构建也在积极的讨论之中，未来调查期满后数字欧元的试行将是全球央行数字货币的一大重要进展。

该项目的目标是发布最低可行产品（MVP）。为了实现这一目标，预计数字欧元的首次试行将基于集中式技术，采用基于账户的模型，利用 TIPS 基础设施来保证执行速度和可靠性。同时，欧洲央行将开展 MVP 改进的研究，为最终实施奠定基础。目前欧洲央行正在进行研发项目，了解基于 DLT 的数字欧元如何通过基于代币的模型解决金融包容性等问题。

最后，是关于数字美元的未来，美国当局在各国央行数字货币开发的背景下，也正在加快研究进行，但需要反复进行。联邦储备银行（FRB）回应，多年来一直在研究数字货币，并将继续通过与麻省理工学院等领先大学的合作以及与全球其他中央银行的合作进行试验。鉴于美元在全球经济中的作用，FRB 承认保持在 CBDC 研究前沿的重要性，但正在采取一种衡量的"正确而不是成为第一"的方法来了解潜在影响、风险权衡使用和设计，然后再公开宣布前进的道路。因此，美国专家认为美元 CBDC 的发行可能需要几年时间，因为 2022 年美国新的密码学标准（抗量子）需要最高级别的安全性来防止有组织犯罪和民族国家的复杂攻击。虽然美元支持的稳定币的创新主要由私营部门推动，但美元是许多受监管、私人发行、资产支持的稳定币的首选货币，美国监管机构也是将其作为主要的监管更新方向，具体会怎样进行试验及推行数字美元仍是需要时间的一个创新过程。

综上，本书列举的各国在央行数字货币的试验项目根据不同特性进行设计，当前大量的国家投入其本国数字法币的开发中，说明央行数字货币的实现是各国适应数字经济发展的必然层面，也是促进货币政策、跨境交易便利的创新性项目，其积极的意义显而易见。但在创新的过程中必然会存在风险，尤其跨境交易过程不仅是对监管部门的考验，也是对法律制度是否合理完善的考验，因此在数字货币的跨境交易中法律风险也是不能避免的讨论层面，从风险中找到合理的解决机制才能推动创新。下文将从法律风险问题方面分析跨境交易数字货币的相关内容。

本章小结

从传统跨境支付模式发展为数字货币跨境交易模式，是优化跨境贸易及便利跨境交易的巨大改变。在以全球两家跨境支付交易系统为领导的主要交易模式情形下，使用者从实际的应用中发现 SWIFT 在交易过程中的弊端，导致大量的时间成本消耗及金钱消费，不能及时达到使用便利的目的。传统系统的垄断让使用者无法节省跨境支付的中间费用。使用数字货币进行跨境支付极大改善了传统交易的弊端，不同的数字货币类型在交易过程中达到不同的便利效果。在传统 SWIFT 的应用上，通过电汇的方式进行转账，需要 3-5 个工作日才能到账，大额汇款通常还需要纸质单据，难以有效处理大规模交易。并且 SWIFT 的垄断会造成交易费用昂贵。以数字货币为核心的跨境支付体系不仅能使支付效率得到极大的提升，同时交易费用也将大幅下降。目前数字货币跨境支付过程中，数字货币最成功的案例有两种类型，第一是由中国中央银行发行的数字人民币，它的成功试行是法定数字货币模式的成功实践，数字人民币现阶段在中国各地进行试行。第二是稳定币的跨境支付，目前国际上以高盛、摩根大通、Facebook 为主导所生产的机构稳定币，与法币价值相挂钩，以美元为担保的信用机制。2016 年 Ripple 曾构建了一个基于瑞波币（XRP）的全球支付体系，现已遍布全球六大洲和 40 多个国家的 300 家机构。数字货币的跨境支付必然成为今后跨境交易的主要方式，它不仅从形式上解决成本问题，还给使用者带来了消费收益，节约多余费用。从当下已存在的加密货币跨境交易、稳定币交易、央行数字货币跨境交易的实验项目中，都可以看出数字货币在数字经济贸易支付方式中的重要性，运用数字货币进行跨境交易的模式必然会成为跨境交易传统模式的一大革新，也是社会经济发展时代的必然更替。详细地研究数字货币跨境支付的方式及不同币种在使用上的不同效益，是研究数字货币体系的环节之一，也为发现交易中所存在的法律问题提供依据。

第三章

数字货币跨境交易中潜在的法律风险

前文已述，在跨境贸易中，跨境支付的传统付款方式会产生垄断的风险，例如：SWIFT。这给用户造成了大量时间成本和中间费用的耗费，由此加密货币的开发应运而生，一种新"去中心化"的付款方式，节省了交易节点中的时间与金钱成本。央行数字货币的开发，更是为跨境支付与交易提供了创新性模式。当前，许多国家加密货币的跨境支付已经成为现实，各国着力开发央行数字货币，这极大地改善了交易过程中产生的昂贵的中间费用。但数字货币的便利并不是完美的，每一种事物的创新都伴随着各类风险和问题。数字货币"数据化"的特征也导致了在区块链下的一系列法律风险，这些风险在数字货币发展过程中是无法避免的。

第一节　加密货币跨境交易的法律风险

一、加密货币节点管辖权无法确定

区块链技术的一个主要特征是，它并不位于传统意义上的特定地理位置。它的操作是通过特定区块链网络上的节点进行的，因此遍布多个司法管辖区。这一特点引起了司法挑战。由于去中心化账本的节点可以跨越世界各地的多个位置，通常很难确定哪些司法管辖区的法律法规适用于给定的应用程序。这里存在的风险即组织执行的交易可能属于区块链网络节点所在的多个司法管辖区，从而导致可能适用于基于区块链系统中的交易的大量法律和法规。不仅因法律法规的混用可能导致的结果无效性程度大，并且可能造成国家间因节点管辖权引发的矛盾。

域外监管最大的挑战是可能与其他外国监管机构发生冲突，尤其是在跨境交易案件中。其最重要的原因是区块链和加密货币平台是无国界运行的，也就是上文所说的不以固定地理位置为转移，加密货币的无形特性是允许它们存在于国家之间并在国家之间流动。这样就会在转移的过程中造成多个司法管辖区的监管机构可能发现自己同时寻求对同一行为，或被指控的不当行为行使管辖权。如果缺乏共同目标或司法规则，国家间法规可能会与不同但有效的非本国监管框架发生冲突，从而导致规则重叠和冲突的状态，无法有效打击犯罪。反过来，这可能会产生不利后果，包括：（1）投资者和其他市场参与者无法预测适用哪些规则；（2）同一行为可能在多个司法管辖区受到重复制裁；（3）全球加密货币市场的碎片化；（4）地方保护主义，（5）监管套利。[1]从这些不利后果可以得出，现阶段国家间关于加密货币相互冲突的法规不利于各国支持加密货币和其他区块链技术的域外适用。另一方面，在公共区块链系统中，最重要的是要考虑哪些法律可能适用于交易并考虑应适用适当的风险管理。在许可或私有系统，更容易创建某种形式的法律框架和内部治理结构，以决定适用于交易的管辖法律。在私人系统中，考虑某种形式的争议解决程序也将是有益的。因此，公共区块链与私人系统的平衡是管辖权确权的探索路径。此外，鉴于分类账缺乏特定的物理位置，加密货币软件"驻留"（在传统概念下）的国家可能难以确定。

因此，在对加密货币交易及支持跨境交易国家间，由于加密货币及区块链应用及规定存在一定的差异，造成监管机构对于域外管辖权力分配混乱与司法重叠，构成了各国对于加密货币跨境交易的监管挑战，这也是目前最需解决的争议问题。

二、数字货币支付智能合约可能无效

区块链技术最显著的特征之一是可以自动执行"智能合约"。智能合约是一组权利和义务，通常以数字化、基于代码的格式指定，是一种可自动化且可执行的协议。由计算机自动化，某些部分可能需要人工输入和控制。可通过权利和义务的合法执行或通过计算机代码的防篡改执行来强制执行。在美国，合同法传统上是根据州法律执行的。没有联邦法律或指南定义"智能合约"本身或其法律地位。传统意义上一份具有法律效力的合同需要要约、接

---

〔1〕 Ted Knutson, Court Halts Alleged Fraudulent ＄21 Million ICO At SEC's Request, FORBES（May 29, 2018）, https://www. forbes. com/sites/tedknutson/2018/05/29/court－halts－alleged－fraudulent－21－million-ico-at-secsrequest/#5c69aa581a97.（last visited 2 Oct 2021）.

受、同意和执行以及就合同的交付达成共识，意图是相互的和具有约束力的。两者是否能够等同，取决于法院对智能合约的承认，只有当智能合约构成法院认可的法律合约时，法院才会执行它。至于技术意义上的可执行性本身，如果法院不愿意承认技术执行过程的结果（即纯粹的防篡改执行）具有法律效力，那么该结果将被任何相反的法律规则所取代。举事例说明，如："Alice 拥有一块土地，她想将其转让给 Bob。他们碰巧是涉及电子分类账的区块链解决方案的早期采用者，在该分类账上，房地产权益的所有权由数字代币表示。使用该区块链解决方案，Alice 执行一个智能合约，将代表她的土地的数字代币转移给 Bob。在区块链上，一切都按计划进行：代币从 Alice 转移到 Bob，而 Bob 在区块链上被表示为那块土地的新所有者。然而，事实证明，法律要求转让土地上的这种财产必须通过契约、签署和见证来实现。不幸的是，区块链智能合约系统的设计者并没有想到这一点。如果没有明确承认此类数字代币电子转账有效的规定，任何法院都不会承认 Bob 对资产的所有权。法院可能无法修改区块链上的转移结果（如果确实是防篡改的），但很明显，如果发生有关土地所有权的争议，法院的观点将取决于其对区块链的解释仅适用于事实，而非区块链资产分类账面的法律规则。"法律分析永远胜过技术分析——因为，即使对于计算机执行的合同，法律效力的最终仲裁者也将是法院。"[1]因此，智能合约若运用在跨国交易中，可能造成两国法院因对智能合约认定的不同而致使合同无法成立，造成贸易双方因合同的无效而产生一系列的损失。

三、首次发行代币（ICO）增加金融犯罪途径

区块链技术和加密货币的匿名性使他们易被用于非法和欺诈用途，导致加密货币相关的欺诈活动增多。最热门的概念则是 ICO，ICO 是公司（通常是初创企业）获得服务开发资金的一种方式，提供商通过区块链技术发行数字代币。ICO 具有跨境性质：原则上，任何有互联网访问权限和数字钱包的人

---

〔1〕　ARE SMART CONTRACTS CONTRACTS? CLIFFORD CHANCE, DECEMBER 2017, https://talkingtech. cliffordchance. com/content/micro－cctech/en/emerging－technologies/smart－contracts/are－smart－contracts－contracts/_ jcr _ content/text/parsysthumb/download/file. res/Are%20smart%20contracts%20contracts. pdf, （last visited 2 Oct 2021）.

都可以购买这些代币。代币有时可能以欧元或美元购买，但现状是大多数是以加密货币购买，例如以比特币或以太坊的方式。代币的设计和功能差异很大。通常，它们代表对要开发的服务的（预付费）权利，这可能是一种奖励，甚至没有任何价值；也可能是他们有权分享项目或部分预期回报。ICO 的结构通常不属于金融监管范围。因此，金融监管为投资者提供的保护并不适用。除少数例外情况外，金融监管机构无法对 ICO 进行任何监督。虽然区块链技术在金融服务方面的潜力巨大，但 ICO 目前容易受到虚假陈述、欺诈和操纵的影响。

首先，ICO 不受监管的地位和所涉及交易的匿名性质，使其不受金融监管机构的监督。并且 ICO 对通过犯罪手段获得的资金进行洗钱的人员机构具有非常大的吸引力。例如，美国监管机构证券交易委员会最近对两个 ICO 的发行人（REcoin Group Foundation 和 DRC World）提起诉讼，[1]其中包括向投资者提供虚假和误导性信息。他们承诺从与房地产和钻石有关的活动中可以获得高回报，而实际上供应商并未参与任何承诺的活动。正是这种夸大预期回报的说法致使消费者更容易受到欺骗，并在高额利益面前，无法辨明真假，没有充分意识到这类代币仅仅处于一个起步阶段。与二十一世纪初的互联网泡沫一样，新技术带来新商业模式的前景，而区块链技术带来的 ICO 产生了使投资者过度乐观预期的风险。这些期望很可能不会实现。现实情况是，ICO 中的项目处于非常早期的开发阶段，这意味着承诺的计划能否实现具有高度不确定性。即使它们被实现，与投资金额相比，产品或服务的最终价值也很可能过低。此外，底层区块链技术本身仍处于开发阶段，这意味着存在代码错误或代币被盗的实际风险。这可能导致永久丢失令牌或对令牌的访问。

其次，由于自然人的去中心化和匿名性质，很少或根本不可能将加密交易（包括 ICO 中的代币）追踪到自然人。在短时间内罪犯可通过 ICO 筹集大量资金，使得 ICO 成为洗钱犯罪的工具。因此，金融机构提供的与 ICO 或加密货币相关的服务可能很快与防止将金融系统用于洗钱或恐怖主义融资的法定要求发生严重冲突。大多数 ICO 提供了使用其他加密货币（如比特币）购

---

〔1〕 COMPLAINT: SECURITIES AND EXCHANGE COMMISSION v RECOIN GROUP FOUNDATION, LLC, DRC WORLD INC. a/k/a DIAMOND RESERVE CLUB, and MAKSIM ZASLAVSKIY, SECURITIES AND EXCHANGE COMMISSION, New York Regional Office, 2017, https://www.sec.gov/litigation/complaints/2017/comp-pr2017-185.pdf。(last visited 2 Oct 2021).

买代币的可能性。犯罪分子很可能会使用 ICO 来清洗他们用犯罪手段获得的钱并购买比特币。然后，他们可以出售在加密交易平台上获得的代币以换取欧元或美元，并将钱转入他们的银行账户。

四、加密货币为跨境洗钱提供了便利

洗钱是获取非法资金并使犯罪分子控制其资金的过程，这是一种严重的全球犯罪，因为它影响金融体系的完整性和稳定性，最终影响各国的经济稳定。由于加密货币的匿名性，许多私人实体和企业使用该系统为传统银行系统无法触及的私人目的转移资金。因此，加密货币已成为自然人和企业隐藏其非法活动的避风港，例如赌博、出售假冒商品、出售/购买儿童色情内容等。2016 年 1 月，Liberty Reserve 的创始人 Arthur Budovsky 在曼哈顿联邦法院认罪。他通过数字货币业务进行洗钱，他放弃了美国公民身份后，移居到哥斯达黎加并在美国境外经营一家虚拟货币业务，以逃避美国执法。他所经营的平台主要被犯罪分子用来"积累、分发、储存和清洗他们的非法活动所得"。[1]这个例子可以看出加密货币为洗钱创造了渠道，并使犯罪变得更为容易，洗钱者使用多种方式来完成他们的任务，他们越来越熟练地部署新技术来执行非法活动。从 2015 年到 2018 年，加密货币金融犯罪数量增加了 6 倍，加密货币常用于洗钱、逃税和恐怖主义等金融和网络犯罪，犯罪分子无需透露身份，导致银行难以发现和调查洗钱活动。由于加密货币的先进技术特性，金融机构在打击加密货币犯罪方面一直面临障碍，因为缺乏对新型系统的了解以至于限制了银行和该机构打击洗钱的能力。加密货币洗钱分为三个主要阶段：

（一）放置

加密货币可以用现金（法定货币）或其他类型的加密货币购买。在线加密货币交易市场（交易所）对金融交易法规的遵守程度各不相同。合法交易所遵循身份验证和资金来源的监管要求，并符合 AML。其他交易所不符合 AML 标准，并不是说他们没有努力。这更多地取决于交易所不断努力以低于

---

〔1〕　"FOUNDER OF LIBERTY RESERVE ARTHUR BUDOVSKY PLEADS GUILTY IN MANHATTAN FEDERAL COURT TO LAUNDERING HUNDREDS OF MILLIONS OF DOLLARS THROUGH HIS GLOBAL DIGITAL CURRENCY BUSINESS." States News Service, 29 Jan. 2016. Academic OneFile, http://justice.gov/usao-sdny/pr/founder-liberty-Ieserve-arthnr-budorsky-pleads-guity-mannattan-federal-court. （last visited 2 Oct 2021）.

标准的工具超越合规性规定。这个漏洞造成大多数比特币洗钱相关的交易。当交易所受到监管时,他们需要对其客户应用 KYC 政策和协议。这允许将交易数据与相应的客户进行匹配,从而打破每笔交易的"匿名性"。

(二) 隐藏

通常可以通过区块链跟踪基于加密的交易。但是,一旦使用了用于洗钱的加密货币,犯罪分子就可以使用匿名服务来隐藏资金来源,从而破坏比特币交易之间的联系。通常,非法隐藏活动的主要借口是使用匿名服务提供商保护个人隐私的论点。这可以通过常规加密货币交易所或通过参与初始代币(ICO)来实现,在这种情况下,使用一种类型的代币支付另一种类型的代币可能会混淆数字货币的来源。

(三) 一体化

洗钱者仍然需要一种方法来解释他们如何拥有货币来摆脱洗钱的罪名。类似于若使用离岸法定货币银行账户来洗黑钱,可以创建一家接受比特币支付的在线公司,以使收入合法化并将加密货币转化为干净、合法的比特币。

一些最著名的加密货币洗钱案件涉及以下一种或多种做法:(1) 混合服务,称为"tumblers",可以有效地分割用于洗钱的加密货币。tumblers 通过一系列不同的地址发送它,然后重新组合它。重新组装会产生一个新的、"干净"的总数,在大多数洗钱案件中,加密货币始于合法网站上的合法钱包。在登录第二个暗网钱包之前,它被转移到暗网中的钱包进行多次跳跃。正是在这一点上,货币足够干净,可以重新回到透明网络并在合法的加密货币交易所进行交易或以法定货币出售。(2) 不受监管的交易所,犯罪分子可以进行比特币洗钱的另一个途径是不受监管的加密货币交易所。不符合 AML 实践且未能执行严格和彻底的身份检查的交易所允许加密货币在各个市场上反复交易,存入不受监管的交易所,并交易不同的代币。一种加密货币与另一种加密货币的反复交换可以慢慢清理比特币,犯罪分子最终可以将其提取到外部钱包中。(3) 点对点网络,为了降低比特币洗钱风险,许多犯罪分子转向分散的点对点网络,这些网络通常是国际化的。在这里,他们通常可以使用毫无戒心的第三方在前往下一个目的地的途中发送资金。大多数加密货币洗钱计划都是将干净的比特币流入几乎没有反洗钱法规的国家的交易所。在这里,他们可以将其转换为当地法定货币,并用它来购买奢侈品或其他高端物品,例如跑车或高档住宅。(4) 加密货币 ATM,截至 2019 年 9 月 1 日,全球共有 5457 台比特币 ATM[1]。比特币 ATM 连接到互联网，允许任何拥有信用卡或借记卡的人购买比特币。此外，它们可能具有双向功能，允许用户使用可扫描的钱包地址将比特币交易为现金。比特币 ATM 也可以接受现金存款，提供可以在传统交易所扫描并用于提取比特币或其他加密货币的二维码。金融机构用于获取这些机器的客户和交易记录的法规因国家地区而异，并且通常执行不力。犯罪分子可以利用加密货币 ATM 管理中的漏洞和弱点来规避比特币洗钱风险。(5) 预付卡，装有加密货币的预付借记卡为比特币洗钱提供了另一种途径。预付卡可用于资助不同类型的非法活动、交易其他货币或与相关的 PIN 一起移交给第三方。(6) 赌博和游戏网站，通过接受比特币或其他加密货币的网站进行在线赌博和游戏是进行加密洗钱计划的另一种方式。加密可用于购买信用或虚拟筹码，用户只需进行几笔小额交易即可再次兑现。

五、加密货币隐私泄露、失窃形势严峻

隐私问题与加密货币领域的数据盗窃密切相关。2017 年，康奈尔大学的一名研究人员发现了以太坊区块链中的一个严重安全漏洞，导致数百万美元面临被盗风险。[2]同样，加密钱包制造商 Ledger 在数据安全漏洞中泄露了 100 万个电子邮件地址。Ledger 的 9500 名客户的个人信息（例如全名、邮政地址和电话号码）的访问权限也被盗。[3]由于加密货币的匿名性使得用户更愿意使用加密货币，但根据 Chainalysis 等几家公司分析证明，这种匿名性常常被过分夸大[4]。例如，区块链分析公司声称它可以追踪绝大多数 Zcash 和 Dash[5]（加密货币的两种类别）交易，这使得"隐私币"用词不当，既然可以追踪何以谈"隐私"？在美国现今并没有全面的联邦数据保护框架，但有适

---

〔1〕　See Bitcoin, https：//www.statista.com/statistics/343127/number-bitcoin-atms/.（last visited 2 Oct 2020）.

〔2〕　See "Once hailed as unhackable, blockchains are now getting hacked", https：//www.technologyreview.com/2019/02/19/239592/once-hailed-as-unhackable-blockchains-are-now-getting-hacked/,（last visited 2 Oct 2021）.

〔3〕　See "Bitcoin wallet Ledger's database hacked for 1 million, emails", https：//decrypt.co/37063/bitcoin-wallet-ledgers-database-hacked-for-1-million-emails,（last visited 12 Oct 2021）.

〔4〕　See CHAINALYSIS TEAM, "Anonymity Services' Usage of Cryptocurrency and Role in Cybercrime", https：//blog.chainalysis.com/reports/anonymity-services-cryptocurrency/（last visited 12 Oct 2021）.

〔5〕　See "Zcash vs Dash", https：//cryptorunner.com/zcash-vs-dash/,（last visited 12 Oct 2021）.

用于特定行业的隐私和数据安全法律法规，例如 1999 年金融服务现代化法案 Gramm-Leach-Bliley 法案、健康保险流通与责任法案（HIPAA）和加州消费者隐私法案（CCPA）。虽然如此，美国现有的隐私和数据安全法律法规并未解决特定于区块链的隐私问题。在某种程度上，这源于这样一个事实，即区块链技术的分布式对等网络架构与 CCPA 的集中式、基于控制器的数据处理的传统概念背道而驰。这就导致在用户选择加密货币进行区块链交易上并没有专门的法律保护，这有可能造成用户在加密资产交易或盗窃时无法得到法律的保护。

另一个隐私泄露的情境是，当使用区块链网络作为公共分类账来交换数字资产，特别是数字代币时，交易被不可篡改地记录并完全暴露给任何可以访问公共网络的人。区块链不仅在默认情况下不保证隐私，而且从同一区块链帐户在不同上下文中进行的交易中删除潜在的相关性（相关性是指可以相关的独立信息或数据。例如，上下文 X 中主体 A 和 B 之间的交易以及上下文 Y 中 A 和 C 之间的交易，其中主体 A 使用相同的区块链帐户，并且交易记录在公共且不可变的分类账中）和个人身份信息。因此，如果在发现了假名帐户背后身份情况下，由于区块链的公共特性，该身份的整个交易历史都会被披露，这就导致身份信息的泄露。

还有一种造成隐私泄露的原因，是存在法律诉讼之中。这里用一个数字货币平台在诉讼中侵犯大量用户隐私的典型案例进行说明：美国诉 Coinbase Inc 案。[1]

Coinbase 是一家总部位于加利福尼亚州旧金山的公司，从事虚拟货币业务，涉及转移、存储和交换虚拟货币和本地货币[2]。2016 年 11 月，美国司法部向加利福尼亚州北区联邦法院提出请求，批准对 Coinbase 发出传票，以提供有关 2013 年至 2015 年期间进行虚拟货币交易的 Coinbase 客户的信息。联邦法院批准传票称：

---

〔1〕 See "United States v. Coinbase", Inc. Case No. 17-cv-01431-JSC, 11-28-2017, https://casetext.com/case/united-states-v-coinbase-inc。, (last visited 12 Oct 2021)。

〔2〕 "What Is Coinbase?" Coinbase-Buy/Sell Digital Currency, 23 Feb. 2017, support.www.coinbase.com/customer/portal/articles/585625-what-is-coinbase-and-how-much-does-it-cost-to-use-。(last visited 27 Oct 2021)。

"有合理的理由相信此类人员未遵守或可能未遵守任何国内税收法的任何规定，并且通过对记录或证词的审查寻求获得的信息（以及发出传票的责任人的身份）不容易从其他来源获得"。[1]

国税局发出的传票包含 Coinbase 需要提供的文件的详尽清单、账户、钱包、保险库注册记录、完整的用户资料和偏好、完整的用户支付方式、交易中涉及的第三方、交易日志、交易后余额、交易对手方的可用信息、Coinbase 与用户之间的所有通信，包括电子邮件、电话和口头指示、所有定期报表和发票账户、Coinbase AML 系统的所有异常记录、每个 Coinbase 用户的所有付款记录以及在 2013 年 1 月 1 日至 2015 年 12 月 31 日期间进行过交易的商户用户处理的所有付款记录。[2]在第一次 IRS 传票后的八个月，IRS 同意在很大程度上缩小传票范围，只寻求用户的信息中完成了价值超过 20 000 美元的交易，不包括只购买和持有比特币而不出售的用户，并在为每个覆盖用户发出的第一次传票中缩短了一些请求中的记录列表。美国国税局寻求有关 890 万笔交易和 14 355 名账户持有人的信息，并及时执行。[3]

在这种情况下，使用加密货币进行交易的每个 Coinbase 客户的隐私都受到威胁，因为有关他们的大量信息将被透露给政府。但由于 Coinbase 的斗争，IRS 发出的缩小传票从十万减少到数千。然而，即使传票范围缩小，数千名 Coinbase 用户的匿名性和隐私也受到了影响。作为虚拟货币最有前途的功能之一，匿名性和隐私性不再受到 Coinbase 的保护。随着司法部门的政策压力，事实上一些平台交易所的隐私政策已经改变，现在他们明确表示，当他们被迫这样做时，他们可以与执法部门和政府实体共享客户的信息。Coinbase 的这一案件说明，其他加密货币业务很有可能也将面临同样的法律诉讼。这样就会造成大量用户隐私泄露等问题，这样的情形下加密货币行业将无法提供不同于传统金融业务的优势服务。

---

[1]　United States v. Coinbase, Inc. Case No. 17 - cv - 01431 - JSC, 11 - 28 - 2017, https://casetext. com/case/united-states-v-coinbase-inc, (last visited 12 Oct 2021).

[2]　Ibid. p. 2 (last visited 2 Oct 2021).

[3]　"IRS Notification." Coinbase-Buy/Sell Digital Currency, 23 Feb. 2018, support. coinbase. com/customer/portal/articles/2924446-irs-notification. Electronic copy available at: https://ssrn. com/abstract = 3172 489. (last visited 12 Oct 2021).

六、加剧国际避税逃税犯罪

加密货币由于其固有的匿名性，对逃税者来讲有一定有利之处。这也是近年来加密货币备受监管机构关注的主要原因之一。加密货币最大的特点还有其不依赖于金融机构或银行等任何金融中介的存在，它们大多是基于点对点交易。由于加密货币的这两个特性，它们可能会给政府在逃税打击方面带来一定的压力。"因此，加密货币可能会击败各国政府最近在解决离岸逃税问题方面取得的成功"[1]。然而，另一方面，由于加密货币在银行没有一定的背书信用，因此，它们不被认为是一种法定货币，这对保守的投资者和用户来说是一个负面因素。由于这样的原因则出现了一些使用加密货币逃税的模式，例如储蓄账户、交易分割、免税代理、加密货币间转换和进行外国交易。

第一是利用储蓄账户，由于加密货币被认为是逃税者和洗钱者的避风港，因此有多种方法可以隐藏资金来源或转移目的地。用户可以拥有多个钱包作为他们的储蓄账户，这些账户仅用于收款，自创建钱包以来没有发出任何货币。拥有这样的被动钱包会大大降低被税务执法机构识别的可能性，除非钱包的所有者自愿报告。用户还可能利用交易分合模式进行逃税，例如分叉和合并、长链和二叉树状分布。[2] 分叉和合并模式是一种众所周知的方案，可以使高度可疑的数量进入检测范围。在这个方案中，一个人可以将一个转移分成多个较小的转移，发送到他可能拥有或控制的不同目的地，然后可以将它们全部发送到最终目的地。通过这样做，大量的加密货币可以碎片化的形式到达目的地，从而避免了原本大量的检测。同样，长链方案将大额分配给多个钱包，每个钱包存储非常少的金额，由同一个人持有。如果每次到一个新钱包的金额都是一半，则该方案称为二叉树状分布。上述方案只有在用户可以拥有多个钱包的情况下才能实现，这对于传统银行系统来说不是一个好的选择，但对于区块链技术来说却非常简单。在解释了主要使用的现有模式之后，可以添加另一层复杂性，即许多钱包在注册期间没有正确识别用户。因

---

〔1〕 See Omri Y. Marian, "Are Cryptocurrencies 'Super' Tax Havens?," www. scholarship. law. ufl. edu/cgi/viewcontent. cgi? article = 1365&context = facultypub. (last visited 12 Oct 2021).

〔2〕 See Quantitative Analysis of the Full Bitcoin Transaction Graph, www. eprint. iacr. org/2012/584. pdf. (last visited 15 Oct 2021).

此，有可能拥有一个带有假姓名和电子邮件地址的钱包。

除了在交易中看到的上述模式，通过涉及免税的第三方（例如购买代理），它可以更加复杂。在这种情况下，有兴趣投资公司股票的投资者与比特币代理签订股权互换合同。因此，代理人根据他收到的比特币数量，以等值美元购买股票。然后将因股票升值而从股票中获得的股息以比特币偿还给投资者。因此，税务执法机构不能追究投资者的纳税义务，因为交易是由免税代理人完成的。

另一种用于隐藏资金痕迹的方法是将加密货币兑换成另一种类型的加密货币。因此，不需要将加密货币转换为本国货币，因为这些加密货币可用于支付服务或商品，或通过出售服务或商品来接收。这个漏洞是因为只有当数字货币兑换成真实货币时，交易才需要纳税，反之亦然，而不是每笔交易。

再者，就是利用对外交易进行逃税，以美国举例，逃税者还从美国境外进行从真实货币到加密货币的交易，希望中间金融机构不会因为该机构所在司法管辖区的银行保密法而将其账户持有人的信息泄露给其他政府。然而，为了解决这个问题，美国颁布外国账户税收合规法案（FATCA），据此它要求外国金融机构（FFI）有责任向 IRS 提供有关其美国账户持有人的信息；如果不向 FFI 提供信息，则对从美国来源收到的某些付款征收 30% 的总税。另一方面，FFI 面临的限制是，如果他们向 IRS 提供所需信息，他们实际上违反了其本国关于银行保密法的管辖权，如果他们未能遵守，他们将受到美国的处罚。因此美国与其他政府谈判并签署了一项协议，让 FFI 在仍符合其本国司法管辖区的情况下提供信息。[1]自从比特币等加密货币出现以来，这个市场受到了公众的广泛关注，并且在某种程度上发展得非常迅速，它被认为是投资者有史以来最高的投资回报率。例如，比特币的投资者自 2012 年以来已经享受了213 491.46% 的利润。预计由于加密货币提供的逃税机会，每年只有美国损失700 亿美元。此外，预计全球每年的逃税金额将达到 2250 亿美元。因此，为了减轻逃税的巨大风险，多国政府已经启动了一个项目来打击离岸账户的逃税行为。

七、IP 归属的知识产权问题

在 IP 密集型行业中使用加密货币，引发了对 IP 所有权和著作权、控制和

---

[1]　See Omri Y. Marian, "Are Cryptocurrencies 'Super' Tax Havens?," www. scholarship. law. ufl. edu/cgi/viewcontent. cgi? article = 1365&context = facultypub. （last visited 2 Oct 2021）.

跟踪注册或未注册 IP 的分发以及通过智能合约建立和执行 IP 协议、许可或独家分发网络的担忧。事实上，关于区块链技术所有权的基本问题已普遍存在。

八、去中心化的平台合规性的挑战

在加密货币交易的过程中数字货币交易平台担任着重要的角色，但数字货币交易平台的合规性是监管部门的巨大挑战。

其一数字货币的交易平台存在运营问题。由于数字货币交易平台本身管理的漏洞及资金实力，如果发行机构运营困难或挪用备用金进行投资失败而出现流动性危机，交易平台一旦无法满足数字货币持有者兑换法定货币的要求，将引发挤兑危机，数字货币资产持有人将遭到损失。

其二数字货币交易平台的技术问题造成黑客攻击，黑客可以利用数字平台漏洞对数字货币交易平台进行攻击，造成数字货币持有人的财产损失。[1] 黑客侵入的主要原因在于数字货币的平台交易无法达到相应的技术硬件要求。这就造成黑客利用自身优势攻击网站，造成账户损失。此外，不同国家对数字货币的监管严格程度不同，且缺乏明确的市场交易规则和惯例。[2]

数字货币交易平台还有一个主要的合规性挑战，在于现阶段数字资产的交易所大部分采用去中心化模式，用户无法主张其合法财产权利。当用户在交易环节中遭受财产损失时，平台交易所也无法保障用户获取相关证据的权利。这就给用户造成无法追回交易财产的风险。

第二节　央行数字货币跨境交易的法律风险

央行数字货币（CBDC）与加密货币一样，也存在与货币政策、金融稳定和非法交易相关的风险，不同设计的 CBDC 所存在的风险性程度不同。目前选择发行的 CBDC 主要有两种选择：[3]（1）用于零售（通用）付款[4]，

---

〔1〕　参见黄光晓：《数字货币》，清华大学出版社 2020 年版，第 196 页。

〔2〕　参见黄光晓：《数字货币》，清华大学出版社 2020 年版，第 197 页。

〔3〕　Central bank digital currencies, "Committee on Payments and Market Infrastructures BIS Report", 2018. p. 7. https://www.bis.org/list/cpmi_ all/sdt_ 1/index. htm（last visited 2 Oct 2021）.

〔4〕　零售（通用）支付是个人与法人实体和银行之间的通用支付。

（2）用于批发（专业）支付[1]，与批发 CBDC 相比，通用 CBDC 的风险和挑战更大。银行业的去中心化以及对 CBDC 的"数字化运行"是通用 CBDC 的主要风险。CBDC 大规模替代银行存款将削弱银行贷款活动，降低盈利能力，并可能促使银行开展影子银行活动。在基于分布式账本的 CBDC 的情况下，匿名交易的范围将是相当大的。如果允许非居民持有和交易基于代币的 CBDC，也可能难以适用 AML/CFT 要求。CBDC 可用于非居民跨境将改变全球流动性和安全资产供应的性质。它还可以促进资本规避风险，这将导致国内融资条件紧张和外汇市场剧烈波动。CBDC 可能具有先发优势。如果其他中央银行要引入 CBDC，各国可能会在事项筹备方面面临挑战。当前中国推行自己版本的 CBDC 给其他中央银行带来了严峻的压力。技术发展的早期领先可能使中国能够决定促进跨境贸易和汇款的全球支付基础设施如何发展。中国智库声称，中国 CBDC 项目的根本动机是增加人民币在跨境交易和国际贸易定价中的作用，并促进其作为储备货币的接受度。

一、潜在的金融稳定风险和货币替代

根据 CBDC 的设计和制度，CBDC 的跨境可用性可以降低获取、存储和使用外币的成本。国际货币已经产生了显著的网络效应，因此较低的成本可以使已经建立的国际货币更具吸引力。正如欧洲中央银行在 2020 年关于欧元国际化的报告中称：外国发行 CBDC 可能会以牺牲其他货币为代价来提高这些国际货币的地位。[2]这可能会通过采用外国 CBDC 促进更广泛的货币替代，尤其在高波动下，国际货币基金组织在 2020 的《继续履行国际货币组织使命的战略报告》[3]中讨论道：货币替代已经普遍且持续存在（全球超过 18% 的国家的外币存款高于 50%）。虽然货币替代的根本原因是对一个国家自己的货币缺乏信心，但由于国内条件，快速的货币替代可能会破坏各国国内对货币

---

〔1〕　批发（专门）是中央银行之间或中央银行与商业银行之间的有限目的的支付。

〔2〕　ECB（2020b）for example，discusses the international role of the euro as a factor reinforcing the region's economic autonomy，"The international role of the euro"，https：//www. ecb. europa. eu/pub/pdf/ire/ecb. ire202106~a058f84c61. en. pdf，（last visited 2 Oct 2021）.

〔3〕　THE RISE OF DIGITAL MONEY—A STRATEGIC PLAN TO CONTINUE DELIVERING ON THE IMF'S MANDATE，"Systemic Bdnking Crises：A New Database"，www. imf. ovg/en/Publications/Polisy-Papers/Issues/2021/07/28/The-Rise-of-Digital-Money-462914.（last visited 2 Oct 2021）.

政策作出的努力。

广泛的货币替代会破坏货币政策的独立性，并给发行国和接受国都带来风险。对于发行国而言，外国对 CBDC 需求的变化可能意味着资本流动的大幅变动，这也可能会干扰货币政策。对于接收国来说，货币替代通过降低其直接影响的流通货币的比例来减少国内央行对国内流动性的控制。此外，它降低了货币需求的稳定性。这可能会削弱货币传导机制——即政策导致短期名义利率等货币工具变化，影响宏观经济变量。

如果外币是由经济周期与接收国不相关的国家发行的，那么后者将遭受货币政策控制不力和通胀波动更大的影响，对更贫困和更脆弱的家庭造成不成比例的影响。货币替代也可能削弱国内央行履行最后贷款人职能的能力。原因是，如果国内银行有大量非本国货币负债，这可能是广泛货币替代的结果，中央银行将无法创造外币来提供流动性援助，而必须依赖外国中央银行的准备金或流动性的货币。

在其他条件相同的情况下，更便宜、更快的跨境交易可能会增加国内银行业和货币挤兑的风险。对于许多新兴市场和发展中国家来说，即使在目前，银行体系的挤兑通常实际上是在资金离开该国时对本国货币的挤兑[1]。此外，较低的外币交易成本可能导致家庭和企业以及潜在银行面临更高的外币风险敞口，从而对金融稳定产生负面影响。各国已经开始考虑他们可以采取的措施，以缓解在其境外引入 CBDC 所带来的货币替代压力。那么各国应如何应对 CBDC 的溢出效应？这是一个重要的问题，因为它吸引了在 CBDC 采用方面落后的国家，并且可能具有较弱的机构和能力，比预期的政策辩论前沿要快得多。因此，能够更快地适应不断变化的环境的国家与缺乏保护自己免受潜在不利影响的手段的国家之间存在差距扩大的风险。在限制 CBDC 流通、交易和持有的技术实施上出现了其他问题，另外还涉及对 CBDC 跨境交易施加限制的政策可取性和适当性。如前所述，设计选择对于降低金融稳定和货币替代的风险也可能很重要。例如，对非居民持股的限制、对用户和商家的必要入职协议或战术定价机制（例如对非常大或频繁的跨境交易的费用）

---

〔1〕 Luc Laeven, Fabian Valencia, "Systemic Banking Crises Revisited", September 14, 2018, https://www. imf. org/en/Publications/WP/Issues/2018/09/14/Systemic - Banking - Crises - Revisited - 46232。(last visited 2 Oct 2021).

可能会限制跨境使用。迄今为止，多数国家主要集中在 CBDC 在国内的试用上，这些措施可能通过限制流通中的 CBDC 总量来减少国际影响。[1]

二、法律规则缺失

鉴于当下各国 CBDC 的试行主要集中在国内应用，因此 CBDC 的跨境流动是一种创新的方式，属于新兴领域。正如前文国际清算银行所发布的关于 CBDC 跨境交易的建设框架所述，关于该领域的构建及跨国性都在探索阶段，其包含的关于交易方面的法律制度、规则约束都存在缺失，制约了 CBDC 跨境流动的发展，这主要表现为以下方面。

第一，CBDC 缺乏基础法律支撑。在制定 CBDC 时各国首先是对其设计的层面进行研究，对于它所归属的性质与法律属性并没有做出明确的规定。大多数国家对于现阶段央行数字货币的试行没有详细确定的规章制度及法律性质解读，对于是否将 CBDC 当作一国法定货币，各国并没有形成统一的文本解释。从法定货币的规定方面来看，CBDC 根据其特殊的数字性质尚不包含在法定货币关于纸币与硬币的规定当中。按照法定货币的流通依据将 CBDC 应用在内，在法律文意解释的层次上，CBDC 是不符合法律规定的约束对象的，原因在于，首先 CBDC 并不能全面地统称为法定货币的电子形式表达，它与电子货币存在根本上的差异。其次，在 CBDC 的交易中，商业银行的角色并不明确，是否能够进行用户 CBDC 存款的再投资是存在疑问的，并且根据不同模型的 CBDC 的发行，商业银行充当的角色也随之变化。如果直接将传统法定货币的规则应用在 CBDC，则会引起权利义务规则的混乱。再次，当 CBDC 应用在跨境流动中，这中间不仅涉及各国银行、中间银行的权力制度的规定，也会涉及各国在不同模型下的央行数字货币应用的制度复杂化，若仅将 CBDC 直接应用在当前的跨境支付货币流动规则中，明显存在主体、责任等差异。最重要的一点是关于 CBDC 用户隐私的保护。CBDC 特点是将大量用户数据信息集中在央行及银行体系当中，这就增加了对央行等银行体系的隐私保护能力的问题，如何防止隐私的泄露、保存数据用以个人使用，是目前

---

[1]　For instance, Bindseil (2020). "Working Paper Series Ulrich Bindseil Tiered CBDC and the financial system", Working Paper Series Ulrich Bindseil Tiered CBDC and the financial system, No2351, https://www.ecb.europa.eu/pub/pdf/scpwps/ecb.wp2351~c8c18bbd60.en.pdf, (last visited 27 Oct 2021).

尚未解决的问题，虽然当前出现了如《中华人民共和国个人信息保护法》等规范，但对于在银行体系内如何明确责任，还未有相关的解释规则。最后，CBDC 结算也未有确定的法律规定。这样在 CBDC 跨境流动中如何进行规范的结算成了交易的问题，同时也带来了安全隐患，亟需法律的构建或相关的解释规定。

第二，监管规则的不统一性。监管规则不一致导致的跨境流动中不同货币交易问题，同样困扰 CBDC 的跨境流动。在 CBDC 的普遍应用情形下，若将其应用在跨境交易之中，则会因为各国监管制度的不一致导致重复监管的问题，并可能增加合规和监管的成本，从而降低 CBDC 跨境流动效率。在执法层面也带来不利影响。国家间的信息交换、犯罪性质的双重认定都增加了执法的成本，并可能存在信息披露不透明等问题。

三、巨大的消费者损失风险

中央银行可以发行基于代币的传统数字货币或加密货币，这些形式的货币将存储于小型设备上，消费者可能会在被盗或丢失的小型设备上持有非常大的余额，可能导致大量现金不安全的风险。消费者不可能随身携带大量的现金，在家中也不太可能存储大量的纸制现金。[1]

四、网络威胁和单点故障

CBDC 一定程度上是由中央管理的，具有集中化特征。CBDC 集中存储增加了已经普遍存在的网络漏洞的表面积和载体，这大大增加了网络攻击面积。解决因网络面积大而造成的威胁，其一，CBDC 如果利用分布式系统固有的网络弹性，在公共区块链与竞争性自由市场上同时进行价值流动，可防止网络威胁的面积因增大而造成的央行网络系统受到攻击。以普通民众来讲，任何一家银行的倒闭都会削弱人们对银行业的信心，CBDC 可能会将这种风险转移给中央银行，从而抵消金融体系参与者之间的战略风险分担结构和操作"空气差距"的好处。其二，智能手机和银行应用程序是管理消费者数字货币的主要方式，因此这些应用程序必须比今天的大多数移动应用程序安全得多，

---

〔1〕 参见黄光晓：《数字货币》，清华大学出版社 2020 年版，第 272 页。

因此 CBDC 应用程序不但需要防止欺诈者滥用移动应用程序、移动操作系统和设备进行欺诈，而且要在第三方应用程序上建立强效的监管模式，防止欺诈犯罪的发生，而当下并没有关于 CBDC 在第三方应用程序使用的监管制度，因此，选择第三方平台对其测试及安全性审查极为重要。CBDC 平台需要在用户或中央银行受到欺诈之前积极主动地预防欺诈。

五、跨境隐私和数据的保存

首先 CBDC 集中管理化的模式，造成大量的用户数据存储于中央银行系统，对用户的数据隐私保护有被怀疑风险，中央银行是否能够承担对用户数据交易的透明度、可追溯性及保护数据被泄露的风险？隐私影响使 CBDC 成为一把双刃剑。中央银行的数字系统并没有达到顶尖水平，如何在区块链匿名化的交易链上在没有用户私人私匙的情形下保护用户数据安全？大量的客户信息集中在中央机构不仅加剧了中央银行的压力，同时也增大了客户交易隐私泄露风险，一旦泄露导致的后果不堪想象。

其次，根据司法管辖区，是否允许某些中央银行与其他政府机构共享交易数据？并且，CBDC 是否会被用作跟踪设备来监控一部分人群的消费习惯？这些都是央行数字货币发行可能会造成的风险。再者，在跨境交易上，各国在 CBDC 的跨境流动上采取了严格的监管程序，严格监管使得金融监管机构在客户交易上可获得大量的数据信息，金融机构在准入、监管、报告的过程中获取交易信息，存在一定的泄露信息数据及侵犯隐私的风险。

六、CBDC 跨境洗钱的威胁

在使用 CBDC 时相关的关于反洗钱和反恐怖主义融资（AML/CFT）法规值得特别关注。CBDC 等新兴金融创新可能会带来新的金融风险，需要对制裁法规或尽职调查程序进行必要的修订。还应仔细评估跨境 CBDC 支付对 AML/CFT 要求的影响。因为在跨境洗钱上，犯罪分子利用 CBDC 相关可编程性并加以创新，以此增加洗钱的机会，例如通过复杂的洗钱策略来逃避 AML 检查[1]。

---

〔1〕 Bank of Canada, "Contingency planning for a central bank digital currency," Tech. Rep. , 2020. A-vailable：https://www.bankofcanada.ca/2020/02/contingency-planning-contral-bank-digital-curveua/. (last visited 14 Oct 2021).

总之，监管机构面临重大挑战，无处不在的全球稳定币加剧了这种恐惧。

七、交易平台的合规性

以数字人民币发行为例，中国所发行的数字人民币延续央行货币发行模式，采用"二元制"的发行，由中国人民银行统一将数字人民币"批发"给商业银行及第三方平台，接着通过商业银行及第三方金融平台流转于居民之间，并通过数字钱包作为数字人民币的中转及交易中介，这与传统货币的发行模式并无不同，都是将货币的主导权控制于中央银行，一方面增强了数字货币的安全性，另一方面也是对公民财产的保护。但这种模式基于硬币及纸币，与数字货币的相容性则需要进行严谨的谈论，在流转过程中商业银行数字人民币的应用程序及第三方交易平台的数字钱包合规性，需要严格的审查，一旦出现合规问题，将造成大量公民的信息及数字泄露，侵犯公民权利。数字平台合规性的考察不仅要解决其安全性问题，还要监管其技术性问题。这里可能存在的另一风险是平台利用程序漏洞及自身机制的缺陷而可能带来的洗钱便利，通过对数字人民币的程序性改写造成在交易、跨境使用上的洗钱风险。因此，合规性是数字人民币在区块链技术与分布式记账、加密技术上安全有效使用时最应解决的问题。

第三节　全球数字货币跨境交易监管难题

面对数字货币的不断崛起，越来越多的国家认识到了数字货币的商业应用价值。多国央行也开始研究数字货币相关技术，积极推出法定数字货币。但去中心化数字货币和机构数字货币的监管问题，仍是全球各国监管机构面临的一项难题。这类数字货币通常具有去中心化、匿名性和全球性等特点，对现有金融监管体系造成了较大挑战，是各国的监管重点。各国监管部门针对本国国情和金融环境，推出相应的监管措施，并根据数字货币市场发展情况，不断调整相应的监管内容。

一、数字货币法律地位的不明确

目前，在数字货币的法律定位上仍处于以各国国内定义为主，在涉及跨境交易的过程中，各国间数字货币法律定位及相关法律规制并不相同，在一些国家只有某些类型的数字代币可以被纳入监管范围。与可自由兑换的货币不同的是，在封闭的虚拟系统中运行（至少名义上）的数字代币仍然不受监管。这些数字代币大多流行于手机和电脑游戏中[1]。例如，许多具有在线功能的电脑游戏（例如大型多人在线游戏）和移动平台（iOS、Android 和 Windows Mobile）开发了专用的转换机制，允许玩家使用官方货币或 SOC 购买游戏内货币。如，引入了魔兽世界代币——一种可供玩家使用主要游戏内货币（魔兽世界金、银或铜）购买的替代游戏内货币。该代币可兑换成另一种替代货币（暴雪余额），可在游戏外用于购买开发商提供的各种数字商品和服务。暴雪余额以官方货币为记账单位，可以通过官方货币获得，但自身不可兑换成任何官方货币，也不被第三方接受。这使其成为一种半可兑换的数字代币。[2]目前这类半可兑换的数字代币并没有引起监管部门的注意，主要是由于这些虚拟货币的使用仅限于虚拟社区。但是另一方面这并不是说虚拟经济无法与真实经济建立联系，正如欧洲中央银行（ECB）在报告中提出：

"因此，在社交网络中向其他人发送花的插图或在在线游戏中达到更高级别所需的角色的更好装备，这是在虚拟社区中出售的虚拟商品的典型的两种示例。但是，在我们看来，仅在虚拟环境中使用的商品与在现实世界中使用的商品（例如音乐文件或电子书）之间应该有明显的区别。"[3]

也就是说，数字货币的定位应当与在虚拟环境中的交易所区分，是否将虚拟环境中的数字代币划分于数字货币行列之中是目前统一数字货币法律定

---

〔1〕 WoW Token, BLIZZARD SHOP, https://us. shop. battle. net/en-us/product/world-of- warcraft-token［https://perma. cc/LAY7-5TST］. For information on restrictions imposed on the use of WoW tokens, see Using a WoW Token, BLIZZARD, https://us. battle. net/support/en/article/31218［https://perma. cc/GT95-37QE］. (last visited 24 Oct 2021).

〔2〕 WoW Token, BLIZZARD SHOP, https://us. shop. battle. net/en-us/product/world-of- warcraft-token［https://perma. cc/LAY7-5TST］. For information on restrictions imposed on the use of WoW tokens, see Using a WoW Token, BLIZZARD, https://us. battle. net/support/en/article/31218［https://perma. cc/GT95-37QE］. (last visited 24 Oct 2021).

〔3〕 Francesco Drudi, Alain Durré and Franceso Paolo Mongell："The Interplay of Economic reforms and monetary policy：the Case of the Euro Area", https://www. ecb. europa. eu/pub/pdf/scpwps/ecbwp1467. pdf. (last visited 22 Oct 2021).

位及法律属性的探究问题之一。无法统一数字货币的分类范围就无法明确数字货币的属性及法律定位。目前，全球各国都在数字货币的分类上存在一定的分歧，大部分是将数字货币统分为法定数字货币与非法定数字货币，但这样的分类是否属于法律属性的认定是一个值得怀疑的问题，这样的分类是将虚拟货币涵盖在了非法定数字货币当中，但现实中虚拟环境中的数字代币与可兑换的数字货币存在根本上的差异。本书第一部分的分类辨析中将各类数字货币进行对比，实则在法律属性及约束范围是否将虚拟货币统称为非法定数字货币仍是需要商榷及探究的问题。无法统一的数字货币法律地位是对在监管过程中应用法律规制的一个重要的挑战，尤其一旦涉及跨境交易，无法确定的法律性导致监管部门在管辖权、法律约束、应用上都无法做出有效措施。

另一方面对可自由兑换的数字货币进行监管处理的情况更为复杂。与实体经济的明确联系和与正规支付系统的切入点是最让管理者担忧的。这些货币主要没有任何实物资产支持，这里的例外是稳定币，稳定币价值与法定货币（例如，Tether、Dai、Utility Settlement Coin）或其他资产（例如 Digix 的金条）相关联。尽管有明显的优势，但稳定币的可兑换性在法律上也不能得到保证，并且稳定币是完全基于其开发人员创建的基础设施而交易的。因此它的披露、监督和执行机制不足（或不存在）增加了潜在风险。可兑换数字货币在总供应量上通常是有限的，这使得它们本质上是不稳定的，例如，比特币价格有着非常显著的波动。迄今为止，对数字货币监管大部分都是警告和禁止将其用作正式支付系统的一部分，并澄清其法律地位。一些国家及地区试图将数字货币纳入综合国内监管。[1] 这些监管形式的不同，最大的原因是在法律性质上没有做到统一的规定，无法将监管的内容、对象、行动以一种法律性质定义的监管目标进行监管，进而导致在跨境交易的过程中，一旦使用数字货币进行交易，无法从统一的角度来进行相关内容的审查。这给各国监管部门造成一定的压力及困难。

---

[1] Draft Federal Law of the Russian Federation "On Digital Financial Assets," § 4 (May 22, 2018), http://sozd. parliament. gov. ru/bill/419059-7 [https://perma. cc/RQ58-L4R6] . (last visited 2 Oct 2021). (last visited 22 Oct 2021).

二、数字货币监管处于初级阶段

监管的发展往往落后于技术创新。当前，虽然在数字货币的开发上各国都在积极地试行及研发，并对加密货币进行一系列的规范，但在实际情况下，现阶段的数字监管体系尤其是全球监管机制仍然处在初期的发展环节。数字货币属于一项创新性事物，现有监管体系难以很好地适应数字货币相关产品和服务。成熟的监管体系需要有一系列明确的框架，例如需要对数字货币的基本定义、法律属性、监管机制、法律应用等内容做出明确的规定。关于数字货币交易双方的权利义务规则界定，目前的监管体系并不存在一套完备的框架及实际应用条例。

由于数字货币"数据化"的这一特殊性，如果将数字货币仅简单地纳入现行的监管机制，很难解决实际存在的各类问题，可能会造成大面积规则制度的乱用及违法分子的乘机逃脱。为此，一些国家推出了针对数字货币的监管模式和监管法律，但由于之前并无可参考案例，监管力度往往很难把控，一旦监管条件严苛，会阻碍数字货币的发展，而监管松散，又会破坏现有金融规则秩序及货币交易环境，可能产生一定的风险，这就带来了监管政策制定的各类风险。此外，数字货币通常以区块链为底层技术，涉及计算机、经济和法律等不同领域，监管主体在制定监管政策的过程中需平衡多方关系构建系统性监管框架，某一领域监管的缺失可能导致整个数字货币监管无效，这也在一定程度上增加了监管难度。

三、去中心化差异、匿名、跨国性监管难

数字货币的发行模式不同于法定货币，去中心化数字货币通过"挖矿"产生，机构数字货币是由企业巨头进行发行。可以看到，这两类数字货币在发行过程中，并无监管机构的参与，导致监管部门无法实时监控数字货币的发行情况。而对于发行数量无上限的数字货币，监管部门更难以阻止发行方为盈利而超发数字货币；[1]流通机制上，去中心化清算系统买卖双方直接进行点对点交易，导致监管机构难以掌握真实的交易信息；此外，在数字货币

---

〔1〕　参见柯达：《数字货币监管路径的反思与重构——从"货币的法律"到"作为法律的货币"》，载《商业研究》2020 年第 7 期。

相关规则制定上，去中心化数字货币通过社区来进行维护，机构数字货币一般由发行机构自行制定和维护，加大了监管难度。

同时，当数字货币的交易和流通具有跨国性的特征时，由于各国数字货币的性质、法律监管机制都存在以本国为主的各类机制，根据属地管辖规则，一国无法在他国进行管辖监管，这使犯罪分子可以利用数字货币管辖权的不确定性以分叉的方式进行多地区的数字货币的交易和转移，给监管层面带来了一定的困难。国际货币基金组织（IMF）的报告曾指出数字货币体系作为逃避资本管控的渠道，非法资金通过数字货币实现跨国流动，给反洗钱、反恐怖主义融资等带来了挑战。[1]

另外，在传统金融体系下，为避免非法金融活动的发生，金融机构会执行严格的客户识别程序。但在数字货币交易尤其是在跨境交易的过程中，由于匿名性的特征，导致客户的识别在交易过程中无法确定，使得违法分子使用跨境交易的方式实施洗钱等犯罪行为，加大了监管机构的审查压力及困难。

四、中央银行可能超发法定数字货币的风险

央行数字货币可能存在超发的风险。首先由于传统货币的有形性与数字货币的无纸化的区别，在超发的敏感度上可能更难发现，因为对于纸币的超发，由于其有形性居民易发现，但当纸币变为数字货币时，其数字化形式的特殊性及隐蔽性容易被用户忽视，超发情况不易被发现。其次货币形式的增加使发行的方式增多，这样可能会造成为实现财政政策的目的发行方利用债务发行进行财政补贴的问题，从而因央行数字货币的货币替代性而引起金融风险。在央行数字货币超发的情形下，一旦利用在跨境用途过程中，一方面破坏监管纸币交易的正常稳定的金融环境，另一方面破坏一些不发达地区的主权货币功能，可能成为一方权力操作全球金融市场的工具。因此，央行数字货币的超发会破坏金融稳定造成货币政策的不对称性。

五、央行对用户信息的掌控全泄露风险大

央行数字货币基于中央银行发行，央行不仅对于其发行及控制，同时对

---

〔1〕 参见谢平、石午光：《数字货币的风险、监管与政策建议》，载《新金融评论》2018年第1期。

用户的财产及信息全面掌握，如何限制中央银行对用户信息的控制是央行数字货币发行及使用上的一个监管难题。虽然在法定数字货币的构建与研发上，赋予其法定地位是为了有效地监管并对每一笔交易的来龙去脉进行追踪，但对于用户个体来讲，过度的交易追踪造成对用户隐私的侵犯，特别是对于一些有明确匿名性要求的交易。若用户个人的财富情况和生活习惯都被清楚地记录，并被相关国家机关统计分析后，如何保障公民的隐私和企业的商业秘密得到更有效保护？这是在央行数字货币用户信息收集环节需要解决的问题，如何更好地发挥中心化监管的优势来确保在大量用户信息汇集时的隐私保护，是发行央行数字货币的首要探索问题。由于央行对用户信息的大量汇集，一旦使用央行数字货币进行跨境交易，在交易的环节如果没有做到在系统及监管层面的严格保护，那造成的隐私泄露问题不可想象。各国在研究本国的央行数字货币时都注意到了关于用户隐私保护的问题，当下数字经济环境下能否做到万无一失仍需要算法及试行结果的验证。目前一些国家也提出了关于央行数字货币的构建理论，本书将在第四章详细论述，以便更进一步了解各国动向、政策建设，及如何解决关于央行数字货币交易及跨境交易与支付的风险及构建监管机制问题。

本章小结

本章主要围绕着两个层面的内容，第一是在允许加密货币交易的国家，交易加密货币及跨境支付现有的法律风险及现状，第二是央行数字货币交易可能存在的法律风险分析。本书的第一章和第二章中，文章充分地论述了关于数字货币理论机制，从概念及运行机制上分析了数字货币如何进行跨境交易。厘清基本机制之后是对在运行机制环节中存在的法律风险的预警。本章节也起到承上启下的作用，承上是在根据前文的运行机制环节分析各环节中存在的问题与法律风险，启下是从所分析的数字货币的相关风险引出各国在面对这些可能存在的问题时是如何解决如何以法律制度加以规制。因此本章的论述也是本书的重点及创新性论点。本章节从两个层面进行分析的主要原因，是由于各国现阶段对加密货币的态度并不一致，一些国家承认其对加密货币的交易持积极的态度，而另一些国家从主权货币的角度是严格抵制的，而对央行数字货币的发行与研究是全球各国积极探索的内容，在研发理念上存在一定的一致性。因此，本章节从全球大环境的层面下以两方面的内容进行分析。根据目前加密货币与央行数字货币的应用现状及实际情况，各国实践数字货币的主要风险集中在交易过程中存在的金融类犯罪、客户的隐私保护、管辖权的不确定性几个大的层面，从更详细的角度分析，加密货币在跨境交易与支付上主要的法律风险集中在管辖权造成的监管无效及国别行动冲突；利用加密货币进行智能合约交易因智能合同无效导致合同失效；利用加密货币去中心化、隐匿性特点进行洗钱、盗窃、集资诈骗、国际避税逃税金融性违法犯罪活动；存在的法律诉讼环节中造成客户信息泄露风险；平台机制落后造成无法兑换法币导致财产损失的风险。这些风险是在加密货币现阶段实践过程中存在的，也是对加密货币交易将积极态度的国家需要急切解决的主要问题。第二层面是央行数字货币在交易或跨境交易时可能存在的风险，需要在各国正式发行时积极地解决与探索的问题，与加密货币存在一定的相似性，都会引发一些如洗钱类的金融性犯罪，尤其便于跨国性洗钱犯罪。从相似性来讲加密货币的监管机制成熟于央行数字货币，分析两者的问题与解决途径也是为央行数字货币的实行提供借鉴与依据。本章全面地分析数字货币交易与跨境交易支付中的各类法律风险，更好地为下文实际环节的操作与解决提供清晰的探索思路。

第四章

域外现行数字货币跨境交易的制度

现阶段加密货币可以说无处不在，这促使了更多国家和地区政府努力对其进行监管。由此产生了关于不同司法管辖区约束办法，如何管理快速增长的加密货币市场成为监管部门的核心关注点。一些国家用来指代加密货币的术语包括：数字货币、虚拟商品、加密代币（德国）、支付代币（瑞士）、网络货币（意大利和黎巴嫩）、电子货币（哥伦比亚和黎巴嫩）和虚拟资产（洪都拉斯和墨西哥）。各国发布的许多警告也指出了加密货币为非法活动（例如洗钱和恐怖主义）创造的机会。一些接受调查的国家不仅仅是简单地警告公众，还扩大了关于洗钱、反恐和有组织犯罪的对象，将加密货币市场包括在内，并要求促进此类市场的银行和其他金融机构执行此类型的法律。例如，澳大利亚、加拿大和马恩岛最近颁布了法律，将加密货币交易和便利机构置于洗钱和反恐融资法的范围内。一些司法管辖区对加密货币的投资施加了限制，其程度因司法管辖区而异。一些国家（阿尔及利亚、玻利维亚、摩洛哥、尼泊尔、巴基斯坦和越南）禁止任何和所有涉及加密货币的活动。卡塔尔和巴林的做法略有不同，它们禁止本国公民在当地从事任何涉及加密货币的活动，但允许公民在境外进行。还有一些国家（孟加拉国、伊朗、泰国、立陶宛、莱索托、中国和哥伦比亚）虽然不禁止其公民投资加密货币，但通过禁止其境内的金融机构为涉及加密货币的交易提供便利来施加间接限制。

少数接受调查的国家对 ICO 进行监管，ICO 使用加密货币作为筹集资金的机制。在处理 ICO 的司法管辖区中，一些国家（主要是中国、巴基斯坦）完全禁止它们，而大多数国家则倾向于对其进行监管。在后一种情况下，ICO的监管和相关监管机构因 ICO 的分类方式而异。例如，在新西兰，根据所提供的代币是属于债务证券、股权证券、管理投资产品还是衍生品，可能适用特定的义务。同样，在荷兰，适用于特定 ICO 的规则取决于所提供的代币是被视为证券还是集体投资中的一个单位，这是逐案评估的。

并非所有国家都将区块链技术和加密货币的出现视为一种威胁，尽管原因各不相同。一些司法管辖区虽然不承认加密货币为法定货币，但看到了其背后技术的潜力，并正在研究一种对加密货币友好的监管制度，作为吸引对在该领域表现出色的技术公司投资的一种手段。此类国家包括西班牙、白俄罗斯、英国和卢森堡。一些司法管辖区正在寻求进一步发展自己的加密货币系统。此类别包括各种国家和地区，例如马绍尔群岛、委内瑞拉、东加勒比中央银行（ECCB）成员国和立陶宛。

允许投资和使用加密货币所产生的众多问题之一是税收问题。在这方面，挑战似乎是如何对加密货币以及涉及它们的具体活动进行分类以征税。这主要是因为从开采或销售加密货币中获得的收益是否归类为收入或资本收益总数决定了适用的税级。受调查的国家出于税收目的对加密货币进行了不同的分类，如下例所示：

表 5：部分国家加密货币税收规定

以色列	作为资产征税
保加利亚	作为金融资产征税
瑞士	作为外币征税
阿根廷和西班牙	需缴纳所得税
丹麦	需缴纳所得税，亏损可抵扣
英国	公司缴纳公司税，非法人企业缴纳所得税，个人缴纳资本利得税

主要是由于欧洲法院（ECJ）2015 年的一项决定，加密货币投资的收益在欧盟成员国无需缴纳增值税。大多数已经或正在制定税收规则的国家中，加密货币的开采也免税。但是，在俄罗斯，超过一定能源消耗阈值的采矿是应纳税的。

少数接受调查的司法管辖区，接受加密货币作为支付手段。在瑞士楚格州和提契诺州的一个自治市，即使政府机构也接受加密货币作为支付手段。马恩岛和墨西哥还允许使用加密货币作为其本国货币的支付手段。就像世界各国政府通过出售政府债券为各种项目提供资金一样，安提瓜和巴布达政府允许通过政府支持的 ICO 为项目和慈善机构提供资金。

本书选出代表性国家进行相关制度的梳理论述，全面分析不同国家对加密货币的监管现状，结合现状突出各国对加密货币作出不同制度规定的原因，并从加密货币与央行数字货币两个不同中心程度的数字货币进行区别分析，分析各国在两种数字货币监管制度的规定，为下文关于全球数字货币监管机制的构建提供国际经验借鉴。

第一节　典型国家和地区如何认定数字货币

一、美国数字货币"资产"性的认定

当前美国在资本市场的金融创新中催生了一种新的资产类别：数字资产，这种类型的创新引入了新的筹资和交易形式。数字资产包括了加密货币、加密资产或数字代币等，是价值的数字表示。无论用于描述这些资产的术语如何，根据其特征，某些数字资产受证券法律和法规的约束。证券监管通常适用于所有证券，无论是数字证券还是传统证券。

美国证券交易委员会（SEC）是监督证券发行、销售和投资活动的主要监管机构，主要的责任在于（1）维护投资者权益；（2）保障市场公平；（3）维持市场秩序；（4）提高市场效率，以此促进资本形成。现有的美国证券监管制度，包括 SEC 的数字资产监管，总体上与使命相符。美国证券交易委员会利用现有权力来评估新产品的批准，提供个人监管救济，并为更适合数字资产的政策解决方案征求公众意见。它还要求国会提供更多与数字资产有关的权力。美国证券委员会认为当前引发政策问题的发展包括以下内容：

数字资产"交易所"。一些行业观察家将数字资产交易平台视为 SEC 监管的证券交易所在买卖数字资产方面的功能等价物。但这些平台不受相同级别的监管，这表明它们可能存在交易不透明的风险，更容易受到操纵和欺诈。

数字资产托管。托管人负责保管金融资产，是金融服务行业的重要组成部分。数字资产带来了与托管相关的合规挑战，因为托管人在记录所有权、追回丢失的资产和提供审计等方面面临困难。当前 SEC 意识到了这些挑战，并正在与利益相关者讨论潜在问题和解决方案。

数字资产交易所交易基金（ETF）。ETF 是汇集投资工具，从各种投资者那里收集和投资资金。ETF 股票可以像股票一样在证券交易所进行交易。目前，数字资产本身通常不在 SEC 监管的国家交易所出售。但是，如果数字资产组合以 ETF 的形式提供，它们可能会在国家交易所出售。由于市场操纵和欺诈问题，美国证券交易委员会尚未批准任何数字资产 ETF。

证券市场中的稳定币。稳定币是一种数字资产，旨在通过将其价值与另一种资产或一篮子储备资产挂钩来保持稳定的价值。在政策讨论中，有人建议将 ETF 监管框架应用于某些稳定币；其他人则主张更多地披露储备资产明细以暴露潜在的欺骗性活动。

首次发行代币（ICO）。ICO 作为一种数字资产筹款方式，可以使用现有的公共和私人证券发行渠道以多种形式提供。尽管 ICO 可能是有用的筹款工具，但其中一些引发了监管监督和投资者保护问题。不可替代的代币（NFT），NFT 是使用区块链技术链接到真实性证书的数字资产。NFT 是"不可替代的"，这意味着每个令牌和它所代表的经过身份验证的对象都是唯一的。在某些较为严格的情况下，NFT 可能会受到证券监管。

从以上内容可以看出美国在数字货币的划分上，目前对于加密货币的认定主要是涵盖在数字资产当中，对数字资产相关内容的规定可以直接适用于加密货币、稳定币等数字货币。

1. 什么是数字资产？

数字资产是使用分布式账本或区块链技术发行和转移的资产。[1]它们通常被称为加密资产、加密货币或数字代币等术语。[2]数字资产可以是证券、货币、财产或商品。尽管市场参与者使用不同的术语来描述它们，但美国金融监管机构已经声明"无论它们被称为什么，金融活动、服务和市场参与者都必须遵守适用的法律和法规"，包括证券法律法规。[3]数字资产和传统资产之间的一个关键区别是资产的所有权和所有权交换。传统资产通常记录在由中央中介维护的私人分类账中，而数字资产的所有权和交换通常记录在分

---

〔1〕 U. S. Securities and Exchange Commission (SEC), "Framework for 'Investment Contract' Analysis of Digital Assets", April 3, 2019, at https：//www. sec. gov/files/dlt-framework. pdf. For more information on blockchain technology, see Chris Jaikaran, "Blockchain：Background and Policy Issues", CRS Report R45116. (last visited 2 Oct 2021).

〔2〕 Board of the International Organization of Securities Commissions, "Issues, Risks and Regulatory Considerations Relating to Crypto-Asset Trading Platforms", May 2019, at https：//www. iosco. org/library/pub-docs/pdf/ IOSCOPD627. pdf. (last visited 2 Oct 2021).

〔3〕 SEC, "Leaders of CFTC, FinCEN, and SEC Issue Joint Statement on Activities Involving Digital Assets," public statement, October 11, 2019, at https：//www. sec. gov/news/public-statement/cftc-fincensec-jointstatementdigitalassets#_ ftn4。(last visited 12 Oct 2021).

散的数字分类账中。

2. 数字资产证券

美国证券交易委员会（SEC）是监管证券发售、销售和投资活动（包括涉及数字资产的活动）的主要监管机构。但是，许多数字资产不是证券。一般而言，证券是"对普通企业的资金投资，合理预期利润来自他人的努力"。[1] 当数字资产符合定义证券的标准时，它将根据现有的 SEC 司法管辖区受到证券监管。例如，大多数 ICO 都是证券，但这里美国证券委员会并没有把比特币认定为证券，因其没有中央第三方共同企业。

3. 加密货币

数字资产已成为投资者日益增长的资产类别，据统计，到 2021 年 5 月，加密货币的总市值超过 2 万亿美元，而一年前约为 2600 亿美元，2017 年初约为 200 亿美元。[2] 在美国，加密货币一直是联邦和州政府关注的焦点。在联邦政府内部，大部分重点都集中在行政和机构层面，包括证券交易委员会（SEC）、商品和期货委员会（CFTC）、联邦贸易委员会（FTC）和财政部，通过国税局（IRS）、货币监理署（OCC）和金融犯罪执法网络（FinCEN）。虽然这些机构大量地参与对加密货币的相关规定要求的讨论，但很少有正式的规则制定。

美国几个州的政府已经提出和通过了关于加密货币和区块链技术的法律。在州一级通常有两种监管方法。一种是一些州试图通过非常有利的法规来推广该技术，使加密货币不受州证券法和货币交易法规的约束。这些州希望利用对技术的投资来刺激当地经济并改善公共服务。例如怀俄明州，其立法机关通过了一项法案，允许创建新型银行或特殊目的存款机构。新型银行将以托管和受托两种身份行事，旨在让企业能够安全合法地持有数字资产。另一个州科罗拉多州通过了一项两党法案，豁免加密货币不受州证券法规的约束。俄亥俄州成为美国第一个开始接受加密货币税收的州。俄克拉荷马州提出了一项法案，授权在其政府机构内使用、提供、出售、交换和接受加密货币作为货币价值的工具。另一方面，爱荷华州提出了一项法案，该法案将禁止该

---

〔1〕　SEC, "Framework for 'Investment Contract' Analysis of Digital Assets", April 3, 2019, at https://www.sec.gov/files/dlt-framework.pdf.（last visited 4 Oct 2021）.

〔2〕　CoinMarketCap, "Global Cryptocurrency Charts," at https://coinmarketcap.com/charts.（last visited 25 Oct 2021）.

州的州和政治部门接受加密货币形式的付款。其他 10 个州，如马里兰州和夏威夷，已发出有关投资加密货币的警告。纽约通过了一度被认为具有限制性的法律，现在放宽了获得 BitLicense 的限制，以期吸引之前退出纽约市场的加密货币公司。

加密货币的销售通常仅在以下情况下才受到监管：（1）根据州或联邦法律构成证券的销售，或（2）根据州法律被视为货币转移，或根据联邦法律以其他方式使其成为货币服务企业（MSB）。此外，参与构成商品的加密资产价格的期货、期权、掉期和其他衍生合约，均受 CFTC 依据《商品交易法》的监管。此外，CFTC 对那些企图将加密资产作为商品进行市场操纵的企业拥有管辖权，现今 CFTC 主要行使权力以防止市场操纵，因为芝加哥期权交易所（CBOE）和芝加哥商品交易所（CME）都提供与比特币价格挂钩的期货。

加密货币中的特殊型数字货币稳定币的各个组成部分很复杂，导致许多跨领域的政策讨论。国际金融机构金融稳定委员会将稳定币的组成部分描述如下：

> "参与发行稳定币的实体/结构；管理与代币相关的资产的实体/结构；转移硬币的基础设施；面向用户的市场参与者/结构（例如，平台/交易所、钱包提供商）和安排的治理结构，包括可能的治理机构的角色和职责以及用于稳定币的底层稳定机制。"[1]

为解决稳定币问题，美国证券委员会提出了托管稳定币内容。美国 2019 年的证券法（第 116 届国会 H. R. 5197），提议通过了修改安全术语的法定定义：包括一种称为"托管稳定币"的新证券类别，使稳定币受到证券监管。该法案将托管稳定币定义为一种数字资产，其具有（1）市场价值的全部或重要部分是通过参考持有、指定的资产池或资产篮子的价值确定的，或由一名或多名人士管理；（2）有权获得全部或大部分付款的持有人，该付款是根据一个或多个人持有、指定或管理的资产池或一揽子资产的价值确定的。由于托管稳定币发行人通常被认为不承认其稳定币是证券，因此该法案将通过声明托管稳定币是一种证券并因此受到证券监管来消除监管不确定性。

---

〔1〕 Financial Stability Board, "Regulatory Issues of Stablecoins", October 18, 2019, at https://www.fsb. org/wp-content/ uploads/P181019. pdf. （last visited 17 Oct 2021）.

综上可以看出美国对数字货币的认定主要集中在是否具有数字资产的性质，目前对于 ICO 的性质，认定其具有证券特征，以证券法等相关法律规制，比特币不认为是证券，其他类型的加密货币根据其职能及州与联邦的法律进行认定，具有货币交换等价值属性决定是否具有数字资产性质或根据法律规定认定其为证券销售。稳定币同样认定为一种数字资产。

二、澳大利亚数字货币 "兑换性" 认定

2014 年澳大利亚委员会关于虚拟货币的报告，将数字货币定义为：价值的数字表示，可以进行数字交易并用作（1）交换媒介；或（2）一个记账单位；或（3）一种价值储藏，但在任何司法管辖区均不具有法定货币地位（即当提交给债权人时，是有效的合法付款要约）。它不由任何司法管辖区发行或担保，仅通过虚拟货币用户社区内的协议来完成上述功能。虚拟货币与法定货币不同，后者是被指定为其法定货币的国家的硬币和纸币，流通并且在发行国通常被用作和接受作为交换媒介。它不同于电子货币，后者是法定货币的数字表示，用于以电子方式转移以法定货币计价的价值。电子货币法定货币的数字转移机制。"数字货币"一词有时具有更广泛的含义，其中也包括电子货币。[1] 在澳大利亚委员会虚拟货币报告中将术语 "数字货币" 和 "虚拟货币" 互换使用。

澳大利亚委员会报告[2]中将数字货币分为两种基本类型：可兑换和不可兑换的数字货币。可兑换数字货币具有等值的真实（法定）货币，可以来回兑换真实货币（比特币就是可兑换货币的一个例子）。另一方面，不可兑换的数字货币不能兑换成法定货币，并且只能被适用于特定的虚拟领域或世界，例如大型多人在线角色扮演游戏，例如魔兽世界黄金是不可兑换的数字货币。[3]

---

〔1〕 See FATF, " Virtual Currencies—Key Definitions and Potential AML/CFT Risks ", 2014, p. 4. http://www. fatfgafi. org/topics/methodsandtrends/documents/virtual－currency－definitions－amlcft－risk. html; see also Attorney-General's Department, Submission 42, p. 6. （last visited 2 Oct 2021）.

〔2〕 See " Digital currency—game changer or bit player ", Commonwealth of Australia 2015, ISBN 978－1－76010－262－3, 4 August 2015, at: https://www. aph. gov. au/Parliamentary_ Business/Committees/Senate/Economics/Digital_ currency/Report （last visited 12 Jun t 2021）.

〔3〕 See FATF, " Virtual Currencies—Key Definitions and Potential AML/CFT Risks ", 2014, p. 4. http://www. fatfgafi. org/topics/methodsandtrends/documents/virtual－currency－definitions－amlcft－risk. html, see also Attorney-General's Department, Submission 42, p. 6. （last visited 12 Jun t 2021）.

数字货币可进一步分为中心化和非中心化两大类。所有不可兑换的数字货币都是集中的，因为它们由一个单一的管理机构发行。可兑换的数字货币可以是中心化的，也可以是去中心化的。去中心化数字货币，也称为加密货币，是分布式、开源、基于数学的点对点货币，没有中央管理权限，也没有中央监控或监督。加密货币的例子包括：比特币、莱特币和瑞波币。

Table 1: Bitcoin Intermediaries	
Intermediary Service	**Description**
Bitcoin wallets	Store users' bitcoin address(es) to which their bitcoins are tied and generate messages to transfer bitcoins from one address to another. A user may also choose to store their private keys needed to access their bitcoin addresses in a wallet.
Exchanges and trading platforms	Provide a market for the exchange of bitcoins for national currencies (or other digital currencies); these intermediaries are the main entry and exit points for the Bitcoin system. Exchanges operate order books, matching buyers and sellers of bitcoins and the price (in national currencies or other digital currencies) at which they are willing to trade.
Payments processing for merchants	Provide guaranteed-rate-conversion facilities. Some also offer point-of-sale infrastructure and applications that allow merchants to accept payments in bitcoin.
Intermediation for consumers	Act as an intermediary between users and Bitcoin exchanges or trading platforms, buying and/or selling bitcoins on behalf of the user. Some also provide an interface to facilitate retail payments and/or retain users' private keys.
Bitcoin ATMs	Operate ATMs that allow users to buy bitcoins using cash or sell their bitcoins for cash.

图 7：比特币中介

三、德国数字代币"功能性"认定

德国联邦金融监管局（Bundesanstalt für Finanzdienstleistungsaufsicht，BaFin）将虚拟货币/加密货币作为记账单位和金融工具[1]，德国联邦银行表示，比特币不能成为虚拟货币。根据德国央行支付领域专家德克施拉德的说法，比特币既不是虚拟货币，也不是数字货币，因为它不具备货币的典型功能，也不是国家货币体系的一部分。德国央行建议使用术语"加密代币"，并将代币分类如下：

（1）加密货币代币，主要设计为一种支付手段或价值保留手段，应用去中心化的虚拟货币与实践或市场进行交易（以比特币为例）；

（2）证券代币，具有其持有人获取未来收益、权益可能对人的特定控制

---

[1] Gesetz über das Kreditwesen [KWG] [Banking Act], Sept. 9, 1998, Bundesgesetzblatt [BGBl.] [Federal Law Gazette] I at 2776, § 1, para. 11, sentence 1, no. 7, http://www.gesetze-im-internet.de/kredwg/KWG.pdf.

权（例如，对某些商业决策、项目投资的投票权）的访问权，因此其具有特定证券通常的权利；

（3）实用型代币，持有者没有获得付款的权利，但可以访问可能已经存在或将在未来开发的某些产品或服务，例如，虚拟账本技术（DLT）。但是，只要代币可以在二级市场上交易，持有者也可以从销售实用代币中获利。

对这三类代币的监管制度简述如下：

（1）加密货币代币受银行法监管（但不被视为证券），相关服务可能需要在德国获得许可；

（2）证券代币现在也受银行法监管，它们通常被视为证券，这意味着可能适用各种资本市场和投资法律（有招股说明书要求）；

（3）对实用型代币的监管处理不明确，有充分的论据表明，这类代币与服务相关（而非与投资相关）的特征证明不适用资本市场法，因为典型的投资者信息不对称导致反洗钱 AML 规则无法适用。

安排代币购买、以商业方式出售或购买代币，或通过在线交易平台开展代币主要经纪服务的企业和个人，通常需要事先获得 BaFin 的授权。[1]2018 年 2 月，德国 BaFin 发布了有关 ICO 及其所基于的代币、硬币和加密货币的监管评估信息。[2]它指出，参与 ICO 的公司需要逐案评估 ICO 是否有资格作为金融工具（可转让证券、集体投资企业中的单位或投资）或证券，根据评估来遵守相关金融法规。同样在 2018 年 2 月，德国联邦财政部发布了关于比特币和其他虚拟货币增值税（VAT）处理的指南。它确定将传统货币兑换为比特币或其他虚拟货币的交易构成了其他服务税，但免征增值税。它表示，仅用作支付手段的比特币或其他虚拟货币与传统支付手段相同。因此，将比特币或其他虚拟货币仅作为支付手段使用时是不征税的。

---

〔1〕　European Central Bank，"Virtaal currency Schemes——a fayther analysis"，https://www.ecb.europa. eu/pub/pdf/other/virtualcurrencyschemesen. pdf，（last visited 12 Jun t 2021）.

〔2〕　BaFin，Hinweisschreiben（WA）. Aufsichtsrechtliche Einordnung von sog. Initial Coin Offerings（ICOs）zugrunde liegenden Token bzw. Kryptowährungen als Finanzinstrumente im Bereich der Wertpapieraufsicht［Information Letter（WA）. Regulatory Qualification of Tokens or Cryptocurrencies on Which So-Called Initial Coin Offerings（ICOs）are Based as Financial Instruments for Purposes of Securities Regulation］，reference no. WA 11 - QB4100 - 2017/0010，https://www. bafin. de/SharedDocs/Downloads/DE/Merkblatt/WA/dl _ hinweisschreiben_ einordnung_ ICOs. pdf?（last visited 12 Jun 2021）.

四、欧盟数字货币"合法性"认定

欧盟承认加密货币的合法性，但以欧元支持的其他成员国在引入自己的加密货币时可能会受到限制。加密货币交换法规取决于各个成员国。加密货币税收也各不相同，但许多成员国对加密货币衍生的利润征收资本利得税，税率为0%～50%。2015年，欧盟法院裁定，传统货币兑换加密货币或虚拟货币（反之亦然）构成服务供应，但应免征增值税。2020年1月，欧盟第五反洗钱指令（5AMLD）生效。5AMLD将加密货币-法定货币交易所纳入欧盟反洗钱立法范围，要求交易所对客户执行KYC/CDD并满足标准报告要求。2020年12月，6AMLD生效。该指令通过将网络犯罪添加到洗钱上游犯罪列表中，使加密货币合规性更加严格。

加密货币和加密资产在欧盟被归类为合格的金融工具（QFII）。欧盟法律不禁止银行、信贷或投资公司持有、获得，或提供加密资产和加密货币服务。交易QFi的交易所在区域层面受到监管，公司可以简单地依靠其现有的QFII许可证来提供与加密货币相关的产品和服务。但是，公司必须遵守广泛的欧盟立法和规则，包括AML/CFT、CRD/CRR、EMD2、MiFID II、PSD2、补偿、保证金、存款和制裁义务。在某些欧盟成员国中，交易所有各自监管机构的注册要求，例如德国金融监管局（BaFin）、法国的金融市场管理局 Autorité des Marchés Financiers（AMF）或意大利财政部。然后，这些监管机构授予的授权和许可可以"通行证"交换，使它们能够在整个集团的单一制度下运作。继5AMLD之后，6AMLD也对加密货币交易产生影响。该指令将洗钱犯罪的责任扩大到法人和个人，这意味着，未来，加密资产、货币、钱包和交易所公司的领导员工必须对其内部反洗钱控制进行更大程度的监督。

五、英国数字货币"资产型"认定

英国加密货币法规允许用户买卖加密货币——但由于英国金融监管机构金融行为监管局（FCA）最近的监管举措，加密货币衍生品的交易被禁止。关于英国VASP（虚拟资产服务提供商）的法规要求，其在英国运营时，除已经申请了电子货币许可证否则加密货币交易所需要在金融行为监管局注册，英国的VASP还必须遵守一些合规规则。其中包括有关KYC（了解您的客户）、AML（反洗钱）和 CFT（打击资助恐怖主义）的法规。目前，如果获得 FCA 许可和监管，英国的比特币 ATM 是合法的。目前，英国国内有超过250 台比特币 ATM 机可以购买加密货币，这是欧洲国家比特币 ATM 机最多的国家。

1. 英国监管机构对加密资产的定义

在英国，"加密资产"一词在 2017 年《洗钱、恐怖主义融资和资金转移（付款人信息）条例》（MLR）中被定义为"使用某种形式的加密安全数字表示的价值或合同权利分布式账本技术（DLT），可以以电子方式传输、存储或交易。"同样，其他英国监管规则和指南通常使用术语加密资产（而不是虚拟货币）。目前，一些类型的虚拟货币在英国受到监管。英国金融行为监管局（FCA）在其加密资产指南 2 中确定了三大类虚拟货币，具有以下特点：

（1）证券代币：具有证券特征的虚拟货币，意味着它们提供类似于集体投资计划中的股票、债券或单位等传统工具的权利和义务，因此它们属于英国监管范围内的金融服务并受监管于 2000 年市场法（FSMA）。

（2）电子货币代币：符合 2011 年电子货币条例（EMR）中电子货币或电子货币定义的虚拟货币。同样，它们作为 FSMA 下的指定投资属于英国监管范围。

（3）不受监管的代币：既不是证券代币也不是电子货币代币的虚拟货币。它们不是 FSMA 下的特定投资，因此不属于英国监管范围（与反洗钱相关的要求除外；参见 FSMA 第 IV 部分）。它们包括不由任何中央机构发行或支持的虚拟货币，旨在和设计直接用作交换手段，FCA 将其称为交换代币，通常称为加密货币。不受监管的代币还包括"实用代币"，它授予持有人访问当前或预期服务或产品的权限，但具有类似于证券的功能。实用代币可能与基于奖励的众筹相同或相似。

英国加密资产工作组在其 2018 年 10 月发布的最终报告[1]（"工作组报告"）中阐述了当前英国与加密货币相关的政策思考。工作组报告将加密货

---

[1] See "Cryptoassets: Final Report（26 October 2018）", https://assets.publishing.service.gov.uk/government/uploads/system/uploads/attachment_data/file/752070/cryptoassets_taskforce_final_report_final_web.pdf,（last visited 12 Jun 2021）.

币确定为更广泛类别——"加密资产"的子集，并将加密资产分为：

（1）证券型代币——相当于《金融服务和市场法》（2000年）中规定的"特定投资"。这些可能提供诸如所有权、特定金额的偿还或分享未来利润的权利等。它们也可能是欧盟金融工具市场指令Ⅱ下的可转让证券或金融工具。

（2）交换代币——通常被称为"加密货币"，例如比特币、莱特币和等价物。它们利用分布式账本技术平台，不受中央银行或其他中央机构的发行或支持。它们不提供证券或实用代币提供的权利或访问类型，而是用作交换或投资的手段。

由于英国没有全面禁止加密货币，也没有专门针对加密资产的金融监管制度。因此，现存的加密货币在英国是否受金融监管取决于它是否覆盖在《2000年金融服务和市场法案》（"FSMA"）中规定的一般金融监管的范围，或者是否违反货币传输法和反洗钱要求、反洗钱制度或《2017年支付服务条例》（"PSRs"）和《2011年电子货币条例》（"EMRs"），这都是在英国监管加密货币的现有法律依据。

2. 加密货币的支付

汇款是一种受监管的支付服务，在汇款过程中插入加密货币并不意味着这种服务不再是受监管的支付服务；相反，它将继续被视为受监管的支付服务。在英国提供支付服务受《2017年支付服务条例》（PSRs）的监管。未经适当授权或注册而提供支付服务属于刑事犯罪。[1]英国与货币传输相关的主要法律是PSRs和EMRs。PSRs和EMRs共同建立了适用于在英国执行支付服务（包括例如汇款和发行电子货币）的人员的监管框架，其中包括授权、组织、监管资本、保护和业务要求。该框架是否适用，取决于服务是否涉及支付或电子货币，分别由PSRs和EMRs定义。PSRs定义的支付服务必然涉及资金。但在PSRs定义的支付服务中加密货币不被视为资金。因此，仅涉及加密货币的产品和服务（例如加密到加密交换）通常不会涉及支付服务。这方面的重要例外是与FCA指南所称的"电子货币代币"相关的产品或服务。例如，以某种方式构建的稳定币意味着它构成了电子货币——发行或提供与这

---

〔1〕 See "2017 No. 75 2 Financal Services and Markets——the payment sevices regnlations 2017", https：//www. legislation. gov. uk/uksi/2017/752/pdfs/uksi_ 20170752_ en. pdf，（last visited 12 Jun 2021）.

种稳定币相关的钱包服务可能会触发 PSR 和 EMR 的应用。

相反，在涉及法定货币的地方（例如，在法定货币到加密货币的交易中）将有资金，因此需要进行进一步分析以确定是否提供支付服务，如果提供，则精确应用 PSR 和 EMR 建立的监管制度。例如，加密货币可能被用作汇款中的中间货币，将法定货币转换为数字货币，然后再转换回不同的法定货币以传输给接收者（如：英镑转换为比特币到美国美元交易）。

第二节　各国对数字货币交易的法律规制

一、美国"证券型"加密货币规制及税收要求

SEC 通常对构成证券的任何代币或其他数字资产的发行或转售拥有监管权。根据美国法律，证券包括投资合同，美国最高法院将其定义为对普通企业的资金投资，并合理预期从他人的创业或管理努力中获得利润。[1] 在确定代币或其他数字资产是否为"投资合同"时，美国证券交易委员会和法院都着眼于交易的实质，而不是其形式。1943 年美国最高法院裁定证券法案的适用范围并不止于显而易见和平常的事情。新奇的、不常见的或不规则的手段，无论它们看起来是什么，如果事实证明它们是根据在商业中确立其特征的交易条款或过程而广泛提供或交易的，也可以达到"投资合同，或作为通常称为'证券'的任何利益或工具"[2]。也有人说，"国会颁布证券法的目的是规范投资，无论投资以何种形式进行，以何种名称命名。"[3]SEC 已明确其立场，即使在 ICO 中发行的代币具有"效用"，但如果该代币符合要素，仍将被视为受《证券法》监管并要进行证券 Howey 测试。如果数字资产被确定为证券，则发行人必须向 SEC 注册该证券或根据注册要求的豁免提供该证券对于在联邦证券登记豁免下进行的发行，美国证券交易委员会对向"合格投资者"出售证券的限制较少，仅当个人投资者：

"（1）是发行证券的公司的董事或执行官，（2）个人净资产（或与配偶

---

〔1〕　See *SEC v. W. J. Howey Co.*, 328 U. S. 293, 301（1946）.

〔2〕　SEC v. C. M. Joiner Leasing Corp., 320 U. S. 344, p. 351（1943）.

〔3〕　Reves v. Ernst & Young, 494 U. S. 56, p. 61（1990）.

的共同净资产）超过 1 美元时，个人投资者才是"合格投资者"百万，不包括投资者主要居所的价值，（3）最近两年的个人收入超过 200 000 美元，并且有合理的预期在当年达到相同的个人收入水平，（4）最近两年每年的共同收入超过 300 000 美元，并且有合理预期在当年达到相同的共同收入水平。"[1]

SEC 诉 Telegram 案件中可以明确地看出美国政府如何将 ICO 归为证券。2019 年 10 月，美国证券交易委员会对 Telegram 提起诉讼，指控该公司通过出售 29 亿 GRAMS（该公司的原生加密货币）为其业务融资，筹集了 17 亿美元。GRAMS 将允许消息服务的客户使用代币作为 Telegram 生态系统内商品和服务的支付手段。SEC 试图禁止 Telegram 交付其出售的 GRAMS，根据 Howey 测试，监管机构称其为证券且未正确注册。2020 年 3 月，美国纽约南区地方法院发布了初步禁令。SEC 辩称，未来代币的简单协议（SAFT）——反映在常用的未来股权简单协议之后——以及随后根据 SAFT 交付的 GRAMS 的转售，不能被视为两个独立的阶段，而应被整体视为发行证券的单一综合计划产生利润。最终，Telegram 放弃了发行 GRAMS 代币的计划，并同意向投资者偿还 12 亿美元并支付 1850 万美元的民事罚款。SEC 的立场可能使代币发行人更难在筹资活动和旨在提供某种效用而非投资的代币的善意销售之间进行区分。

除了联邦证券法之外，大多数州都有自己的法律，称为"蓝天法"，它们并不总是被联邦法律所取代。任何出售可能构成证券的数字资产的人都应该向律师咨询蓝天法的适用性。特别重要的是，根据联邦法律，某些注册豁免并不优先于州蓝天法的适用。构成证券的代币的另外两个含义是（1）要求某人是获得 SEC 许可的经纪交易商和金融业监管局（FINRA）的成员，以促进证券的销售或充当做市商或以其他方式构成资产的交易商，并且（2）资产只能在持牌证券交易所或另类交易系统（ATS）获得美国证券交易委员会的批准。然而，迄今为止，只有少数证券代币在这些 ATS 平台上积极交易。这可能是由于在围绕证券转让和寻求在没有中介的情况下运作的点对点网络的概

---

[1] 17 CFR Parts 230 and 240［Release Nos. 33-10824；34-89669；File No. 57-25-19］RIN 3235 -AM19，Accredited Investo Definition https：//www. sec. gov/rules/final/2020/33-10824. pdf，，（last visited 12 Jun 2021）.

念来协调传统证券法方面存在困难。

2014 年 3 月，美国国税局宣布"虚拟货币"，例如比特币和其他加密货币，将被美国国税局作为"财产"而非货币征税[1]。因此，每个拥有加密货币的个人或企业通常需要（1）保留加密货币购买和销售的详细记录，（2）对出售加密货币以换取现金可能获得的任何收益纳税，（3）对使用加密货币购买商品或服务可能获得的任何收益纳税，以及（4）对任何开采的加密货币的公平市场价值纳税，截至收到之日。对于提交联邦所得税申报表的个人，出售作为"资本资产"（即用于投资目的）的虚拟货币的收益或损失在（1）IRS 1040 表格的附表 D 中报告，并且（2）IRS 8949 表格（资本资产的销售和其他处置）表明。个人作为资本资产持有超过一年的虚拟货币的任何已实现的收益，均需缴纳资本利得税。个人作为资本资产持有一年或更短时间的虚拟货币的任何已实现收益均需缴纳普通所得税。

美国国税局要求，在 IRS 8949 表格上，对于每笔虚拟货币交易，披露以下信息：（1）对出售的虚拟货币的数量和类型的描述；（2）获取日期；（3）虚拟货币被出售的日期；（4）出售所得款项；（5）成本（或其他基础）；（6）收益或损失的金额。应该注意的是，对于那些全年使用加密货币进行大量小额商品或服务购买的人来说，IRS 8949 表格的记录保存要求可能特别繁重。对于在 2018 年 1 月 1 日或之后完成的交易，美国《国内税收法》现在禁止将第1031（a）条用于加密货币交易，并要求纳税人在将任何加密货币转换为另一种加密货币时确认应税收益或损失。PL 115-97（于 2017 年 12 月 22 日签署成为法律的税法）第 13303 条将第 1031（a）条更改为：贸易或业务或投资，如果此类不动产仅用于交换同类不动产，该不动产将在贸易或业务中用于生产用途或用于投资。"对于在 2017 年 12 月 31 日或之前完成的交易，美国国税局没有发布任何关于不同加密货币是否属于符合第1031（a）条规定的收益不确认条件的"同类财产"的指南。一般来说，不同加密货币之间的交换通常是通过（1）一种加密货币同时交换另一种加密货币，或（2）递延交换，其中一种加密货币以现金出售，然后以现金购买不同的加密货币。对于在2017 年 12 月 31 日或之前完成的交易，国内税收法第 1031（a）（1）条规定如下：商业或投资，如果此类财产仅用于交换同类财产，该财产将在贸易或

---

〔1〕　请参阅 IRS 通知 2014-21，虚拟货币指南（2014 年 3 月 25 日）。

业务中用于生产用途或用于投资"。在 26 CFR 1.1031（a）-2（b）中，'同类'的定义如下："在第 1031（a）节中，'同类'一词指的是财产的性质或特征，而不是指财产的等级或质量。根据该条款，一种或一类财产不得交换为另一种或一类财产。"应当指出的是，美国国税局可能会使用其先前对金条的收入裁决作为立场的基础，即对于在 2017 年 12 月 31 日或之前完成的交易，不同的加密货币不是第 1031 条规定的"同类财产"。

二、澳大利亚比特币类"资产性"税务处理

澳大利亚税务局 ATO 最初于 2014 年发布了关于"澳大利亚加密货币——特别是比特币"[1]税收待遇的指南，并称比特币加密货币不是货币。

"ATO 的观点是，比特币既不是货币也不是外币，而比特币的供应不是用于商品和服务税（GST）目的的金融供应。然而，比特币是一种用于资本利得税（CGT）目的的资产。"[2]

GST 是 10% 的税率，ATO 的这项裁决对在业务过程中使用加密货币产生了许多影响。首先，当接收比特币以支付商品和服务时，"企业可能会对该比特币收取 GST。"[3]此外，企业在使用比特币支付商品和服务时会产生纳税义务。正如 2014 年的裁决所述，"在企业发展过程中提供的比特币应支付 GST"，并将为提供的任何加密货币兑换服务支付 GST。期望所有企业在适当的情况下纳税并非不合理，但加密货币服务提供商的问题是 2014 年的裁决导致他们被征税两次。至此自 2017 年 7 月 1 日起，ATO 改变了其在加密货币和 GST 方面的立场。加密货币的销售和购买无需缴纳 GST。这消除了双重征税问题，

---

〔1〕 Australian Tax office, "cryptocunency under the microscope this tax time", 27 May 2021, https://www.ato.gov.au/media-ceatre/cryprocurrency-under-the-microscope-twis-tax-time.（last visited 12 Jun t 2021）

〔2〕 Australian Tax Office, "Tax Treatment of Crypto-Currencies in Australia-Specifically Bitcoin" <https://www.ato.gov.au/General/Gen/Tax-treatment-of-crypto-currencies-in-Australia---specifically- bitcoin/> （last visited 12 Jun t 2021）

〔3〕 Australian Tax Office, "Tax Treatment of Crypto-Currencies in Australia-Specifically Bitcoin" <https://www.ato.gov.au/General/Gen/Tax-treatment-of-crypto-currencies-in-Australia---specifically- bitcoin/> accessed 17 June 2019.（last visited 12 Jun t 2021）.

并显示了澳大利亚政府的适应性做法。比特币的税收待遇及其收到的负面反馈是促使澳大利亚立法改革的一个因素。

在澳大利亚委员会报告发布时，澳大利亚税务局（ATO）的几项公开裁决已于 2014 年 12 月完成。这些裁决表明，使用数字货币进行交易类似于易货安排。并在报告的第 II（A）部分进一步讨论的裁决涵盖了此类交易的各种潜在税收影响，包括资本利得税、商品和服务税（GST）、所得税和附加福利税[1]。委员会报告的第 4 章详细考虑了数字货币的税收待遇，委员会得出的结论是"澳大利亚数字货币企业最急迫的问题是目前对数字货币的消费税待遇。"[2]委员会建议，就商品及服务税而言，将数字货币视为货币，以避免双重征税效应。[3]它还注意到提交者对其他税收问题的各种担忧，并建议进一步审查数字货币的适当税收待遇，特别是在所得税和附加福利税方面。[4]ATO 在 2014 年 12 月敲定了与税法适用于比特币和其他加密货币有关的各种裁决。[5]

---

〔1〕 See Senate Economic References Committee, supra note 1, at 5-7. https：//www. aph. gov. au/Parliamentary_ Business/Committees/Senate/Economics,（last visited 12 Jun t 2021）.

〔2〕 See Senate Economic References Committee, supra note 1, at 31. https：//www. aph. gov. au/Parliamentary_ Business/Committees/Senate/Economics,（last visited 12 Jun t 2021）.

〔3〕 See Senate Economic References Committee, supra note 1, at 34.

〔4〕 See Senate Economic References Committee, supra note 1, at 35.

〔5〕 ATO, "Income Tax：Is Bitcoin a 'Foreign Currency' for the Purposes of Division 775 of the Income Tax Assessment Act 1997（ITAA 1997）?（TD 2014/25）", https：//www. ato. gov. au/law/view/document? src = hs&pit = 999 91231235958&arc = false&start = 1&pageSize = 10&total = 7&num = 3&docid = TXD/TD201425/NAT/ATO/00001&dc = false&tm = and-basic-TD 2014/25（last visited Mar. 1, 2020）, archived at https：//perma. cc/DS47-Y2JW; ATO, "Income Tax：Is Bitcoin a 'CGT Asset' for the Purposes of Subsection 108-5（1）of the Income Tax Assessment Act 1997（TD 2014/26）", https：//www. ato. gov. au/law/view/document? src = hs&pit = 99991231235958&arc = false&start = 1&pageSize = 10&total = 7&num = 2&docid = TXD/TD201426/NAT/ATO/00001&dc = false&tm = phrase-basic-TD 2014/26（last visited Mar. 1, 2020）, archived at https：//perma. cc/B9QN-N4FM; ATO, "Income Tax：Is Bitcoin Trading Stock for the Purposes of Subsection 70-10（1）of the Income Tax Assessment Act 1997（ITAA 1997）（TD2014/27）", https：//www. ato. gov. au/General/Gen/Tax-treatment-of-crypto-currencies-in-Australia---specifically-bitcoin/（last visited Mar. 1, 2020）, archived at https：//perma. cc/BS2E-UZKW; ATO, "Fringe Benefits Tax：Is the Provision of Bitcoin by an Employer to an Employee in Respect of their Employment a Property Fringe Benefit for the Purposes of Subsection 136（1）of the Fringe Benefits Tax Assessment Act 1986?（TD2014/28）", https：//www. ato. gov. au/law/view/document? src = mm&pit = 99991231235958&arc = false&start = 1&pageSize = 10&total = 7&num = 0&docid = TXD/TD201428/NAT/ATO/00001&dc = true&tm = and-basic-TD 2014/25（last visited Mar. 1, 2021）, archived at https：//perma. cc/Y5FS-VYL3.

随后发布了一份关于虚拟货币税收处理的一般指导文件。[1]根据裁决和指南，使用加密货币进行交易"类似于易货安排，具有类似的税收后果。"[2]这是因为，在 ATO 看来，此类货币"既不是货币也不是外币"。[3]建议从事加密货币交易的个人记录交易日期、澳元金额（"可从信誉良好的在线交易所获取"）、交易目的以及对方是谁（"即使这只是他们的比特币地址"）[4]。

此外，出于资本利得税的目的，加密货币可能被视为资产，指南指出："ATO 对数字产品的裁决的税收影响如下：

资本利得税（CGT）——将数字货币用于投资或商业目的的人在处置数字货币时可能需要缴纳资本利得税，就像处置股票或类似的 CGT 资产一样；个人使用数字货币（例如使用数字货币购买物品、购买咖啡）并且比特币的成本低于 10 000 澳元的个人将没有 CGT 义务。

商品及服务税（GST）——个人在购买数字货币时将被征收商品及服务税，就像任何其他财产一样。企业在提供数字货币时将收取 GST，在购买数字货币时将收取 GST。

所得税——提供交易服务、买卖数字货币或开采比特币的企业将就利润缴纳所得税。以比特币支付的企业将包括以澳大利亚货币计值的应纳税业务收入金额。那些为了盈利而交易数字货币的人，也将被要求将利润作为其应税收入的一部分。

---

〔1〕 Australian Taxation Office, "Tax Treatment of Crypto-Currencies in Australia-Specifically Bitcoin", (ATO), https://www.ato.gov.au/General/Gen/Tax-treatment-of-crypto-currencies-in-Australia---specifically-bitcoin/ (last updated Dec. 21, 2017), archived at https://perma.cc/UFZ7-QSUG. (last visited 20 Jun 2021).

〔2〕 Australian Taxation Office, "Tax Treatment of Crypto-Currencies in Australia-Specifically Bitcoin", (ATO), https://www.ato.gov.au/General/Gen/Tax-treatment-of-crypto-currencies-in-Australia---specifically-bitcoin/ (last updated Dec. 21, 2017), archived at https://perma.cc/UFZ7-QSUG. (last visited 20 Jun 2021).

〔3〕 Australian Taxation Office, "Tax Treatment of Crypto-Currencies in Australia-Specifically Bitcoin", (ATO), https://www.ato.gov.au/General/Gen/Tax-treatment-of-crypto-currencies-in-Australia---specifically-bitcoin/ (last updated Dec. 21, 2017), archived at https://perma.cc/UFZ7-QSUG. (last visited 20 Jun 2021).

〔4〕 Australian Taxation Office, "Tax Treatment of Crypto-Currencies in Australia-Specifically Bitcoin", (ATO), https://www.ato.gov.au/General/Gen/Tax-treatment-of-crypto-currencies-in-Australia---specifically-bitcoin/ (last updated Dec. 21, 2017), archived at https://perma.cc/UFZ7-QSUG. (last visited 20 Jun 2021).

附加福利税（FBT）——以数字货币支付的薪酬将受到 FBT 的约束，如果员工有有效的工资福利安排，否则将适用通常的工资和工资现收现付规则[1]。

ATO 还发布了关于在涉及数字货币的交易中应用 GST 的单独指南[2]。2017 年 12 月，在对适用于 2017 年 7 月 1 日之后交易的《1999 年新税制（商品和服务税）法》及相关法规的修正案通过后，先前关于商品及服务税的裁决已被撤销。[3]根据数字货币的修改、销售和购买不受商品及服务税的约束。如果一个人从事与数字货币有关的业务，或接受数字货币作为业务的一部分，那么就会产生 GST 后果。[4]根据参议院委员会的建议，这些变化旨在消除商品及服务税制度下数字货币的"双重征税"。[5]根据 2018 年 1 月的新闻报道，ATO 正在咨询税务专家，"以帮助其识别和跟踪加密货币交易并确保所有税款都已缴纳。"[6]

三、德国数字代币一般税法应用

由于没有特定的虚拟货币的相关法规，因此在德国，一般的税法适用于虚拟货币。增值税（VAT），按照欧洲法院司法部的 Hedqvist 判决[7]和德国

---

[1] See Australian Taxation Office, Submission 8, pp. 3–4.

[2] See ATO, "GST and Digital Currency", https://www. ato. gov. au/business/gst/in−detail/your−industry/financial−services−and−insurance/gst−and−digital−currency/ (last updated Dec. 8, 2017）, (last visited 20 Jun 2021）.

[3] "Goods and Service Tax Ruling: GsTR2014/2, Goods and sewice fax: treatment to ATM services fees, credit card surcharges and debit card surcharges", https://www. ato. gov. au/law/view/document? DocID= \ GST/GSTR20143/NAT/ATO/00001 (last visited Mar. 1, 2018）, archived at https://perma. cc/6YAU−SYF3; Treasury Laws Amendment (2017 Measures No. 6) Act 2017 (Cth), https://www. legisla-tion. gov. au/Details/ C2017A001180 (last visited 20 Jun 2021.

[4] See "GST and Digital Currency", supra note 61. https://perma. cc/UFZ7−QSUG. (last visited 20 Jun 2021）.

[5] ATO, "GST−Removing the Double Taxation of Digital Currency", https://www. treasury. gov. au/consul-tation/c2017−t197980. (last visited 20 Jun 2021）

[6] Duncan Hughes, ATO Creates Specialist Task Force to Tackle Cryptocurrency Tax Evasion, Financial Review (Jan. 10, 2018) http://www. afr. com/news/policy/tax/ato−creates−specialist−task−force−to−tackle−cryptocurrency−tax−evasion−20180109−h0fyaz, (last visited 20 Jun 2021）.

[7] European Court of Justice, judgment of 22 October, C−264/14−Hedqvist, Paragraph 53; Article 135 Paragraph 1 lit. e Directive 2006/112/EC.

联邦金融教育部的指导，[1]加密货币代币不能以令牌转换为法定货币（反之亦然）。财政部也进一步表示矿工收到的交易费（或加密货币代币）也是如此。提供数字钱包[2]或加密货币代币交易所的服务费用（除非以自己的名义交易加密货币代币）可能会触发增值税。仅使用加密货币代币作为支付手段（而不是法定货币）通常不会影响税法下的交易资格，[3]但可能需要记录汇率。对于实用型代币和证券型代币，一些作者认为，证券型代币的发行不会引发增值税，但实用型代币的发行和销售可能需要缴纳增值税。

关于利润税，虚拟货币按照一般原则征税：虚拟货币是无形资产，利润（例如，作为收购价格和处置价格之间的差额，或者对于 ICO 的账面价值和发行价格之间，扣除平台运营成本等损失和费用后），原则上可以作为个人所得征税。特别是，如果发行实用型代币以换取加密货币代币，则 ICO 中实用型代币的发行人可能会对会计利润征税。根据联邦财政部的声明，偶尔开采虚拟货币的利润也可能作为收入征税。[4]

税收制度的规定取决于交易是在私人还是商业环境中进行，以及由谁进行。在私人情况下，当个人虚拟货币持有时间少于一年，个人收入税将针对实现利润（例如虚拟货币价值收益）的个人征收，如果虚拟货币是作为商业活动创建或购买的，则销售或交换的收入可能会作为商业收入征税。[5]如果由商业行为的个人或合伙公司完成，税收将作为股东层面的私人所得税累积；如果由（公共和私人）有限责任公司完成，税收将在公司层面产生。

四、英国加密货币"现有"税收制度应用

目前，英国没有制定关于加密货币的税收制度，现有的税收原则和规则

---

〔1〕 German Federal Ministry of Finance, letter of 27 February 2018, III C 3-S 7160-b/13/10001; Parliamentary State Secretary at the German Federal Ministry of Finance, 5 January 2018, BT-Drucks. 19/370, page: 21.

〔2〕 German Federal Ministry of Finance, letter of 27 February 2018, III C 3-S 7160-b/13/10001, page: 3.

〔3〕 German Federal Ministry of Finance, letter of 27 February 2018, III C 3-S 7160-b/13/10001, p. age: 3; Section 4 No. 8 b) UStG.

〔4〕 Section 22 No. 3 EStG; Parliamentary State Secretary at the German Federal Ministry of Finance, 5 January 2018, BT-Drucks. 19/370, page: 21.

〔5〕 Section 15 EStG; Parliamentary State Secretary at the German Federal Ministry of Finance, 5 January 2018, BT-Drucks. 19/370, page: 21.

普遍适用，尽管有些地方的适用性有待商榷。英国税务机关 HM Revenue and Customs（HMRC）认为加密资产是价值或合同权利的加密数字表示，可以通过电子方式转移、存储和交易（即工作组采用的定义）。根据工作组报告，HMRC 确定了三种类型的加密资产——交换代币、实用代币和证券代币。但是，HMRC 将查看每个案件的事实，并根据实际情况适用相关税收规定。加密资产的分类不一定决定其税收待遇，相关加密资产的性质和用途才是税收的依据。尽管英国对加密资产（包括加密货币）的征税没有明确的政策，但 HMRC 发布了两篇政策文件，其中一篇与个人加密资产的征税有关，于 2018 年 12 月发布（并于 2019 年 12 月更新），以及 2019 年 12 月发布的与企业加密资产税收相关的其他内容，但其内容对于英国税务机关没有约束力，政策文件侧重于对交易所代币征税。对于证券型代币和实用型代币，指南可能会提供起始原则，但可能需要采用不同的税收处理方式，并可能在适当的时候发布进一步的 HMRC 指南。

（一）居民个人使用交易加密货币税收规定

关于加密资产，个人税收[1]阐述了 HMRC 关于如何对持有交易所代币的个人征税的观点。其中包括：资本利得税（CGT）和所得税（IT）可能适用于加密货币交易，具体视情况而定。HMRC 澄清说，它不将加密货币视为货币或金钱，也不认为买卖加密货币与赌博相同（很大程度上排除了加密货币可以免税的论点），加密资产将是遗产税的财产。在大多数情况下，HMRC 认为个人买卖加密货币将构成个人投资活动，这意味着个人通常必须为他们在处置加密货币后实现的任何收益支付 CGT（这不仅包括以法定货币出售，也包括以加密货币支付商品和服务，或将它们赠送给另一个人并用它们交换另一种加密资产）。

但是，如果个人从事加密货币交易（根据现有的方法来确定个人是否出于税收目的从事证券和其他金融工具的交易），IT 将优先于 CGT。个人将有责任以他们从雇主处收到的加密货币支付 IT 和国民保险费。如果加密货币被视为可随时转换的资产（RCA），则 IT 负债将需要通过现收现付（PAYE），雇主的国民保险费也将到期。非 RCA 的加密货币仍需缴纳 IT 和国民保险费，但雇主不必经营 PAYE。个人必须就以加密资产形式收到的任何数量的就业收入申报并向 HMRC 支付 IT 应付款项。雇主应将非 RCA 的加密资产的支付视为

---

[1] HMRC, Cryptoassets for individuals (19 May 2021), https://www.gov.uk/hmrc-internal-manuals/cryptoassets-manual, (last visited 20 Jun 2021).

国民保险缴款目的的实物支付，并向 HMRC 支付任何 1A 类国民保险缴款。从广义上讲，如果存在或可能存在交易安排，则加密货币将成为 RCA。

如果个人随后处置（在相关交易过程中除外）由于采矿活动或空投而从其雇主处收到的加密货币，则也可能会向 CGT 收取费用，无论其收据是否应支付 IT 费用。如果一个人是英国居民但在英国没有住所，并要求以汇出税为基础，那么来自英国境外的收入和收益通常只有在汇入英国时才需要征税。HMRC 认为，在个人是英国居民期间，他们作为受益所有人持有的交易所代币将位于英国。因此，如果英国居民个人（无论是英国还是非英国住所）使用其应缴纳英国税款的代币进行交易，则他们将需缴纳英国税款。加密资产交易所可能只保留短期交易记录，或者当个人完成纳税申报表时，交易所可能不再存在。因此，个人有责任为每笔加密资产交易保留单独的记录，这些记录必须包括：加密资产的类型、交易日期、如果加密资产被买卖，单位数量、以英镑计的交易价值、持有的投资单位累计总数、银行对账单和钱包地址，以备查询或审查。

（二）企业关于交易加密货币税收规定

企业税收[1]阐述 HMRC 关于如何对公司和其他企业（包括个体经营者和合伙企业）进行的涉及加密资产交换代币的交易征税的观点。包括：由于 HMRC 不认为任何类型的加密资产是货币，因此任何仅与货币相关的公司税立法不适用于交换代币或其他类型的加密资产（例如，外币规则、Disregard 有关汇兑损益和指定货币选择的规定）。

如果交易代币的买卖或开采构成交易，则交易的收入和费用将构成该企业出于公司税目的的交易利润计算的一部分。例如，如果一家从事交易的公司接受客户的交易代币作为付款，或使用它们向供应商付款，则所提供或收到的代币将需要计入应税贸易利润。同样，在挖矿方面，如果企业购买一组专用计算机来挖掘交换代币，而不是使用多余的家用计算机容量进行挖掘，则挖掘的加密资产可能相当于交易收入，并根据公司税原则征税。如果有关交换代币的活动不是交易活动，并且不以其他方式（例如非交易贷款关系或无形固定资产规则）征收公司税，则该活动可能是资本资产的处置。处置产生的任何收益通常会作为应课税收益计入公司税。出于这些目的的处置不仅包

---

[1] HMRC, Cryptoassets for individuals (19 May 2021), https://www.gov.uk/hmrc-internal-manu-als/cryptoassets-manual, (last visited 20 Jun 2021).

括以法定货币出售代币，还包括使用它们来支付商品和服务，将它们赠送给另一个人并将它们交换为另一种加密资产。如果代币既是会计目的的"无形资产"又是"无形固定资产"，则将交易所代币记为"无形资产"的公司可能会根据无形固定资产的公司税规则征税，这意味着它已被公司创建或收购以供持续使用。仅由公司持有的交换代币，即使在其活动过程中持有，也不符合此定义。如果满足这些条件，无形固定资产的公司税规则（2009 年公司税法第 8 部分）优先于应课税收益规则。如果一家公司因借贷交易而产生货币债务，则该公司具有"贷款关系"。HMRC 不将交换代币视为货币。此外，代币背后通常没有交易对手，因此，代币不构成债务。这意味着交换代币不会创建贷款关系。如果以提供交换代币作为普通贷款（货币）的抵押担保，则存在贷款关系并且适用贷款关系规则（无论公司是债务人还是债权人）。为交换代币而出售的任何增值税商品或服务，应按正常方式缴纳增值税（VAT）。应缴纳增值税的商品或服务的供应价值将是交易发生时交易所代币的英镑价值。

印花税和印花税储备税（SDRT）通常不会对交换代币的转移征税。HMRC 的观点是，现有的交易所代币不太可能满足"股票或有价证券"或"可收费证券"的要求定义。但是，在"股票或有价证券"或"有价证券"的定义范围内，每个交易所代币都需要根据其自身的事实和情况加以考虑。对于作为购买"股票或有价证券"或"可收费证券"的对价的交换代币，SDRT 要求可收费对价是"金钱或金钱的价值"。交换代币构成"金钱的价值"，因此可用于 SDRT。由于 HMRC 不认为此类转让属于土地交易，因此在转让交换代币时无需缴纳印花税土地税。与 SDRT 一样，印花税土地税的可收费对价包括为交易提供的"金钱或金钱价值"的任何东西。因此，如果交换代币被作为土地交易的对价，这些将属于"金钱或金钱的价值"的定义，并应缴纳印花税土地税。

第三节　各国限制数字货币跨境金融犯罪的措施

一、美国加密货币的反洗钱及汇款规定

在确定了加密货币满足"金融交易"一词后，美国起初认为直接适用洗钱罪，无需修改法律。AML 条款对加密货币业务的适用性也并不明确，直到

2013 年的 FinCEN 指南明确指出，交易所和管理员被视为货币服务业务，FinCEN 指南中，指出以下内容将被视为 MSB：（1）虚拟货币交易所；（2）虚拟货币中央存储库的管理员，有权发行和赎回虚拟货币。FinCEN 发布的指导说明如下："（1）接收和传输可兑换虚拟货币或（2）出于任何原因买卖可兑换虚拟货币的管理员或交换者，是 FinCEN 法规下的货币转移者，除非限制该定义的豁免适用于该人。"[1]因此需要遵守 AML 监管。[2]通过将 AML 监管应用于加密货币业务，扩大反洗钱监管以涵盖加密货币业务，并对该问题进行详细的规定。随后，2019 年 FATF 发布的指南，强调将 KYC 协议作为货币服务业务应用于加密货币业务，但这种方法无法解决加密货币的特殊性，并且可能需要收集不同的数据。基于此情形下美国采取多管齐下的方式打击金融犯罪。以分级监管方式对加密货币交易进行全方位的规范，监管机构可分为一级机构和二级机构。[3]一级机构负责制定反洗钱政策和立法，而二级机构负责执行。主要的二级机构是金融情报机构（FIU），这是提交报告的机构，美国 FIU 是 FinCEN。一级机构包括：美国财政部（DoT）。

DoT 是美国的财政部门，负责维护经济、保护美国金融体系的完整性和管理美国政府的资源。[4]DoT 对金融犯罪的追捕涉及维护美国金融体系和打击国家安全威胁，在"2007 年国家洗钱战略"[5]和"2015 年国家洗钱风险评估"中都详细地规定了 DoT 的职责。2007 年战略文件还规定了 DoT 的反洗钱目标，其中包括保护银行系统、提高透明度、阻止大量现金流出美国，并在国内和国际上进行反洗钱活动。许多二级机构都是接受 DoT 的指导，特别是作为 FIU 的 FinCEN，以及恐怖主义和金融情报办公室。司法部（DoJ）负责

---

〔1〕 FIN-2013-G001, FinCEN 法规对管理、交换或使用虚拟货币的人的应用（2013 年 3 月 18 日）https://www. fincen. gov/statutes_ regs/guidance/pdf/FIN-2013-G001. pdf。（last visited 27 Jun 2021）.

〔2〕 FinCEN, "Guidance-FIN-2013-G001-Issued：March 18, 2013-Subject：Application of FinCEN's Regulations to Persons Administering, Exchanging, or Using Virtual Currencies", https：//www. fincen. gov/statutes_ regs/guidance/pdf/FIN-2013-G001. pdf. accessed 06 August 2019。（last visited 27 Jun 2021）.

〔3〕 cf Ryder（n100）at p. 25.

〔4〕 US Department of the Treasury, "Duties & Functions of the U. S. Department of the Treasury", https：//home. treasury. gov/about/general-information/role-of-the-treasury. accessed 20 October 2019。（last visited 27 Jun 2021）.

〔5〕 US Department of Justice, "2007 National Money Laundering Strategy", http://www. treasury. gov/resource-center/terrorist-illicit-finance/Documents/nmls. pdf. accessed 20 October 2019.（last visited 27 Jun 2021）.

对洗钱案件进行调查。国务院（DoS）主要关注打击洗钱方面的国际合作。第二级机构包括：恐怖主义和金融情报办公室（TFI）、金融犯罪执法网络（FinCEN）、证券交易委员会（SEC）。

在系统分化监管机构的管理下，FinCEN 被确定为对加密货币监管的主要机构，主要负责从事"与美国客户的虚拟货币交易或成为美国金融机构的客户"[1]的监管，FinCEN 负责确保此类实体必须遵守 AML 法规。[2]，目前，FinCEN 已将加密货币交易所确定为货币服务业务并负责监管此类交易所，并确保它们进行了正规且全面的 AML 程序。FinCEN 仅监管可兑换虚拟货币，这些货币具有实际货币价值或可作为实际货币的替代品，包括加密货币。

另一个机构是货币服务企业 MSB，作为货币传送者的 MSB 必须对其洗钱风险进行全面评估并实施基于此类风险评估的反洗钱（AML）计划。FinCEN 法规要求 MSB 制定、实施和维护书面计划，该计划旨在合理设计以防止 MSB 被用于促进洗钱和资助恐怖活动。反洗钱计划必须：（1）纳入合理设计的书面政策、程序和内部控制，以确保持续合规；（2）指定一名个人合规官负责确保日常遵守计划和 BSA 要求；（3）为适当的人员提供培训，其中特别包括在检测可疑交易方面的培训；（4）提供独立审查以监控和维持适当的计划。

FinCEN 对加密货币交易业务的第一次执法行动是在 2015 年，当时 Ripple Labs Inc 因违反 BSA1970 要求而被要求支付 700 000 美元。[3]Ripple Labs 被发现充当货币服务业务并在未注册的情况下交易虚拟货币。该案在 FinCEN 对其进行了两年的监管后提出了处罚，除了受到罚款外，Ripple Labs 还同意进行为期三年的可疑活动报告。另一个案件是在 2017 年 7 月 BTC-e 案，这里与 Ripple Labs 的处罚不同，对 BTC-e 处以 110 003 314 美元的罚款，对交易所的运营商 Alexander Vinnik 处以 12 000 000 美元的罚款。对比可以看出，在 BTC-e 案中的罚款

---

〔1〕 United States Government Accountability Office, "Virtual Currencies: Emerging Regulatory, Enforcement, and Consumer Protection Challenges", http://gao. gov/assets/670/663678. pdf. accessed 04 September 2019 at p. 12. （last visited 27 Jun 2021）.

〔2〕 31 CFR § 1010. 810 (a) and United States Government Accountability Office, "Virtual Currencies: Emerging Regulatory, Enforcement, and Consumer Protection Challenges", < http://gao. gov/assets/670/663678. pdf> accessed 04 September 2019 at p. 12. （last visited 27 Jun 2021）.

〔3〕 FinCEN, "FinCEN Fines Ripple Labs Inc. in First Civil Enforcement Action Against a Virtual Currency Exchanger" (Washington, 5 May 2015), https://www. fincen. gov/sites/default/files/enforcement_ action/2016-08-02/20150505. pdf. accessed 02 September 2019 at p1. （last visited 27 Jun 2021）.

数量更大，这主要是因为在 BTC-e 案中被转移的加密货币的价值比 Ripple Labs 案例中要大。BTC-e 在比特币交易中转移了超过 296 000 000 美元，以及在其他加密货币交易中的可观价值也就是利益。处罚严重的原因还在于 BTC-e 处理了超过 3000 个比特币，这些比特币其中 744 408 个比特币被盗。在 Ripple Labs 案中同意"review"，但 BTC-e 执行通知中没有出现此类协议。从这两个案件的对比可以看出，在违反关于 FinCEN 相关规定时，FinCEN 根据犯罪行为做出惩罚，根据犯罪的对象来进行案件的认定。在面对货币交易服务商未注册的情况下不仅有罚款，还要有相关天数的报告用来监管犯罪之后的经营活动，在注册情形下根据犯罪的基数进行罚款。这是 FinCEN 在加密货币交易中的监管实践。

近期，FinCEN 针对加密货币交易所的执法行动是对 Eric Powers 处以 35 350 美元的罚款。[1]对 Powers 的制裁是因为它违反 BSA 1970，与 Ripple Labs 以及 BTC-e、Alexander Vinnik 案一样，但 Eric Powers 完成的交易价值要低得多。对 Eric Powers 的处罚依据主要是：未能"（a）在 FinCEN 注册为 MSB；（b）建立并实施有效的书面反洗钱（AML）计划；（c）发现并充分报告可疑交易；（d）报告货币交易"，通过这三个案例可以看出在打击加密货币犯罪上，FinCEN 主要根据货币服务商是否都进行了注册，及交易的货币数量是否按照规定来进行相应的处罚。

虽然加密货币的出现带来了一些风险，但美国目前的立场是尝试平衡加密货币的优势与所带来的风险。虽然加密货币缺乏银行参与、加密货币价值的波动性以及匿名性给监管架构带来了挑战。但它也有潜在的好处，例如降低成本、更快的交易、增加隐私以及将区块链技术作为一种创新的账本技术的潜力。关于预防措施，加密货币在美国受到反洗钱法规的约束。主要是针对加密货币提供商，而个人用户不受 FinCEN 监管，和传统金融系统的个人用户不受监管一样。目前美国对加密货币的监管规定是：反洗钱法规适用于加密货币业务，如 FinCEN[2]所述，加密货币业务被视为货币服务业务，因此

---

〔1〕 FinCEN, "In the Matter of Eric Powers" (Vienna, United States, 18 April 2019) https://www. fincen. gov/sites/default/files/enforcement_ action/2019 - 04 - 18/Assessment% 20Eric% 20Powers% 20Final% 20for% 20Posting%2004. 18. 19_ 1. pdf. accessed 02 September 2019 at p. 2. (last visited 27 Jun 2021).

〔2〕 FinCEN, "Application of FinCEN's Regulations to Persons Administering, Exchanging, or Using Virtual Currencies", https://www. fincen. gov/sites/default/files/shared/FIN - 2013 - G001. pdf. accessed 04 September 2019. (last visited 27 Jun 2021).

此类业务必须遵守货币交易报告（CTR）、可疑活动报告（SAR）、了解您的客户（KYC）协议的要求。但这里会出现一些问题，美国将CTR应用于加密货币是否适当呢？主要有两个原因，首先，CTR的加入增加数据处理的压力。此类报告实际上对于金融情报方面的价值是有限的，CTR只会将FIU收集的数据增加，添加CTR报告作为进一步的来源将给FinCEN提供更多要处理的报告增加其数据处理负担。其次，具体到加密货币本身，加密货币价值的波动将使CTR提交变得复杂，因为加密货币10 000美元的门槛是不可能永久不变的，报告的实时性可能随着波动减少参考性。但从交易的警惕性出发美国将CTR应用于加密货币业务也并非不合理。在遵守可疑活动报告方面也存在不同的问题，因为受监管实体可能会采取防御性报告方法来避免制裁，这会降低提交的SAR的质量。遵守KYC协议应有助于SAR制度的实施，但加密货币为用户提供了隐藏其身份的机制，因此，将KYC要求应用于加密货币业务将比传统金融机构更难。获取准确客户信息的困难意味着加密货币企业更难以确定交易是否可疑，因此他们可能会过度报告以保护自己免受FinCEN的执法行动以及由此产生的经济处罚。反洗钱法应用在加密货币的另一个紧张点是去中心化金融（DeFi）的出现。DeFi是各种传统金融工具的去中心化版本，专注于资产交换、借贷以及合成资产的创建。例如，Uniswap是一个去中心化交易所，其形式是托管在以太坊区块链上的两个智能合约，以及一个公共的、开源的前端客户端。这最终允许任何拥有互联网连接的人与应用程序的其他用户进行以太坊原生代币交易。Uniswap固有的开源性质，没有客户身份审查流程，事实上，绕过AML法律规定的Uniswap测试。

　　虽然美国FinCEN在对加密货币的监管上采取了积极主动的态度，将加密货币业务确定为货币服务业务，将一些加密货币交易纳入其监管范围，受监管的企业必须遵守BSA 1970的要求，FinCEN的执法效果也是有一定的积极意义，但它并没有利用公共账本技术来进一步扩大其情报收集能力，只对加密货币业务进行监管。FinCEN仍然忽略在加密货币网络内发生的交易，因为这些交易是点对点的，并且不通过受监管的机构。为了更好地利用加密货币业务的报告，FinCEN需要分析加密货币的公共账本的监管。

二、澳大利亚反洗钱、反融资立法

　　澳大利亚已根据国际最佳实践处理洗钱问题，符合金融行动特别工作组

（FATF）的指导方针，并与美国（US）等世界领先国家保持一致。澳大利亚已通过立法者主导扩大反洗钱监管范围，这与美国由监管者主导的做法形成鲜明对比。

早期就澳大利亚的洗钱罪行而言，加密货币在满足"与金钱或其他财产"交易的要求下才能适用关于反洗钱措施的相关规定，但加密货币服务提供商并不在《2006 年反洗钱和反恐怖主义融资法案》[1]的指定服务名单之列。监管主要是通过第 6 条[2]中对"电子货币"的定义进行的，该定义不包括"去中心化的加密货币，例如比特币，因为加密货币是由算法而不是物理事物支持的"。司法部长在关于法定审查的报告中也强调了这一差异。[3]法定审查建议应将电子货币的定义扩大到包括可兑换数字货币，特别是涵盖加密货币。2016 年法定审查促使了《2017 年反洗钱和反恐融资修正案》的诞生，修正案将"数字货币"[4]插入定义部分，数字货币的定义遵循 FATF 的定义。数字货币具有货币的功能，不由政府或当局发行，并且可以与货币互换。重要的是，为了区别于商店代金券或当地货币，该定义还要求该货币可供公众使用。2017 年的修正案还插入了"注册数字货币兑换提供商"[5]和"可注册数字货币兑换服务"[6]的术语，承认加密货币服务提供商的存在。

关于数字货币的执法方法，澳大利亚总检察长发言指出，"数字货币的难点之一是点对点转账，因为这意味着使用数字货币的交易可以直接与世界任何地方的人进行"，这带来了如何监管数字货币的挑战。执法的另一个挑战是如何通过监管在降低风险和促进行业积极发展方面找到平衡。委员会还被告知需要修改 AML/CTF 法案，而不仅仅是法规。该法案自 2018 年 4 月 3 日起施行，是在公共讨论文件发布和司法部完成咨询程序后制定的，作为其对AML/CTF 法的法定审查的一部分。参议院经济参考委员会于 2015 年 8 月和生产力委员会在与数字货币和业务设立、转让和关闭相关的更广泛审查的背景下建议对数字货币业务进行 AML/CTF 监管。监管数字货币兑换提供商必须

---

〔1〕 Anti-Money Laundering and Counter-Terrorism Financing Act 2006, s. 6.

〔2〕 ibid at p. 4.

〔3〕 ibid at p. 45.

〔4〕 Anti-Money Laundering and Counter-Terrorism Financing Act 2006, s. 5.

〔5〕 Anti-Money Laundering and Counter-Terrorism Financing Act 2006, s. 5.

〔6〕 Anti-Money Laundering and Counter-Terrorism Financing Act 2006, s. 5.

符合 FATF 对数字货币基于风险的方法的指导。根据立法，数字货币交易所将被要求注册由 AUSTRAC（澳大利亚交易报告和分析中心）维护的登记册，并实施 AML/CTF 计划，"以降低洗钱风险以及识别和验证他们的客户身份。"他们还将被要求报告可疑交易并保留某些记录。该立法中包含以下"数字货币"的定义，取代"电子货币"的定义：数字货币意味着：（a）价值的数字表示：（i）作为交换媒介、经济价值储存或记账单位；和（ii）不是由政府机构颁发或在其授权下颁发的；和（iii）可与货币互换（包括通过记入账户）并可用作商品或服务供应的对价；和（iv）公众可以普遍获得，对其作为对价的使用没有任何限制；或者（b）被 AML/CTF 规则声明为数字货币的交换手段或数字过程或信用；

　　但不包括根据 AML/CTF 规则被视为不是数字货币的任何权利或事物。虽然 AML/CTF 中"货币"的定义包括电子货币，但并未修改为包括数字货币；数字货币是单独处理的，并且"进行了几项相应的修订，以将现有的货币提法修改为货币或数字货币"。AUSTRAC 目前已对 AML/CTF 规则进行修改，以实施对 AML/CTF 法案的修订。新的一章将涵盖在数字货币登记簿上的登记、登记的续期、暂停登记、取消登记、审查可审查决定、更新和更正信息、更正登记簿条目以及公布的信息。AUSTRAC 还针对可疑事项报告和"关于数字货币兑换交易的阈值交易报告（包括与数字货币兑换提供商特别相关的额外报告标识符）"等两章起草了修正案。

　　除了为洗钱立法的目的提供法定定义外，2017 年的修正案还将数字货币兑换服务添加到受该法案监管的指定服务清单中。2017 年的改革意味着澳大利亚符合 FATF 发布的指导方针。这表明澳大利亚积极寻求了解加密货币、它们带来的风险以及如何对其进行监管。澳大利亚的立法者也在利用咨询文件和国际组织的指导。澳大利亚对加密货币的 AML 监管并不完整，但通过坚持 FATF 的指导，已经建立了一个明确且受欢迎的起点，它可以从中建立更加量身定制的监管。正如在本书中所确定的，打击洗钱以及与此相关的任何犯罪都有两个明确的要求，即适当的法律和适当的执法。因此澳大利亚关注度应从立法转移到对负责执法的相关部门。

　　澳大利亚根据国际最佳实践处理洗钱问题，通过将洗钱定为刑事犯罪并实施预防措施，符合 FATF 的核心建议。与美国的做法相比，澳大利亚的罪行采取了明显不同的形式，但达到了相同的效果。使用加密货币洗钱将满足洗钱犯罪的要求，无需改革，在刑事犯罪方面没有产生新的法律空白。澳大利亚和美国之间的另一个区别是，虽然美国规定了以美元为单位的最高罚款，但澳大利亚却制定了罚分制度。罚分的使用比简单地指定罚款更复杂。

三、加拿大加密货币资金转移与反洗钱规定

加拿大是第一个批准在反洗钱（AML）背景下监管加密货币的国家。2014 年，加拿大通过了法案，以修订《犯罪收益（洗钱）和恐怖主义融资法》（PCMLTFA），其中通过了将虚拟货币包括在监管"虚拟货币交易"实体的框架内，将其视为货币服务业务（MSB）。作为 MSB，从事数字货币交易的机构与从事法定货币的 MSB 机构一样，必须遵守相同的记录保存、验证程序、可疑交易报告和注册要求。[1]

PCMLTFA 于 2019 年 6 月 16 进行了修订，将虚拟货币的定义扩展到包括可用于支付目的（例如比特币或稳定币）或用于投资目的（例如证券代币）的代币。它还要求符合 MSB 资格的经销商在加拿大金融交易和报告分析中心（FinTRAC）注册，并实施独立评估的完整 AML 合规计划。2020 年 2 月，要求金融实体和 MSB 保留跨境执行的电子资金转账记录规则，扩大到要求金融实体和 MSB 也包括虚拟货币交易，这意味着加密资产交易商参与跨境交易的企业须遵守该法案规定的严厉的尽职调查措施。犯罪收益（洗钱）和恐怖主义融资法（PCMLTFA）的修正案，直接影响到加密货币交易所和运营商。

根据财政部于 2019 年 7 月 10 日发布的通知，从 2020 年 6 月 1 日起，加拿大的所有加密货币交易所都被要求在加拿大金融交易和报告分析中心（FinTRAC）进行注册。根据 PCMLTFA 制定的法规修正案将适用于为加拿大客户提供服务的虚拟货币和外国货币服务业务（MSB）的经销商。所有向加拿大客户提供服务的虚拟货币交易商现在都将被归类为 MSB，因此受到与其他报告实体类似的尽职调查、记录保存、监控和报告要求。

交易所在 FinTRAC 注册，才能继续向加拿大客户提供服务。注册将使交易所遵守与国内 MSB 相同的合规要求，只是记录保存的繁琐程度略低。其中一些信息要求将包括：（1）识别所有客户；（2）任命一名合规官；和（3）维

---

〔1〕 United States Securities and Exchange Commission, Report of Investigation Pursuant to Section 21 (a) of the Securities Exchange Act of 1934: The DAO, SEC Release No 81207 (July 25, 2017).

护客户和交易记录。除上述之外，任何收到 10 000 加元或更多加密货币的"报告实体"（无论是以付款还是存款的形式）现在都必须识别发件人、记录交易详情并报告向 FinTRAC 收取资金。为确保采用新的监管框架，FinTRAC 进一步被授权对不合规的 MSB 征收行政罚款（AMP），并撤销未支付任何罚款的 MSB 的注册。总的来说，这意味着所有已设立和将设立的货币交易所都必须遵守加拿大证券法。加密货币交易所还需要制定合规计划，遵守了解您的客户（KYC）政策并向 FinTRAC 报告任何可疑交易；包括：（1）保存客户记录；和（2）为其平台聘请合规官。以前，这种合规是在自愿的基础上进行的，例如像 Quadrigacx 这样的一些交易所是自愿遵守的。自 2020 年 6 月 1 日起，KYC 合规性将成为强制性要求，包括对业务关系的持续监控、政治公众人物或国际组织负责人的确定、实益所有权和第三方。

除了在 FinTRAC 层面发生的重大变化之外，对 PCMLTFA 的较小修订也已完成，一项重大变化是提交可疑交易报告（STR）的截止日期，该截止日期已从 MSB 采取措施建立合理怀疑后的三天更新为"尽快"。这是 2018 年草案建议中更灵活的方法，它将影响 PCMLTFA 下的所有类别的报告实体；对这个监管领域的任何人来说都是一个重要的变化。其次，对虚拟货币交易记录包含"与交易相关的每个参考号"的要求，仅限于"具有与账号功能相同的功能"的参考号。除此之外，该法规的某些其他部分已被替换或废除。

四、德国数字代币反洗钱规定

在 DLT 使用中其中参与者都可能会受到 AML 法律的约束，即德国反洗钱法（GwG），该法与德国金融法（KWG）中的一些 AML 相关条款是德国法律下 AML 要求的主要法律基础。修订后的反洗钱法明确定义了虚拟货币，并将提供持有、存储和转移虚拟货币等服务的实体纳入反洗钱义务的范围，尤其适用于加密货币交易所和数字钱包提供商。KWG 的修正案（见第 III.i 节）将加密资产定义为一种新的金融工具类别，超出了 AML 的范围，并大大扩展了对加密资产生态系统参与者的 AML 要求的范围。就虚拟货币而言，需要 KWG 许可证的银行和金融服务机构（首先是代币交易所）通常必须遵守反洗钱规则。作为支付手段持有或使用加密货币的网络操作、矿工目前都不受德国反洗钱法的制约。

五、英国加密货币反洗钱规定

英国 AML 要求主要包含在 2017 年《洗钱、恐怖主义融资和资金转移（付款人信息）条例》（MLR）中。MLR 在英国实施第四个欧盟洗钱指令，并对其范围内的企业提出各种要求，包括：执行公司级反洗钱风险评估的要求；与 AML 相关的组织要求（包括系统和控制以及记录保存要求）；与客户建立业务关系或交易超过特定阈值时的客户尽职调查义务和持续的监督义务。MLR 仅适用于那些被确定为最容易遭受洗钱或恐怖主义融资风险的企业。2020 年 1 月 10 日，MLR 进行了修订，已将第五个欧盟洗钱指令（5AMLD）纳入英国法律。这一变化将加密资产交换提供商（CEP）和托管钱包提供商（CWP）纳入 MLR 的范围。因此，MLR 会影响在英国开展 CEP 或 CW 新定义所涵盖的一类加密资产业务的任何人（包括，开展相关加密资产业务的现有英国授权金融服务公司）。就 MLR 而言，CEP、CWP 和"加密资产"的定义如下：

CEP："通过业务提供以下一项或多项服务的公司或个体经营者，包括该公司或个体经营者作为任何相关加密资产的创造者或发行者提供此类服务时——交换，或安排或做出安排，将加密资产交换为金钱或金钱交换加密资产。交换，或安排以将一种加密资产交换为另一种加密资产，或操作一台机器，该机器利用自动化流程将加密资产交换为金钱或将金钱交换为加密资产。"

CWP："通过业务提供服务、保障和管理——代表其客户的加密资产，或代表其客户持有、存储和转移加密资产的私有加密密钥，在提供此类服务时。"加密资产："一种使用分布式账本技术形式的价值或合同权利的加密安全数字表示，可以通过电子方式进行转移、存储或交易。"

重要的是，如果一个人从事新定义所涵盖的加密资产业务，则无论他们在英国是否受到其他监管，他们都可能是 CEP 或 CWP。这意味着 MLR 中与加密资产业务相关的新要求适用于英国受监管和不受监管的加密资产业务。值得注意的是，CEP 的定义超出了 5AMLD 的要求，增加了加密到加密交换（除了加密到法定交换）。CEP 定义也可能涵盖严格意义上通常不会被视为交易所的市场参与者。例如，为客户或为自己的账户买卖加密资产的加密资产经纪人很可能被定义所涵盖，除了促进加密资产买卖双方互动的交易所。在某些情况下，也可能会包括加密资产的发行人。通常，CWP 定义不会涵盖非托管加密资产钱包软件的提供者。

在英国开展相关加密资产业务之前，CEP 和 CWP 需要在 FCA 注册。FCA 澄清，从事相关加密资产业务的现有英国授权人（包括现有英国银行、投资公司、电子货币机构和支付服务业务）必须申请注册。注册必须通过 FCA 的在线系统 Connect 完成，申请人必须提供与其业务和所有担任相关职能的员工有关的大量信息，以便 FCA 评估申请人是否合适。注册申请人必须提供各种信息，包括：运营计划；商业计划书；申请人结构组织的描述；申请人的 IT 系统和控制的详细指南；以及相关个人、受益所有人和密切联系的详细信息。除了普遍适用于 MLR（包括 CEP 和 CWP）范围内的企业的普通 AML 要求之外，还有一项特定的附加要求，即其相关加密资产活动不属于金融监察员服务范围的企业或金融服务补偿计划必须在建立相关业务关系或交易之前告知其客户这一事实。还有适用于 CEP 和 CWP 的特定报告要求。联合洗钱指导小组于 2020 年 7 月发布了与加密资产业务相关的特定行业指南[1]。该指南明确了与加密资产相关的 MLR 的范围，讨论了与该行业相关的洗钱和恐怖主义融资风险，评估了这些风险，并就 CEP 和 CWP 如何解释 MLR 下的 AML 要求（例如，客户尽职调查、交易分析、记录保存和制裁筛选）提供了适用于加密资产部门的指导。

第四节　数字货币跨境交易的域外现有监管机制

一、美国数字货币监管体系

（一）美国证券交易委员会（SEC）的监管

在美国政府问责局（GAO）的指定下，"如果经纪交易商接受各类加密货币的付款并且存在洗钱问题，或者如果经纪交易商为自己或代表客户持有加密货币"，则 SEC 采取相应的监管措施。SEC 的使命是"保护投资者，并维

---

〔1〕 JMLSG, Guidance paper on Cryptoasset exchange providers and custodian wallet providers（March 2020）https://jmlsg. org. uk/latest-news/jmlsg-today-publishes-a-proposed-new-sectoral-piece-in-part-ii -of-its-guidance/.（July 25, 2017）.

护公平、有序和高效的市场"。[1]SEC 将在行为人使用虚拟货币对投资者和市场实施犯罪的情况下采取行动。这里以实际案例进行说明 SEC 如何对数字货币交易进行监管。在 SEC v Shavers[2]一案中，该案涉及受害者用比特币投资的庞氏骗局。法院在 2013 年 8 月 8 日的备忘录意见（Dkt. 23）中，确定被告出售的 BTCST 投资符合投资合同的定义，因此是证券，法院应被告要求重新审视了标的管辖权问题，并于 2014 年 8 月 26 日再次认定 BTCST 投资属于投资合同，因此属于证券（Dkt. 78）。根据《交易法》第 10（b）条 [15 U.S.C. § 78j（b）] 和规则 10（b-5）[17 C.F.R. § 240. 10b-5] 的规定，任何人在直接或间接购买或出售证券时（a）"使用任何手段、计划或手段进行欺诈"；（b）"对重大事实做出不真实的陈述"或重大遗漏；或（c）"从事任何行为、做法或业务过程……对任何人构成欺诈或欺骗。"为了根据第 10（b）条确定责任，委员会必须证明被告与 Scienter 合作。在检查的证据中表明：

"Shavers 故意将 BTCST 以虚假的庞氏骗局进行运营，一再向 BTCST 投资者和潜在投资者就其比特币的使用做出虚假陈述。包括如何产生承诺的回报、以及投资的安全性。在此期间，Shavers 在比特币论坛和专门针对比特币的在线聊天室向 BTCST 投资者谎称，BTCST 将比特币兑美元进行交易，包括将比特币出售给想要迅速"不为人知"购买比特币的个人；承诺的回报将由这种比特币市场套利产生；并且他从这些投资活动中平均每周为 BTCST 赚取 10.65%。实际上，总体而言，Shavers 要么使用从 BTCST 投资者那里获得的新比特币来支付所谓的未偿还 BTCST 投资的回报和提款，要么将 BTCST 投资者的比特币用于个人用途。"

诉讼的记录证据表明，Shavers 从 BTCST 投资者的原始投资中筹集了至少 725 626 个比特币；他向 BTCST 投资者返还了至少 538 056 个比特币，据称是回报和提款，他将至少 150 649 个比特币转移到他在比特币货币交易所

---

[1] US Securities Exchange Commission, "About the SEC", http://www.sec.gov/about/whatwedo. shtml. accessed 4 December 2015.

[2] Securities and Exchange Commission v. Trendon T. Shavers and Bitcoin Savings and Trust, Civil Action No. Civil Action No. 4：13-CV-416.

Mt. Gox 的个人账户中，除此之外，他随后将这些比特币出售或用于日常交易（将比特币兑换成美元，反之亦然），从他的 86 202 个比特币的净销售中实现了 164 758 美元的净收益。记录证据进一步证实，在此期间，Shavers 将 147 102 美元从他的 Mt. Gox 账户转移到其他账户，然后用于支付个人开支，包括租金、汽车相关开支、水电费、零售购买、赌场参观和饭菜食用。被告向 BTCST 投资者歪曲了 BTCST 投资的性质，这样做违反了联邦证券法的反欺诈规定。如上所述，Shavers 公然向 BTCST 投资者就其比特币的使用和投资安全做出虚假陈述，同时将 BTCST 运营为虚假的庞氏骗局，被告的行为并非孤立事件。在大约 18 个月的时间里，被告多次通过互联网直接或间接地向至少 80 位投资者出售 BTCST 投资。在这种情况下，需要对他实施永久禁令。基于上述内容，法院认为原告的即决判决动议或缺席判决动议（Dkt. 32）获得批准。并命令：

"（1）Shavers 和 BTCST 及其代理人、雇员、雇员、律师以及与他们积极协调或参与的所有人员，如果通过个人服务或其他方式收到本命令的实际通知和最终判决，则永久禁止（2）（3）……

（4）命令 Shavers 和 BTCST 对 38 638 569 美元的非法所得承担连带责任，这代表因诉状中指控的行为而获得的利润，连同 1 766 098 美元的判决前利息，总计 40 404 667 美元。根据 15 U. S. C. § §77t（d）和 78u（d）（3），需额外承担民事责任罚款 150 000 美元。"

除了提起诉讼，SEC 还向市场参与者发出警报和指导。SEC 还增加了一项职权，即审查希望提供加密货币相关证券的公司的注册，如最近在纽约开业并由 Winklevoss 双胞胎创立的 Gemini 比特币交易所。这些例子表明 SEC 在加密货币使用有悖证券市场及带来证券市场风险时对其进行监管及提起诉讼。但 SEC 不是 AML 合规的主要监管机构，AML 监管的主要机构仍为 FinCEN，前文已详细论述。

（二）商品期货交易委员会（CFTC）的监管

CFTC 的责任"部分取决于比特币或其他虚拟货币是否符合《商品交易法》对商品的定义。"2015 年，CFTC 向 GAO 提交了立场，"CFTC 官员表示，该机构在市场情况需要之前，不会做出正式决定包括关于他们对 1970 年 BSA 的执行是否含虚拟货币。"自 2017 年以来，CFTC 发布了许多关于加密货币问题的咨询通知，重点是增加投资者对加密货币投资中欺诈风险的认识。CFTC的重点是"开放、透明、竞争和财务健全的市场"，因此其重点不是主要解决洗钱问题。

CFTC 的目标是"保护市场用户及其资金、消费者和公众免受与衍生品和其他产品相关的欺诈、操纵和滥用行为"[1]，这意味着他们的执法行动将与这些问题相关。CFTC 最近的执法行动涉及未能监督员工、未经授权的交易、虚假认证声明[2]和其他欺诈事件。CFTC 将采取的行动与商品交易相关，联邦法院裁定加密货币可以是商品，CFTC 向其监管的机构发布 AML 指南，但该指南借鉴 FinCEN。

（三）国土安全和司法部的监管

与法定货币一样，加密货币可用于以多种方式犯罪，因此执法机构可能不得不处理涉及加密货币的案件。美国司法部告知 GAO，此类机构有两个注意的领域。其一，在加密货币被用于洗钱并且对个人提出起诉的情况下；其二，在加密货币企业犯下洗钱罪行的情况时。当存在这两种情形下，美国国土安全与司法部会参与相关执法。对使用加密货币洗钱的案件，司法部门的起诉表明，加密货币交易清楚地满足了美国法典第 18 篇中广泛起草的刑事罪行。因此关于加密货币的相关涉及刑法的犯罪起诉等内容由美国国土安全与司法部负责调查及判决。

二、澳大利亚金融监管与消费者保护

澳大利亚对数字货币的监管方法进行了一些详细的讨论。参议院委员会于 2015 年完成了对这一问题的调查，构成了现有立法和相关机构的观点，考虑了数字货币出现带来的风险和机遇，并建议了一些变化以及持续的监测和研究。澳大利亚税务局已经就数字货币税收待遇的不同方面做出了几项公开裁决，认为就所得税而言，涉及此类货币的交易应类似于易货安排。根据参议院委员会的建议，随后修订了商品和服务税立法中的条款，以避免对数字

---

〔1〕 CFTC，"Mission and Responsibilities"，https：//www.cftc.gov/About/MissionResponsibilities/index.htm. 03 September 2019. （July 25, 2017）.

〔2〕 CFTC，"CFTC Orders Vision Financial Markets LLC to Pay a ＄200，000 Penalty to Settle Charges that It Failed to Supervise Its Employees"（Washington，United States，12 July 2019）.

货币交易产生双重征税影响。ATO 的指南还解决了使用数字货币的资本利得税和附加福利税后果。参议院委员会还建议将数字货币兑换业务纳入反洗钱和反恐融资（AML/CTF）立法。随后在 2017 年颁布了对该立法的修改文本，结果是这些企业现在需要向相关监管机构注册，实施 AML/CTF 计划，保留某些记录并报告可疑交易。

委员会报告涵盖的其他领域包括金融监管和消费者保护以及支付系统监管。委员会已在其网站上发布了有关投资数字货币风险的指南。这包括这些投资通常不受监管，因为根据相关法律，它们不被视为金融产品。澳大利亚消费者保护机构报告称，它在 2017 年收到了大量涉及加密货币诈骗的消费者投诉。

关于数字货币引发的金融监管和消费者保护问题，报告指出，澳大利亚央行"认为数字货币目前使用有限，尚未对金融体系的竞争、效率或风险提出任何重大担忧；并且目前不受澳大利亚储备银行监管或受到监督。"[1] 该报告还阐述了澳大利亚证券和投资委员会（ASIC）的观点，即数字货币"不属于 2001 年公司法或澳大利亚证券和投资委员会法中'金融产品'的法律定义范围。ASIC 在其监督委员会、议会公司和金融服务联合委员会 2014 年 11 月的一份报告中描述了 ASIC 对数字货币的处理方式。[2] 澳洲委员会表示，尽管 ASIC 不认为数字货币是 ASIC 法案或公司法案中的货币，但"2010 年竞争和消费者法案的一般消费者保护条款适用于数字货币。"[3] 该法案由澳大利亚竞争和消费者委员会（ACCC）管理。由于 ASIC 不将加密货币视为 ASIC 法案或公司法案下的金融产品，因此在 MoneySmart 网站提供了有关虚拟货币的信息，包括它们的工作原理和不同类型，并列出了与购买、交易或投资此类货币相关的各种风险。[4] 其中包括（1）"买卖数字货币的交易平台不受监

---

[1] Senate Economic References Committee, supra note 1, at 8.

[2] Parliamentary Joint Committee on Corporations and Financial Services, Statutory Oversight of the Australian Securities and Investments Commission, the Takeovers Panel and the Corporations Legislation 24－26 (Nov. 2014), https://www.aph.gov.au/~/media/Committees/Senate/committee/corporations_ctte/asic%202014/rep0144/report.pdf? la=en, archived at https://perma.cc/JQE5-F3YG. (last visited 20 Jun 2021).

[3] Senate Economic References Committee, supra note 1, at 10.

[4] *Cryptocurrencies*, ASIC's MoneySmart, https://www.moneysmart.gov.au/investing/investment-warnings/virtual-currencies (last updated Mar. 19, 2018), archived at https://perma.cc/VG4U-7AUD. (last visited 20 Jun 2021).

管，因此如果平台出现故障或被黑客入侵，将不会受到保护并且没有法律追索权的声明"；（2）加密货币不受任何银行或政府的担保，并且"（1）投资虚拟货币被认为具有高度风险性，因为价值可能会在短时间内大幅波动"；（2）如果是黑客窃取了的数字货币，将很难取回它。"[1]

ASIC 将 ICO 称为"高风险投机性投资"，并建议投资者检查 ICO 发行人是否是在澳大利亚注册的公司以及它是否是获得许可的金融服务提供商，并指出"如果该公司未在澳大利亚注册且没有许可，如果出现问题，是几乎没有保护的。但即便该公司在澳大利亚注册，或有执照，投资 ICO 也存在风险。"[2]

三、德国数字代币法律监管体系

对于虚拟账本技术（DLT）网络的典型跨境运营，德国研究员 BaFin 的立场是，德国监管不仅适用于在德国设有办事处或分支机构的国内企业，还适用于跨境服务（例如位于国外的加密货币交易所），只有在德国注册的企业才能获得德国银行牌照。获得许可的金融服务企业可以在整个欧盟范围内获得德国许可（反之亦然）。其次，是否受到德国金融监管制度的制约，首先要判断的是"代币"是否为金融工具。

在经过一系列的谈论和实践后，德国最近的修正案于 2020 年 1 月 1 日生效，现已明确将加密资产添加到金融工具的概念中。KWG 现在明确将"加密资产"广泛定义为既不由中央银行或公共实体发行和担保，又不享有货币或货币地位，但被自然人或法人接受的价值的数字表示，如约定或习惯上，作为交换或支付手段，或用于投资目的，并且可以以电子方式转移、存储或交易（不包括电子货币）。KWG 现在包括广泛的代币，不仅限于货币代币，如经修订的 AML 指令，还通过明确提及"投资目的"来涵盖证券代币。属于欧盟金融工具市场指令 2014/65/EU（MiFID II）的证券代币，已经符合 KWG

---

〔1〕 *Cryptocurrencies*, ASIC's MoneySmart, https://www. moneysmart. gov. au/investing/investment - warnings/ virtual-currencies（last updated Mar. 19, 2018），archived at https://perma. cc/VG4U - 7AUD.. （last visited 20 Jun 2021）.

〔2〕 Initial Coin Offerings（ICOs），ASIC's MoneySmart, https://www. moneysmart. gov. au/investing/ investment-warnings/initial-coin-offerings-icos（last updated Mar. 19, 2018），archived at https://perma. cc/ 3VUN-FM45. （last visited 20 Jun 2021）.

定义的金融工具的条件。

代币商业模式的监管。如果代币符合金融工具的条件，如果以代币作为商业组织的模式进行商业活动则需要 KWG 的许可证，KWG 许可证与加密货币交易平台和类似的代币交易模型特别相关，最近的 KWG 修正案明确将"加密托管业务"纳入金融服务范围。它被定义为对用于为他人持有、存储或转移加密资产的加密资产或私有加密密钥进行保管、管理或保护。[1]加密资产的保管包括将加密资产存储在客户不知道使用的加密密钥的集体清单中。加密资产的管理包括行使由加密资产产生的权利，例如收集活动或通知服务。加密资产的保护包括私人加密密钥的数字存储服务，还包括保存此类密钥的物理数据存储设备（例如 U 盘）的存储。仅提供由用户出于此类目的操作的硬件和软件，而供应商无法访问加密密钥，则不受许可要求的约束。网络托管或云存储提供商也是如此，只要他们不明确提供密钥存储。[2]这一宽泛的定义也将钱包提供商带入了金融服务的范畴，但不仅限于此类服务。在这方面，KWG 修正案再次超出了指令（EU）2018/843 的定义，因为新的受监管活动还扩展到保管和管理服务以及加密资产的概念。

四、欧盟数字货币的法律监管现状

2017 年 12 月，欧盟理事会确认欧洲议会（EP）与欧盟理事会已就第四反洗钱指令（4AMLD）[3]的修正案达成协议。新规则意图"通过更好的客户识别和强有力的尽职调查，减少匿名性和更多可追溯性"[4]。修正案将托管钱包提供商（CWP）和虚拟货币交易平台（VCEP）纳入 4AMLD 的范围内，将其定义为义务实体。VCEP 和 CWP 将有义务制定政策和程序来检测、预防和报告洗钱和恐怖主义融资。修订仅涵盖虚拟货币和法定货币之间的兑换，因此，虚拟与虚拟的货币兑换不在修订后的 4AMLD 的范围内。修正案已获批

---

〔1〕　Section 1 Paragraph 1a s. 2 No. 6 KWG.

〔2〕　BaFin Notice of 3 March 2020 on crypto custody business.

〔3〕　EU- 4AMLD, Available at：http://ec. europa. eu/newsroom/just/item - detail. cfm？ item_ id = 610991&utm_ source = POLITICO. EU&utm_ campaign = 314d94f97e-EMAIL_ CAMPAIGN_ 2017_ 12_ 15&utm_ medium=email& utm_ term=0_ 10959edeb5-314d94f97e-190085057，（last visited 20 Jun 2021）.

〔4〕　EU- 4AMLD, Available at：http://ec. europa. eu/newsroom/just/item - detail. cfm？ item_ id = 610991&utm_ source = POLITICO. EU&utm_ campaign = 314d94f97e-EMAIL_ CAMPAIGN_ 2017_ 12_ 15&utm_ medium=email& utm_ term=0_ 10959edeb5-314d94f97e-190085057，（last visited 20 Jun 2021）.

准，第五反洗钱指令（5AMLD）于 2018 年 7 月 9 日生效。

2016 年 11 月，欧盟委员会成立了金融技术内部工作组，主要有三个目标：第一，确保全面了解所有政策工作并考虑技术创新；第二，评估现有规则和政策是否适合数字时代的目的；第三，确定可以利用金融科技提供的潜在机会同时解决其可能风险的行动和建议。2018 年 3 月，欧盟委员会发布了一份题为"金融科技行动计划：打造更具竞争力和创新性的欧洲金融业"的行动报告[1]。其意图是"欧洲应成为全球金融科技中心"，该行动计划提出了 19 项行动，以使欧洲金融部门能够利用区块链、人工智能和云服务等快速发展的新技术，其中包括托管欧盟金融科技实验室，制定分布式账本技术和区块链战略，展示监管沙箱的最佳实践，并帮助制定更协调的金融科技标准方法。

欧洲银行管理局（EBA）、证券和市场管理局（ESMA）和欧洲央行发布的两份报告很好地总结了欧盟对加密货币的监管方式。EBA 认为"通常加密资产不属于欧盟金融服务监管的范围"，并且在整个欧盟范围内对此类活动的监管采取了不同的方法。正是出于这个原因，EBA 和 ESMA 在他们的报告中都对欧盟和某些成员国的法律状况进行了分析，并就欧盟应该提出的监管措施提出了一些建议。加密货币资格的关键问题是它们是否符合金融工具市场指令（MiFID II）规定的金融工具、支付服务指令（PSD2）规定的基金或电子货币规定的电子货币资格指令（EMD2）。[2]欧洲银行管理局在其报告中特别涉及"电子货币"和"基金"这两个术语，并参考了欧洲证券和市场关于加密资产是否有资格作为金融工具的报告。根据《电子货币指令》第 2 条第 2 点，"电子货币"定义为"以电子方式（包括磁性方式）存储货币价值，如对发行人的债权所代表的，该债权在收到资金后发出，用支付服务指令第 4 条第 5 点所定义的支付交易，并且是被电子货币发行人以外的自然人或法人接受。"欧洲证券和市场管理局在其报告中评估了各种类型的加密资产，包括具有支付功能的混合代币。然而，正如 ESMA 所写，"不包括纯支付类型的加密资产……因为它们不太可能成为金融工具"。MiFID II 第 4（1）（15）条将

---

〔1〕 Availableat：http://eur-lex. europa. eu/legal-content/EN/TXT/? uri = CELEX：52018DC0109. (last visited 20 Jun 2021)。

〔2〕 European Banking Authority EBA：Report with advice for the European Commission on crypto-assets，9 January 2019。

金融工具定义为附件 I C 节中指定的工具。这些工具包括可转让证券、货币市场工具、单位在集体投资事业和各种衍生工具中。尽管可转让证券的定义很宽泛，但它并不包含所有可以交易的非实物资产。特别是，欧洲证券和市场管理局和欧盟成员国的各种监管机构都表示，纯加密货币不符合 MiFID II 下的金融工具资格。因此，虽然稳定币可能有资格成为金融工具，但纯加密货币通常不符合金融工具的资格，因此不受欧洲银行管理局和欧洲证券和市场管理局报告中提到的各种金融法规的约束。

欧洲银行管理局和欧洲证券和市场管理局都根据他们的差距，进一步为监管立法发展提供了建议：

（1）欧洲银行管理局注意到当前的欧盟金融服务法不适用于多种形式的加密资产和相关活动，例如加密资产托管钱包条款和加密资产交易平台，并指出整个欧盟的不同做法已在会员国一级确定。因此，欧洲银行管理局建议进行分析，以评估欧盟层面的行动是否合适。如果采取行动，EBA 建议关注传统金融系统的接入点和消费者。[1]

（2）欧洲证券和市场管理局提请注意这样一个事实，即当加密资产不符合金融工具或电子货币的条件时，投资者将无法从此类规则提供的保障措施中受益，并且投资者可能无法轻易区分各种加密资产的类型。因此，ESMA 建议对特定类型的加密资产实施定制制度，一方面侧重于反洗钱考虑（以便反洗钱规则应适用于所有涉及加密资产的活动）另一方面，适当的风险披露要求，以确保消费者意识到风险。[2]

第五节　典型 CBDC 试行下的央行行动

目前许多中央银行正在考虑采用 CBDC。CBDC 将把发行和运营实物货币的成本降低至 0.5% 到 1.0%（IMF 2020）。同样，通过访问中央银行的资产负债表提供直接的点对点接口，CBDC 以减少商业银行系统赚取的垄断租金，在大多数国家，商业银行系统管理着对现金和支付系统的访问，而 CBDC 一定

---

〔1〕 European Banking Authority EBA：Report with advice for the European Commission on crypto- assets，9 January 2019.

〔2〕 European Securities and Markets Authority ESMA：Advice：Initial Coin Offerings and Crypto- Assets，9 January 2019.

程度上可以阻断这样的垄断行为。数字化已经减少了几个国家（例如瑞典和挪威）的现金使用，甚至可能完全消失。它主要的优势在于提供一种支付媒介并几乎具有实物现金的所有属性，且不易被盗和丢失。此外，它可以让中央银行继续执行其货币政策和最后贷款人政策。CBDC 还有一个最大的优点是将增加金融包容性。在许多国家，引入 CBDC 可以为没有银行账户的弱势群体提供进入金融系统的机会。在欠发达国家和新兴国家，这也是他们创建 CBDC 的关键原因。通过将这些资金存入 CBDC 账户，这也可能是在国家紧急情况（例如最近的国际公共卫生安全事件）中快速有效地进行财政转移的一种方式[1]。再者，CBDC 可能会阻止稳定币对货币主权构成的威胁。各国的中央银行都很担心，像 Facebook 这样拥有覆盖数十亿人的网络的全球数字服务公司可能会发行一种完全由硬通货资产（例如 Libra/Diem）支持的虚拟国际货币，从而使其成为一个稳定的记账单位（与比特币等加密货币不同）。然后，网络外部性可以让它充当交换媒介和价值储存手段，它将与主权货币竞争，并威胁中央银行执行货币政策以满足其职责的能力。最关键的问题是稳定币负债的支持。与中央银行不同，中央银行通过间接获得金融服务的权力而免受信用风险，中央银行数字货币还将通过提供以下三个基本功能来满足货币的三个基本功能：第一，有效的交换媒介。在中央银行平台上进行即时清算和结算，每笔交易的成本可以忽略不计；第二，安全的价值存储。一种计息 CBDC，其回报率与其他提供最小机会成本的短期无风险资产基本相同。第三，一个稳定的记账单位——CBDC 将促进经济参与者的规划。

提到央行数字货币，不得不说的是关于数字人民币的成功发行，中国作为首个央行数字货币成功发行的国家，在该领域成为世界领先，而央行数字人民币的发行不单单是对经济领域的创新，也是对金融领域相关法律制度的完善的推动。

在关于央行数字人民币的发行上，各国都因中国的成功发行而进行相继研究。在 2020 年 10 月 9 日，国际清算银行和七家中央银行发布了一份报告，列出了对中央银行数字货币或 CBDC 的一些关键要求。他们建议 CBDC 补充而不是取代现金和其他形式的法定货币，并且它们不会损害货币和金融稳定。

---

〔1〕 这些操作类似于弗里德曼（1969）首次讨论的"直升机撒钱"。这种政策将货币和财政政策混为一谈，这可能会威胁到中央银行的独立性。

目前各国中央银行都在积极研究关于央行数字货币的相关内容，欧洲官员希望在 2025 年之前推出数字欧元。4 月 19 日英格兰银行和英国财政部成立了一个工作组来考虑央行数字货币的发行。在美国，美联储也在研究它。国际清算银行的一项调查发现，绝大多数中央银行正在研究或试验 CBDC。它们可能会在短短三年内被世界五分之一人口所使用。央行数字货币主要分为两种模型，其一为通用零售模型，其二为批发模型，两种模型的应用方式有所不同，推动零售模型的主要动机是提高支付安全性、提高国内支付效率并确保金融稳定和包容性。在瑞典，瑞典央行目前正在探索电子克朗的概念。随着现金的使用急剧下降，这一概念旨在提供一种替代的国家担保支付方式。此外，瑞典央行担心支付系统对私人参与者的依赖，将使瑞典央行在私人市场失灵的情况下很难确保金融稳定。

在批发方面，新加坡金融管理局专注于批发 CBDC 的"Ubin 项目"，该项目自 2016 年以来一直在进行。该项目探索了更快、更便宜的跨境交易的用例，包括外币兑换等。其中央银行最近宣布与其他 40 家金融和非金融机构合作，成功完成了多币种支付网络原型。而中国数字人民币是与 CBDC 两种模式不同的央行数字货币，与其他国家相比可能是最先进的。中国所提议的"混合" CBDC 模型旨在补充在线交易的现金。由于中国央行只负责提供必要的基础设施，因此不会出现去中介化的可能问题，而公众需要与商业银行和支付服务提供商联系才能使用 CBDC，在一定程度上增加其安全性。但目前我国的数字人民币仍属于适用阶段，其相关的符合我国现有法律的基本框架的法律规制应及时研发。监管制度上，数字人民币与现金流存在区别其监管制度与现有制度不兼容，须尽快制定符合数字人民交易的监管体制。及时完善相关法律法规。

为了深入了解 CBDC 发行的影响，美联储正在与麻省理工学院（MIT）合作构建和测试 CBDC。美联储还在研究数字货币对支付生态系统、货币政策、金融稳定、银行和金融以及消费者保护的影响。

目前中央银行数字货币仍然属于试验性阶段，关于央行数字货币的法律制度并没有确切的规定，由于各国所采用的应用模式不同，其监管制度也存在不同的规定，这在跨境交易中存在一定的难度。因此各国现阶段央行数字货币行动的探索是促进建立全球央行数字货币跨境交易试验阶段，也是最直接的应用借鉴。

一、数字美元的构建框架

(一) 数字美元的构建理念

由于央行数字货币在各国的积极试行，美联储也正在考虑 CBDC 如何适应美国的货币和支付格局。当前，美联储票据（即实物货币）是唯一的中央向公众开放的银行存款。在最新发布的关于数字美元的报告中，美联储称与现有形式的商业银行货币和非银行货币一样，CBDC 将被定义为公众广泛使用的美联储数字负债，并使公众能够进行数字支付。与其他实物货币的负债价值相比，CBDC 不需要存款保险等机制来维持公众信心，CBDC 也不会依赖基础资产池的支持来维持其价值。CBDC 将是公众可以使用的最安全的数字资产，没有相关的信用或流动性风险。美联储目前继续探索 CBDC 的各种设计方案。虽然尚未就是否采用 CBDC 做出决定，但迄今为止的分析表明对数字美元的构建理由都是积极性的，并表示如果创建一个潜在的数字美元，主要构建的是隐私保护、中介、转让和身份验证这几个主要问题。

关于隐私保护，美联储认为保护消费者隐私至关重要，任何 CBDC 都需要在保护消费者的隐私权和提供阻止犯罪活动所需的透明度之间取得适当的平衡。在中介问题上，《联邦储备法》未授权直接为个人开设美联储账户，此类账户将代表美联储在金融体系和经济中的作用显著扩大。在中间模型下，私营部门将提供账户或数字钱包，以促进 CBDC 持有和支付的管理。潜在的中介机构可能包括商业银行和受监管的非银行金融服务提供商，并将在 CBDC 服务的公开市场上运营。尽管商业银行和非银行机构会为个人提供管理其 CBDC 持有量和支付的服务，但 CBDC 本身将是美联储的负债。中间模型将有助于使用私营部门现有的隐私和身份管理框架，利用私营部门的创新能力并减少对运作良好的美国金融体系造成破坏的可能性。关于数字美元的转让，美联储称要使 CBDC 作为一种可广泛使用的支付方式，它需要在不同中介的客户之间轻松转让。通过允许资金在整个经济中自由流动，在不同中介机构之间无缝转移价值的能力使支付系统更加高效。在数字美元的监管上，美国的金融机构旨在打击洗钱和资助恐怖主义，由此 CBDC 的设计需要符合这些规则的限制。在实践中，这意味着 CBDC 中介需要验证访问 CBDC 用户人的身份，就像银行和其他金融机构目前验证其客户的身份一样。在这方面，

CBDC 与现金有很大不同，后者支持匿名交易。虽然中央银行无法完全防止现金被用于非法目的，但 CBDC 的使用规模和速度可能比现金大得多，因此对于数字美元的使用遵守旨在打击洗钱和资助恐怖主义的法律尤为重要。

数字美元使用的条件是交易需要最终确定并实时完成，并设计为允许用户使用无风险资产相互支付。个人、企业和政府设计为可使用 CBDC 来购买商品和服务或支付账单，政府可以使用 CBDC 直接向公民征税或支付福利。此外，CBDC 可能被编程，例如，在特定时间交付付款，也就是利用数字美元进行智能合约的支付。这是美联储关于数字美元涉及的使用及用途的相关设想。并且他们认为 CBDC 有可能成为支付系统的新基础，以及不同支付服务之间的桥梁。它还可以在快速数字化的经济中保持安全和值得信赖的中央银行资金的中心地位，满足未来对支付服务的需求。数字美元将为公众提供不受信用风险和流动性风险的数字货币的广泛访问。因此，它可以为私营部门的创新提供安全的基础，以满足当前和未来对支付服务的需求。私人数字货币的所有选择，包括稳定币和其他加密货币，都需要降低流动性风险和信用风险的机制。但所有这些机制都是不完善的。在数字经济发展迅速的时代，私人数字货币的扩散可能会给个人用户和整个金融系统带来风险。数字美元可以在支持私营部门创新的同时减轻其中一些风险。数字美元还可能有助于为各种规模的私营部门公司提供支付创新的公平竞争环境。对于一些较小的公司来说，发行一种安全而稳健的私人货币的成本和风险可能会令人望而却步。CBDC 可以克服这一障碍，并允许私营部门创新者专注于新的访问服务、分发方法和相关服务产品。最后，CBDC 可能会产生新的能力来满足数字经济不断发展的速度和效率要求。如上所述，例如，CBDC 可能被编程为在特定时间交付付款。此外，CBDC 可能被用于进行小额支付——通常在网上发生的金融交易，涉及的金额非常小，传统支付系统不一定能促进这种支付。

（二）数字美元的跨境支付

央行数字货币有可能通过使用新技术、引入简化的分销渠道以及为跨辖区协作和互操作性创造更多机会，来简化跨境支付。实现这些潜在的改进需要大量的国际协调来解决诸如通用标准和基础设施、能够访问任何新基础设施的中介类型、法律框架、防止非法交易以及实施成本和时间等问题。另一方面美联储认为，数字美元另一个潜在好处可能是保持美元在国际上的主导地位。美元是世界上使用最广泛的支付和投资货币，是世界储备货币。美元的国际角色通过降低美国家庭、企业和政府的交易和借贷成本等使美国受益。美元的国际角色也让美国能够影响全球货币体系的标准。由于美国金融市场的深度和流动性、美国经济的规模和开放性以及国际对美国制度和法治的信任，美元在全球范围内广泛使用。然而，重要的是要考虑许多外国和货币联盟可能已经引入 CBDC 的潜在未来状态的影响。有人建议，如果这些新的CBDC 比现有的美元形式更具吸引力，美元的全球使用可能会减少。因此进行数字美元的研发，也是为稳固美元世界地位的选择。美联储的这一说法是否具有美元霸权的思想，作者认为是需要考量的，不能因各国发行本国数字法定货币就以影响美元地位来进行金融制裁。事实上，美国也做出了个别的金融制裁，这样是否有违世界金融规则？数字美元的实行可以成为美元霸权的地位的替代吗？这是全球各国需要在发行数字法定货币时必然应对的问题。

（三）数字美元的潜在风险和政策考虑

尽管引入 CBDC 可以使美国消费者和更广泛的金融体系受益，但它也会引发复杂的政策问题和风险。

1. 金融部门市场结构的变化

第一，CBDC 可以从根本上改变美国金融体系的结构，改变私营部门和中央银行的角色和责任。美国银行目前（在很大程度上）依靠存款来为其贷款提供资金。广泛可用的 CBDC 将作为商业银行货币的替代品，或者在有息CBDC 的情况下，接近完美的替代品。这种替代效应可能会减少银行系统中的存款总量，这反过来可能会增加银行融资费用，并减少信贷可用性或提高家庭和企业的信贷成本。同样，计息 CBDC 可能会导致转变远离其他低风险资产，例如货币市场共同基金、国库券和其他短期工具的股票。远离这些其他低风险资产可能会降低信贷可用性或提高企业和政府的信贷成本。CBDC 设计选择要以解决或减轻这些负面影响进行。例如，作为商业银行货币的替代品，无息 CBDC 的吸引力将降低。此外，中央银行限制最终用户可以持有的 CBDC数量。CBDC 用以刺激银行和其他参与者的创新，并将成为比许多其他产品（包括稳定币和其他类型的非银行货币）更安全的存款替代品。这样的考虑可能比私人数字货币的应用更为安全。

第二，数字美元影响金融体系的安全与稳定。由于中央银行货币是最安全的货币形式，因此可广泛使用的 CBDC 对规避风险的用户特别有吸引力，尤其是在金融系统面临压力的时期。将其他形式的货币（包括商业银行的存款）快速转换为 CBDC 的能力可能会使金融公司的挤兑更有可能或更严重。在金融恐慌的情况下，审慎监管、政府存款保险和获得央行流动性等传统措施可能不足以避免商业银行存款大量流入 CBDC。CBDC 的设计选择应考虑减少其中一些安全问题。例如，中央银行可以不支付 CBDC 的利息。尽管中央银行的负债本质上是无风险的，即使 CBDC 的回报率不那么有吸引力，储户在危机中可能更喜欢 CBDC 而不是银行存款。中央银行可以通过限制最终用户可以持有的 CBDC 总量来潜在地解决这种风险，或者它可以限制最终用户可以在短期内积累的 CBDC 数量。

2. 数字美元的货币政策执行效果

在当前"充足准备金"的货币政策体制下，美联储主要通过设定美联储的管理利率来控制联邦基金利率和其他短期利率水平。该制度不需要对储备供应进行积极管理。准备金数量每日波动的预期水平通常对联邦基金利率和其他短期利率水平影响不大。[1]

在此框架下，数字美元的引入可能会通过改变银行系统的准备金供应来影响货币政策的实施和利率控制。不计息数字美元应用下，公众对 CBDC 的需求水平和波动性可能与目前影响银行系统储备数量的其他因素相同，例如实物货币或次日变化回购协议。在这种情况下，导致准备金增加相应的 CBDC 下降，这样会使准备金更加充裕，对联邦基金利率几乎没有影响。如果美元是 CBDC 的替代品，则不会影响储备；但是，如果私营部门资产是替代品，CBDC 总余额的变化将对总储备水平产生直接影响。同样，如果储备的初始供应足够大，以提供足够的缓冲，那么推动 CBDC 的增加对联邦基金利率也几乎没有影响。从长远来看，美联储可能不得不增加其资产负债表的规模来适应 CBDC 的增长，类似于发行越来越多的实物货币对资产负债表的影响。如果对 CBDC 的需求直接或间接地从美联储的非准备金负债（包括实物货币）转移，这种需求将得到一定的缓解。此外，美联储可能需要平均增加准备金水平，以便为 CBDC 的意外增加提供足够的缓冲。否则，这种激增可能会将银行系统的准备金总量推至"充足"水平以下，并对联邦基金利率造成上行

---

〔1〕 JaneI hrig, ZeynepSenyuz, and GretchenC. Weinbach, "The Fed's 'Ample- Reserves' Approach to Implementing Mon-etary Policy," Finance and Economics Discussion Series 2020-022（Washington：Board of Governors of the Federal Reserve System, February 2020）, https：//doi. org/10. 17016/FEDS. 2020. 022. （last visited 20 Jun 2021）.

压力。如果 CBDC 的计息水平与其他安全资产的回报率相当，那么 CBDC 与货币政策实施之间的相互作用将更加明显和复杂。在这种情况下，公众对 CBDC 的需求水平和波动性可能相当大。消费者、企业和潜在的其他人可能会决定削减他们持有的银行存款、国库券和货币市场共同基金投资，并增加 CBDC 的持有。在这种情况下，国外对 CBDC 的巨大需求的潜力将使货币政策的实施进一步复杂化。随着时间的推移，利率和其他市场因素的变化也可能显著影响公众对 CBDC 的需求。为了维持充足的准备金供应，美联储可能需要大幅扩大其证券持有量。市场发展对 CBDC 需求变化产生重大影响的潜力也可能给管理储备和实施政策带来挑战。

3. 数字美元的隐私和数据保护以及预防金融犯罪

任何 CBDC 都需要在保护消费者隐私权和提供阻止犯罪活动所需的透明度之间取得适当的平衡。消费者隐私：通用 CBDC 将生成有关用户金融交易的数据，其方式与当今商业银行和非银行货币生成此类数据的方式相同。在美联储将考虑的中介 CBDC 模型中，中介机构将通过利用现有工具来解决隐私问题。预防金融犯罪：与此相关的是，金融机构必须遵守一套旨在打击洗钱和资助恐怖主义的强有力的规则。这些规则包括客户尽职调查、记录保存和报告要求。如上所述，任何 CBDC 都需要以有助于遵守这些规则的方式进行设计。美国 CBDC 的中介模型具有让私营部门合作伙伴参与既定计划以帮助确保遵守这些规则的明显优势。

（四）美联储目前的政策探索现状

美联储对数字货币进行广泛的经济和政策研究，尤其关注金融包容性和金融稳定性。利夫兰联邦储备银行正在开展学术合作，研究如何设计 CBDC 以支持金融包容性。亚特兰大联邦储备银行正在考虑以现金为基础的弱势群体是否可以安全地使用数字支付并从中受益。政策分析师和经济学家正在研究一系列数字货币问题，包括隐私考虑和货币政策对 CBDC 和私人数字资产的影响。

二、数字欧元的政策构建

欧洲央行称数字欧元仍然是欧元：就像纸币，但数字化。它将是由欧元体系（欧洲央行和国家中央银行）发行的一种电子货币形式，可供所有公民和公司使用，数字欧元不会取代现金，而是补充它。数字欧元可以通过让公民在快速变化的数字世界中获得安全的货币形式来支持欧元体系的目标。欧元体系必须解决与数字欧元相关的一些重要法律考虑，包括发行的法律基础、不同设计特征的法律影响以及欧盟立法对作为发行人的欧元体系的适用性。2020 年 10 月 2 日，欧洲央行发布了一份关于数字欧元的报告〔1〕。在报告的第四章主要对数字欧元的法律建设做出了构建。

主要集中在：

1. 数字欧元的具体设计选择将决定其发行的法律依据。

2. 欧盟基本法不排除发行数字欧元作为法定货币的可能性，因此要求收款人接受它进行支付。

3. 关于数字欧元的分配和获取的某些实际安排原则上可以外包，但需要受到欧元体系的严格监督。

（一）数字欧元的发行依据

选择作为发行基础的主要欧盟法律，这将取决于数字欧元的设计及其发行目的。因此，欧洲央行认为如果将数字欧元作为货币政策工具发行，类似于央行储备，并且只有央行交易对手方可以使用，那么欧元体系可以援引《欧盟运行条约》（TFEU）第 127 条第 2 款作为法律依据，结合欧洲中央银行体系（ESCB）章程第 20 条第一句。相反，如果要通过在欧元体系中持有的账户向家庭和其他私人实体提供数字欧元，则欧元体系可以援引 TFEU 第 127 条第 2 款以及《规约》第 17 条作为法律依据，但它不能作为唯一的法律依据。如果要发行数字欧元作为特定类型支付的结算媒介，并由只有合格参与者才能访问的专用支付基础设施处理，那么发行数字欧元最便捷的法律依据将是 TFEU 第 127（2）条与 ESCB 章程第 22 条相结合。最后，如果将数字欧元作为与纸币等价的工具发行，那么其发行的最便捷的法律依据将是 TFEU 第 128 条以及 ESCB 章程第 16 条第一句。总体而言，将 TFEU 第 128（1）条与 ESCB 章程第 16 条结合使用，将为欧元体系提供最大的自由裁量权，以发行具有法定货币地位的数字欧元。依赖 TFEU 第 127（2）条以及 ESCB 章程第 17、20 或 22 条将更符合发行有限用途的数字欧元变体，没有一般法定货币地

---

〔1〕 Report on a digital euro, October 2020, https://www.ecb.europa.eu/paym/digital_ euro/report/html/index. en. html。（last visited 20 Jun 2021）.

位。可以起草根据 TFEU 第 133 条通过的二级法律法案，以规范欧元体系发行具有法定货币地位的数字欧元的条件。

在最终用户可以直接访问数字欧元的情况下，欧元系统将成为数字欧元支付服务的唯一提供者，而在最终用户具有中间访问权限的情况下，欧元系统将依赖第三方进行支付。数字欧元的发行中对数字欧元的零售访问需要相当大的法律革新，而非零售访问可直接应用现行法律，基于零售账户的数字欧元可以通过直接在欧元系统或通过受监管的中介机构开立账户来实施，而无记名数字欧元（也称为"基于代币"或"基于价值"的数字欧元）的分发可能会需要受监管的中介机构的参与。总体而言，与不能外包的数字欧元的设计和发行要素（例如报酬、匿名性、基础设施、发行模式等）相反，非零售数字欧元对中央银行的资产负债表没有影响（对于例如单位存储、代表公众处理付款等）原则上可以外包，但要受到严格的欧元体系监管。再者，根据数字欧元的设计和欧元体系发行它的目的，会出现不同的私法问题。例如，在基于账户的模型中，数字欧元将构成对相关国家中央银行（NCB）或欧洲央行的债权或代表债权，以实现与主权货币之间的可兑换性。因此，将适用管理银行存款的私法规则。[1]

（二）数字欧元的交易机制

数字欧元可以通过基于账户的系统或作为不记名票据提供。在基于账户的系统中，用户的持有量将由第三方记录，该第三方将代表付款人和收款人确定交易是否有效，并会相应地更新各自的余额。这是当今代理人将资金从付款人的银行账户转移到收款人的账户的方法，也是主要电子支付解决方案采用的方法。它将允许发行 CBDC 的中央银行控制交易流（直接或通过受监管的中介机构）。但是，如果用户或中央第三方不在线，则不能使用此方法。当使用不记名数字欧元时，付款人和收款人将负责验证他们之间的任何价值转移。这就是现金支付的工作方式，而电子支付的应用受到限制。不记名数字欧元将不受欧元体系或中介机构的直接监管，这意味着对持有量和国际交易价值的限制，以及对目标群体的限制，用户数只能在支付设备中强制执行。在使用不记名票据支付的情况下，中央银行要求只有合法授权的用户才能参

---

〔1〕 Report on a digital euro, October 2020, https://www.ecb.europa.eu/paym/digital_ euro/report/html/index. en. html。(last visited 20 Jun 2021)。

与交易，这意味着所有支付设备都需要用户验证他们的身份。例如，该设备可以记录有关预期用户的物理属性的信息（称为生物特征，例如指纹和虹膜识别），并且用户在开始支付时必须提供匹配的元素。如果不记名 CBDC 本地存储在支付设备上，设备丢失或损坏可能导致 CBDC 丢失。应通过可用的最先进技术工具确保设备中存储的信息的隐私和安全。

因此，综上可以看出，欧洲央行在对数字欧元的发行与交易构建更为靠近法定货币的基本内涵，将关于数字欧元的相关管理制度也涵盖在了现行的法律制度之中，从对法定货币的定义出发，将数字欧元的不同模型进行定义，与法定货币功能相似的数字欧元以基本的货币政策及银行法进行监管，包括反洗钱反融资等金融性犯罪的法律，都以现行银行法规则规制，也就是以本国私法进行监管。对于涉及数字欧元的跨境支付与交易是否也是按照本国私法进行犯罪规制，是目前研究央行数字货币跨境支付与交易的法律制度构建值得关注的内容。

三、国际清算银行关于 CBDC 跨境交易的构建

由于数字经济的极速发展、全球疫情蔓延导致在国内外支付及交易上迫切需要更快、更便宜、更透明和更具包容性的服务体系，尤其是在跨境支付服务上，这将为全球公民和经济带来广泛利益，不仅支持经济增长、国际贸易，也为全球发展和金融包容性提供积极的营销。基于此，G20 已将加强跨境支付作为优先事项，并通过了一项应对关键挑战的综合计划[1]。国际清算银行在国际层面评估了中央银行数字货币项目以及它们可用于跨境支付的程度，调查了与跨境使用 CBDC 相关的可能的宏观金融影响后，提出了一份关于央行数字货币跨境支付与交易的报告[2]。

但这份报告并不意味着适用于当下的所有国家，因为，从上述的数字美元、数字欧元、以及其他正在开发的各国央行数字货币的现状看出，目前各国在研究数字货币的发行与交易上主要是集中在国内的使用，目前也没有主要司法管辖区启动 CBDC，许多设计和政策决定仍未解决。中央银行的大多数

---

〔1〕　FSB（2020a，b，c），CPMI（2020a，b）. See also Annex 2.

〔2〕　BIS，Central bank digital currencies for cross-border payments Report to the G20，https://www. bis. org/publ/othp38. pdf，（last visited 15 Aug 2021）.

CBDC 调查都集中在国内问题和用例上。鉴于这种早期的发展状态，世界银行发布的这份报告可以说是具有探索性的，也是极具借鉴意义，并在预估 CBDC 被广泛使用的情况下详细地说明了 CBDC 的跨境影响。在实践中，CBDC 的国内发行还需要经过相当多的经济和实践检验，才能加快跨境使用的探索步伐。此外，跨境支付计划其他领域的改进，例如调整跨境支付的监管、监督和监督框架、反洗钱/打击资助恐怖主义（AML/CFT）的一致性、支付与支付（PvP）的采用和支付系统访问[1]对于跨境 CBDC 的使用至关重要。

在此背景下，该报告从两个角度探讨了（1）从如何建立具有 CBDC 的跨境支付基础设施（2）从宏观金融的角度，审视跨境流动的潜在增长、可能的金融稳定风险和货币替代，以及储备货币配置和支持。并且提出可以通过两种根本不同的方式设想使用 CBDC 进行跨境支付。第一种情况假设一个给定辖区的零售 CBDC 可供该辖区内外的任何人使用，发行中央银行之间仅限于没有协调。在这种情况下，如果设计允许像现金这样的匿名支付，那么外国居民默认可以使用它。然而，在实践中，相对较少的中央银行正在考虑完全匿名的系统。与现金相比，可以通过 CBDC 的技术和监管设计对跨境使用施加各种限制。第一种情况取决于 CBDC 的国内设计。第二种情况假设 CBDC 之间基于访问和结算安排具有一定程度的互操作性，以促进来自两个或多个司法管辖区的 CBDC 的跨境使用。这种安排可以跨境连接批发和零售 CBDC，意味着中央银行之间的强有力合作，包括技术、市场结构和法律方面。本书主要是对数字货币跨境交易相关法律问题的研究，因此这里将仅从法律的层面研究世界银行报告中的央行数字货币跨境支付内容，对于报告中的模型及构建不在此讨论。

根据设计和法规，CBDC 的跨境可用性可以降低获取、存储和使用外币的成本。外国中央银行发行 CBDC 可能会以牺牲其他货币为代价来提高这些国际货币的地位。这可能会通过采用外国 CBDC 促进更广泛的货币替代，特别是在通货膨胀率高和汇率波动的国家。正如国际货币基金组织（2020 年）中所讨论的，货币替代已经普遍且持续存在（全球超过 18% 的国家的外币存款高于 50%）。虽然货币替代的根本原因是对一个国家自己的货币缺乏信心，但由于国内条件，快速的货币替代可能会破坏各国纠正国内政策的努力。广泛

---

〔1〕 CPMI Stage 2 report to the G20-technical background report, July 2020.

的货币替代会破坏货币政策的独立性，并对发行国和接受国都带来风险。对于发行国而言，外国对 CBDC 需求的变化可能意味着资本流动的大幅变动，这也可能会干扰货币政策。对于接收国来说，货币替代通过降低其直接影响的流通货币的比例来减少国内央行对国内流动性的控制。此外，它降低了货币需求的稳定性。这可能会削弱货币传导机制——即短期名义利率等货币工具政策引起的变化影响宏观经济变量的机制。如果外币是由经济周期与接收国不相关的国家发行的，那么后者将遭受货币政策控制不力和通胀波动更大的影响，对更贫困和更脆弱的家庭造成不成比例的影响。货币替代也可能削弱国内央行履行最后贷款人职能的能力。原因是，如果国内银行有大量非本国货币负债，这可能是广泛货币替代的结果，中央银行将无法创造外币来提供流动性援助，而必须依赖外国中央银行的准备金或流动性提供货币。

国际清算银行的报告中称："在其他条件相同的情况下，更便宜、更快的跨境交易可能会增加国内银行业和货币挤兑的风险。"对于许多新兴市场和发展中国家来说，即使在目前，银行体系的挤兑通常实际上是在资金离开该国时对本国货币的挤兑。此外，较低的外币交易成本可能导致家庭和企业以及潜在银行面临更高的外币风险敞口，从而对金融稳定产生负面影响。在目前央行数字货币的制度构建中，各国探索主要集中在限制 CBDC 在国内的采用上，因此，世界银行提出多边合作将是央行数字货币跨境交易与支付的关键。并在各成员国协商一致的积极环境及友好原则下就设计全球统一的体系，允许外国当局设置钱包或网络的基本参数，以限制货币替代。这些设计原则需要在全球层面进行协调，以使其满足所有国家的需求，并被广泛采用以限制套利。通过国际组织提供的技术援助，合作对于弥合可能发生的超发货币、货币替代及银行挤兑问题非常重要。

当然，在央行数字货币跨境交易的过程中，各国担心的不仅是超发、货币替代、银行挤兑的风险，还指出了其他重要风险，例如结算的便利性、AML/CFT、网络风险以及他国 CBDC 的威胁或全球稳定币作为国内市场主导工具的出现。与跨境使用相关的"其他"风险还包括非法金融、消费者保护（数据隐私）、网络风险和运营风险。其中一些担忧与数字美元化密切相关。许多中央银行目前正在调查 CBDC 的风险、收益和各种设计但重点关注国内需求。到目前为止，只有少数央行做出了坚定的设计选择。

在国际清算银行的报告中提出"CBDC 的影响，即使仅用于国内使用，也将会超越国界，因此协调工作和找到共同点至关重要。如果各国协商一致，CBDC 提出的全新方案可能会及时与数字技术相结合，以增强跨境支付。促进此类支付的安排意味着不同程度的国际一体化合作，从共同标准的基本兼容性到国际支付基础设施的建立进行合作。国际清算银行还强调了多边合作的必要性和 CBDC 之间互操作性的重要性。以及在调整跨境支付的监管、监督和监督框架、AML/CFT 一致性、PvP 采用和支付系统访问将是至关重要的"。可以看出，在央行数字货币跨境交易的法律问题上，国际合作成为解决跨境问题的关键，如何协调及合作监管成为 CBDC 的探索问题之一，也是本书将会提出的构建创新点。

本章小结

本章主要的撰写目的是为全面地探索数字货币跨境交易支付的法律问题提供国际经验借鉴。从本书上一章关于数字货币跨境交易产生的法律风险的内容可以得知，在当下数字货币交易环境中，现行存在的方式以加密货币为主，央行数字货币的跨境交易在目前的运行中还未有成熟的发展与实践，因此本章从两方面的内容进行论述。针对数字货币跨境交易中各国在法律规制中是如何进行的，关于央行数字货币的跨境交易有怎样的制度构建与措施进行全面讨论。本章第一层面分析了各国在数字货币认定中的不同，从认定的不同可以看出由于认定的不同所产生的法律属性及法律运用也大不相同，这样的现状对于当下使用数字货币进行跨境交易是不利的且复杂的，因此，为下文提出构建统一数字货币分类机制提供了事实依据，第二层面是关于在数字货币交易过程中涉及的金融性法律风险，从第三章可以看出数字货币交易的金融性犯罪主要涉及反洗钱、诈骗、融资等内容，因此详尽典型国家在目前的金融犯罪法律规制也是关键的环节，数字货币的交易金融风险不仅存在于本国交易中也存在于跨境交易之中，在数字货币，尤其在加密货币交易中美国等国家的现状相对成熟，与之相对应的法律规制也在目前来讲是比较完整的，但仍然存在问题。详细分析使用加密货币的国家的现在法律规定，这也为央行数字货币的发展提供借鉴。第三层面是对各国的监管政策进行分析，各国的监管政策影响着数字货币交易与支付尤其是在跨境交易体系下的数字货币交易。分析典型国家的监管制度能为构建全球监管体系提供很好的借鉴意义。最后一个层面主要列举了当前数字欧元、数字美元及世界央行对央行数字货币跨境支付的建议。从央行数字货币发展的最新实践，探究各国在CBDC 的应用上如何构建法律机制，并对跨境交易的央行数字货币提供法律构建的依据。本章的关键意义在于为下文构建全球数字货币跨境监管提供借鉴，不仅从宏观概念的层面详尽数字货币现状，更从实际的应用当中探索数字货币跨境交易的意义、政策及法律构建，并从各国的治理政策、法律规制、监管制度中发现不同模式下的优势与劣势，在之后的探索全球合作构建上主要集中于劣势的解决，并将优势转化为更为合理的具有国际性的全球应用。这是本章的存在意义，也是不可缺少的讨论章节。

在全面了解全球典型国家在数字货币交易范畴的法律规制后，如何将政策制度转化在实际案例中应用呢？这是本章主要阐述的内容，以三个在不同国家的数字货币制度下的实际案件，分析各国在当前数字货币监管制度下的应用是否是适当且有效的。本章从实际出发，分析案件的主要事实、依据、结果，为数字货币在跨境交易中的风险监管提供借鉴，也能更好地为建立数字货币跨境交易国际制度构建提供事实依据。

第一节　US v BTC-E and Alexander Vinnik 案[1]

2017 年 7 月美国官员在司法部的一份声明中将 Alexander Vinnik 描述为 BTC-e 的运营商，该交易所自 2011 年以来一直用于交易数字货币比特币。他们指控 Alexander Vinnik 和他的公司"收到"了超过 40 亿美元的比特币，并且没有遵循适当的协议，在美国进行了大量的洗钱和其他犯罪。

一、案件对象犯罪事实

（一）BTC-e

BTC-e 是一个数字货币交易所，允许用户通过其网络域 btc-e. nz 匿名买卖比特币和其他数字货币。自成立以来，BTC-e 已为全球约 700 000 名用户提供服务，其中包括美国和加利福尼亚北区的众多用户。BTC-e 被全球网络犯罪分子使用，是用于洗钱和清算犯罪所得的主要实体之一，将其从包括比

---

[1]　UNITED STATES OF AMERICA DEPARTMENT OF THE TREASURY FINANCIAL CRIMES EN-FORCEMENT NETWORK，IN THE MATTER OF：BTC-E a/k/a Canton Business Corporation）and Alexander Vinnik，Number 2017-03，https://www. fincen. gov/sites/default/files/enforcement_ action/2020-05-21/Assessment%20for%20BTCeVinnik%20FINAL2. pdf（last visited 20 Jun 2021）.

特币在内的数字货币转换为包括美元、欧元和卢布在内的法定货币。为了使用 BTC-e，用户通过访问 BTC-e 的网站 https. btc-e. nz 创建了一个账户。要创建账户，用户甚至不需要提供最基本的识别信息，例如姓名、出生日期、地址或其他标识符。创建用户账户所需的所有 BTC-e 都是自创建的用户名、密码和电子邮件地址。与合法的数字货币兑换商不同，BTC-e 不要求其用户通过提供官方身份证明文件来验证其身份。当客户试图使用银行电汇将资金转入或转出 BTC-e 的交易所时，BTC-e 有时会要求提供身份证明文件，例如驾照或护照。BTC-e 并未要求所有涉及银行电汇的交易或其他类型的交易提供此类文件。

BTC-e 的商业模式使交易和资金来源模糊。BTC-e 用户没有通过直接向 BTC-e 本身转账来为账户注资，而是指示用户将资金电汇到 BTC-e 的一家"前台"公司，虽然名义上与 BTC-e 是分开的，但在事实上，由 BTC-e 控制和运营。BTC-e 用户也不能直接从他们的账户中提取资金，例如通过 ATM 取款。相反，BTC-e 用户必须通过使用第三方"交易所"或其他处理器进行提款，从而使 BTC-e 能够避免收集有关其用户的任何信息，这些信息会留下集中的金融票据痕迹。因此，用户可以创建一个仅包含用户名和电子邮件地址的 BTC-e 账户，而这通常与用户的实际身份无关。BTC-e 账户直接从各种网络犯罪中获得犯罪收益，包括大量黑客事件、勒索软件付款、身份盗窃计划、腐败公职人员挪用公款和毒品分发。BTC-e 的很大一部分业务来自涉嫌犯罪活动。BTC-e 自己的论坛上的消息公开明确地反映了平台用户参与的一些犯罪活动以及他们如何使用 BTC-e 洗钱。BTC-e 用户以暗示犯罪的绰号建立账户，包括 "ISIS"、"CocaineCowboys"、"blackhathackers"、"dzkillerhacker" 和 "hacker4hire" 等用户名。尽管有这些可疑的用户名，BTC-e 没有采取任何行动来识别这些客户或调查这些客户或任何其他客户是否使用其服务进行、隐藏或促进非法活动。BTC-e 的结构允许犯罪分子以高度匿名的方式进行金融交易，从而避免被执法部门逮捕或扣押资金。与其他在 FinCEN 注册的合法数字货币兑换商相比，BTC-e 存在帮助客户利用汇率实施洗钱等犯罪的嫌疑。位于美国境内的客户使用 BTC-e 进行了至少 21 000 笔价值超过 296 000 000 美元的比特币交易和数万笔其他可兑换虚拟货币的交易。BTC-e 没有及时向 FinCEN 注册、维护 AML 程序的任何元素或报告可疑活动。

（二） Vinnik[1]

Alexander Vinnik 在 BTC-e 担任高级领导职务，并参与指导和监督 BTC-e 的运营和财务。Alexander Vinnik 控制着多个用于处理 BTC-e 交易的 BTC-e 管理账户。BTC-e 的所有者和管理者，包括 Alexander Vinnik，都知道 BTC-e 是一家洗钱企业。Alexander Vinnik 发送了自称是 BTC-e 所有者的电子邮件，并利用该网站个人进行非法收益交易。Alexander Vinnik 在 BTC-e 经营多个行政、财务、运营和支持账户，包括来自其他虚拟货币交易所，例如 Mt. Gox。此外，从这些账户中提取的款项直接存入与 Alexander Vinnik 相关的银行账户。这些账户使 Alexander Vinnik 能够观察进出 BTC-e 的交易，以及特定的客户活动和资料。Alexander Vinnik 作为高级领导负责监督但并没有努力确保 BTC-e 在 FinCEN 注册、维护 AML 程序的任何元素或报告可疑交易。

基于该犯罪内容，BTC-e and Alexander Vinni 在 2016 年 5 月 31 日，被加利福尼亚州北区陪审团进行了两项指控，指控 BTC-e 和 Alexander Vinnik 经营无牌货币服务业务，违反了 18 U. S. C. § 1960，并且共谋进行了洗钱，违反 18 U. S. C. § 1956 （h）。2017 年 1 月 17 日，FinCEN 发布了 21 项替代起诉书，指控 BTC-e 和 Vinnik 经营未经许可的货币服务业务，违反了 U. S. C § 1960；串谋洗钱，违反 18 U. S. C. § 1956 （h）；洗钱，违反 18 U. S. C. § 1956 （a） （1） （A） （i） 和 （a） （1） （B） （i）；从事非法货币交易，违反 18 U. S. C. § 1957.

二、FinCEN 对案件的犯罪认定[2]

FinCEN 评估了针对 BTC-e 和 Vinnik 的诉讼，对其进行了以下认定：

（一） 未注册为 MSB

货币服务企业（"MSB"）是指从一个人那里接收有价物（包括货币或替代货币的价值）并将相同或不同形式的价值以任何方式传输给另一个人或地

---

[1] Department of Justice U. S. Attorney's Office Northern District of California, United States Files $ 100 Million Civil Complaint Against Digital Currency Exchange BTC-e And Chief Owner-Operator Alexander Vinnik, https://www. justice. gov/usao-ndca/pr/united-states-files-100-million-civil-complaint-against-digital-currency-exchange-btc-e, （last visited 15 Aug 2021）.

[2] UNITED STATES OF AMERICA DEPARTMENT OF THE TREASURY FINANCIAL CRIMES EN-FORCEMENT NETWORK, IN THE MATTER OF：BTC-E a/k/a Canton Business Corporation and Alexander Vinnik, Number 2017-03, https://www. fincen. gov/sites/default/files/enforcement_ action/2020-05-21/Assessment%20for%20BTCeVinnik%20FINAL2. pdf, （last visited 20 Jun 2021）.

点的任何个人或实体。[1]MSB 必须在开始运营后的 180 天内向 FinCEN 注册，并每两年更新一次此类注册。[2]在美国境内开展业务的位于国外的 MSB 必须注册并且还必须在美国境内指定一名代理人，以接受 BSA 相关事务的法律程序。[3]BTC-e 网站（https. btc-e. nz）的条款和条件包含以下信息，"BTC-e 提供了一个在线工具，允许用户在全球范围内自由地用比特币交易多种不同的货币。"因此，BTC-e 的商业模式是在实体和个人之间以及地点之间转移有价值的东西——比特币和其他加密货币。因此，BTC-e 是一个 MSB。BTC-e 在其存在的任何时候都没有在 FinCEN 注册为 MSB。2013 年 3 月，FinCEN 发布了指南，澄清并确认了其 2011 年 7 月的最终规则，规定在美国传输虚拟货币和运营的交易商和管理员必须遵守 FinCEN 的要求，包括注册为 MSB。尽管如此，BTC-e 仍然没有进行注册。

（二）未建立反洗钱计划和程序

根据 BSA，MSB 必须制定、实施和维持有效的反洗钱计划，该计划的设计合理，以防止 MSB 被用于促进洗钱和资助恐怖活动[4]。反洗钱计划必须包含书面政策、程序和内部控制；指定负责 BSA 合规性的个人；提供培训，包括如何检测可疑交易；并提供对反洗钱计划的独立审查。[5]BTC-e 在任何时候都没有任何反洗钱政策或程序，更不用说检测和预防可疑交易的有效程序。相反，BTC-e 的宽松政策鼓励从事犯罪活动的人使用其服务，而 BTC-e 成为寻求洗钱的犯罪分子的首选虚拟货币交易所。BTC-e 没有验证客户身份的政策或程序，甚至未能收集遵守 BSA 所需的最基本的客户信息并且允许其客户仅使用用户名、密码和电子邮件地址来开设账户和进行交易。无论交易有多大或客户进行了多少交易，BTC-e 只收集这些有限的信息。事实上，BTC-e 处理的数字货币交易具有限制其识别客户和检测可疑活动的能力。例如，BTC-e 使用比特币"混合器"处理了价值数百万美元的交易，"混合器"不是直接在两个用户之间传输比特币，而是创建了由混合器本身操作的临时比特币地址层，以使任何分析交易流的尝试变得复杂。此外，BTC-e 没有对

---

〔1〕　C. F. R. § 1010. 100（ff），2011 MSB Final Rule, 76 FR 43585, at 43596。

〔2〕　31 U. S. C. § 5330；31 C. F. R. § 1022. 380（b）（2）。

〔3〕　31 U. S. C. § 5330；31 C. F. R. § 1022. 380（a）（2）。

〔4〕　31 U. S. C. § 5318（a）（2）and（h）；31 C. F. R. § 1022. 210（a）。

〔5〕　31 U. S. C § 5318（a）（2）and（h）；31 C. F. R. § § 1022. 210（c）and（d）。

可疑活动进行尽职调查或监控交易的政策或程序。在某些情况下，BTC-e 客户联系了 BTC-e 的管理部门，询问如何处理和获取从销售非法药物和已知"暗网"非法市场交易中获得的收益。此外，BTC-e 的客户公开讨论使用 BTC-e 来促进 BTC-e 自己的内部消息系统以及其公共用户聊天系统上的非法活动。尽管如此，BTC-e 并未实施任何政策或程序来监控其平台的可疑活动。

（三）未提交 SAR 报告

根据 BSA，MSB 必须报告其"知道、怀疑或有理由怀疑"可疑的交易，如果这些交易涉及 MSB，并且总价值至少为 2000 美元。[1] 如果交易（a）涉及来自非法活动的资金，（b）旨在规避报告要求（c）没有商业或明显的合法目的（d）涉及使用 MSB 来促进非法活动，则该交易是"可疑的"。[2] 尽管平台上有大量非法活动的证据，但 BTC-e 没有提交单一的 SAR，包括评估中确定的具体活动。

据此，2017 年 7 月 26 日，FinCEN 就上述行为分别对 BTC-e 和 Alexander Vinnik 处以 88 596 314 美元和 12 000 000 美元的民事罚款。

三、案件的实践意义

从该案的案件梳理可以看出，关于加密货币的交易，其交易场所可能会成为促成交易中进行跨境洗钱、盗窃、诈骗的途径。从本案的处罚对象 BTC-e 和 Alexander Vinnik 看，一个是交易场所，主要针对加密货币的交易、转移、跨境结算；另一个是交易场所的主要负责人，他们都是在加密货币交易过程中主要的交易中介，但却没有发挥本职的作用，首先根据美国政策的要求，一旦符合货币交易场所的各项标准，必须在 MSB 进行注册，并在关于 MSB 的相关法律受到监管，基于上一章节关于美国的数字货币认定、反洗钱规定、税收规定及监管制度，本案件的判定是按照了这些顺序进行的案件审查，首先在判定案件对象的性质上根据美国 GAO 的规定 FinCEN 进行监管，并根据证券法相关规定进行法律规制，其次在判定性质上 FinCEN 首先根据是否构成 MSB 确定监管对象，接着从性质上判定是否进行了反洗钱或在反洗钱程序上是否符合规定，最后参考 SAR 报告来进行犯罪事实的认定及相关的处罚。根

---

〔1〕 31 U.S.C. §5318（g）（1）；31 C.F.R. §1022.320（a）（2）.

〔2〕 31 U.S.C. §5318（g）（1）；31 CFR. §1022.320（a）（2）（i）-（iv）.

据案例的整个过程，我们详细地了解到美国在监管数字货币交易和跨境交易的方法，即主要采用分级式的监管，但是本案也延伸出了现阶段分级监管中的弊端，如大量的信息收集是否侵犯客户的隐私？监管机构是否存在高端的数据检查系统能够高效地监管风险，案例中我们得知美国是在监视两年之后才能做出诉讼。这样长时间的监管是否有利于创新企业的发展？并且在跨境交易上如何解决管辖权问题？现阶段这些在本案中都仍未解决。但从积极的一方面来看，本案的分级监管在一定程度上为数字货币跨境交易的监管提供了借鉴，分级监管分担各方监管机构的负担，更精细化地追踪相应犯罪事实，并且也可以得出判断是否构成 MSB 的前提是认定数字货币性质本身。数字货币性质及交易的认定至关重要，关系着对它所使用的监管制度及法律依据。再者将分级化监管利用在各国间的跨境监管合作上，也不乏是一种制度的创新。

第二节　比特币的跨境洗钱案

一、比特币近期跨境洗钱案情

在 2020 年 10 月，来自 16 个国家的执法机构合作进行了一次重大打击，逮捕了 33 名涉及加密货币洗钱的犯罪分子。其中 20 人涉嫌参与 QQAAZZ 犯罪网络，据称该网络自 2016 年以来已为网络犯罪分子洗钱数千万美元。[1]据 Coin telegraph 称，"资金据称通过国际银行账户、波兰和保加利亚的空壳公司以及加密货币混合服务进行了转移"。[2]为了进行逮捕，欧洲政府搜查了欧洲40 多所加密货币交易场所，并在保加利亚没收了比特币采矿设备。同一天，在另一起案件中，一名新西兰男子因洗钱 200 万美元的加密货币被捕，部分原因是购买了包括兰博基尼和梅赛德斯 G63 在内的豪华汽车。2020 年 10 月15 日，美国司法部公布了一份替代起诉书，其中详细说明了针对六名个人共谋"代表外国卡特尔洗钱数百万美元"的案件。赌场、空壳公司、现金走私

---

〔1〕　Cryptocurrency Crime and Anti-Money Laundering Report，February 2021，https://ciphertrace. com/2020-year-end-cryptocurrency-crime-and-anti-money-laundering-report/，（last visited 15 Aug 2021）.

〔2〕　Cryptocurrency Crime and Anti-Money Laundering Report，February 2021，https://ciphertrace. com/2020-year-end-cryptocurrency-crime-and-anti-money-laundering-report/，（last visited 15 Aug 2021）.

和银行账户都被用来洗钱，其中一人使用加密货币贿赂美国国务院官员，企图获得伪造的美国护照。随着犯罪分子越来越多地使用加密货币来隐藏非法资金的来源，执法和调查机构利用加密货币追踪服务和区块链分析将变得更加重要。

二、比特币洗钱案件的警示性

从以上关于加密货币洗钱犯罪的事实可以看出，由于数字货币的迅速发展及在市场上的纸币替代性，更多的犯罪分子选择数字货币进行犯罪，这样的情形不仅出现在国内，也在跨境领域上频频发生，利用加密货币的匿名性及去中心化无监管的特征，更有利于犯罪分子利用加密货币等进行非法转移、洗钱等犯罪。在监管的层面上不仅需要国内监管机构对于加密货币及其他各类数字货币的监管制度更加完善，也需要在跨境交易的过程中联合各国监管机构打击洗钱犯罪行为，数字货币的跨境交易，最重要的是为了便利交易，使用户更能享受到便利的交易带来的好处，但不能成为便利犯罪行为的途径。如何治理这类型的犯罪，是各国监管部门一直所探索的问题，从现阶段的实践可以看出，各国对于监管的方式大多是按照国内相关法律进行监管，但是否是永久可行的？上述案例中的创新性监管路径是联合监管，利用国际监管的合作来共同打击犯罪，既有效地解决数字货币跨境交易中的金融犯罪风险，又可以在同等的制度环境中进行合作，避免管辖权及法律应用的重叠，是一项应对金融风险的监管挑战的借鉴方式。

第三节　美国诉 Zaslavskiy 案[1]

2018 年 9 月 11 日，美国纽约东区地方法院（EDNY）在美国诉 Zaslavskiy 案中发现，REcoin 和 Diamond 两种虚拟货币或加密货币投资计划及其相关的 ICO，可能受美国证券法的约束（美国诉 Zaslavskiy 案，（EDNY 2018 年 9 月 11 日），这是法院裁定证券法可用于起诉 ICO 欺诈案件的首批案例之一。被告人 Maksim Zaslavskiy 于 2017 年创立了加密货币 REcoin 和 Diamond。REcoin 和 Diamond 被宣传为分别以房地产和钻石为支撑的区块链虚拟货币，并承诺

---

〔1〕　United States v. Zaslavskiy, 17-cr-647-RJD, 2018 WL 4346339（E. D. N. Y. 2018）.

高回报。但是，没有发现任何房地产或钻石支持虚拟货币。被告因涉嫌与 REcoin 和 Diamond 相关的三项证券欺诈罪被起诉。被告以加密货币不是证券因此不受联邦证券法约束为由抗辩。法院驳回了被告的驳回动议，认为所谓的虚拟货币计划是否属于证券并因此受证券法约束的问题应继续审理。法院认定：起诉书中的指控如果得到证实，并得出结论，（1）被告在 Howey 测试下促进了投资合同或证券，并且被告被指控的《交易法》和 SEC 规则 10b-5 在适用于本案时不存在违宪情形。（2）起诉书在宪法上是合理的。法院在其推理中还指出，美国证券交易委员会已声明加密货币可以被视为证券，法院强调，虚拟货币是否实际上是证券的问题是一个将在审判中决定的事实问题。

一、REcoin 和 DRC 的 ICO

Zaslavskiy 于 2017 年创立了 REcoin，并称投资了房地产并开发了与房地产相关的智能合约，还许诺 DRC 投资钻石并为其会员提供钻石零售商的折扣。但与 Zaslavskiy 的陈述相反，REcoin 从未获得任何房地产或开发产品，DRC 从未购买任何钻石。购买者也从未从 REcoin 或 DRC 收到任何硬币、代币或其他数字资产。基于这些和其他指控，起诉书指控 Zaslavskiy 一项共谋实施证券欺诈罪（18 U.S.C.§371）和两项证券欺诈罪（15 U.S.C.§§78j（b）和 78ff）及 2017 年 1 月至 2017 年 10 月之间以欺诈性诱使购买 REcoin 和 DRC 虚拟货币。

二、关于 Howey 测试[1]下证券认定

尽管没有要求，但法院解决了双方关于 REcoin 或 DRC 是否实际上提供了 Howey 测试下的证券的"激烈辩论"，法院官方认为这"为时过早"。在 Howey 案中，最高法院将证券或其他投资合同定义为"一个人将其资金投资于一家普通企业，并仅期望从发起人或第三方的努力中得到利润。"根据测试的三项内容，法院做出了以下回应：

金钱投资——法院认定，"个人投资金钱（和其他形式的支付）是为了参

---

〔1〕 Howey Test，https://www.investopedia.com/terms/h/howey-test.asp.（last visited 22 Aug 2021）.

与 Zaslavskiy 的计划。"法院驳回了 REcoin 和 DRC 只是提供"一种货币媒介换另一种货币"的观点。起诉书明确指控"投资者放弃金钱或其他资产——以换取 REcoin 和 DRC 的'会员资格'"。

共同企业——法院采用了横向共同性测试，"其特点是将每个投资者的财富与其他投资者通过资产池化，通常与利润按比例分配相结合。"法院最终定论是"可以很容易地从声称的事实中推断出 REcoin 和 DRC 的投资策略是利于集资进行房地产和钻石的购买"，并且鉴于向投资者承诺"代币"或"硬币"进行比例分配以换取并与计划中的投资权益成比例。

期望从他人的努力中获得利润——法院得出结论，"REcoin 和 DRC 投资者无疑希望从他们的投资中获得利润"，而这些利润"完全来自 Zaslavskiy 及其同谋者的管理努力，而不是投资者自己的任何努力。"法院驳回 Zaslavskiy 的建议，即购买者可以"在外部交易所交易硬币并赚取更多利润"，因为没有迹象表明投资者"有能力参与或指导他们的投资"。法院还驳回了"市场力量可能有助于提高计划的基础资产价值"的观点。

根据三项内容，判定 REcoin 和 DRC 的 ICO 符合证券测试要求，应受证券法的限制及相关判罚。

三、案件中 ICO 证券测试意义

美国诉 Zaslavskiy 案是法院将 Howey 应用于 ICO 的一个成功的案例。但是，在案例中 Dearie 法官的推理的应用可能是有限的，这不仅是因为在辩诉阶段所争议的狭隘问题，而且还因为 REcoin 和 DRC 产品的独特事实，显然不涉及实用代币或其他具有实用功能的加密货币。例如，本案中影响了 Dearie 法官的结论的关键原因是，他认为"受到质疑的起诉书指控了一个简单的骗局，充满了许多金融欺诈的共同特征。"所以以更为严肃的认定做出判定，在面对事实情形之下，法官个人的见解与该决定都是围绕 ICO 的事实和情况，这还会影响法院对 Howey 的分析。从中可以看出美国法官在关于 ICO 类案件的处理之中，更从案件事实本身的性质来做出 Howey 测试的判断，这种判断的主观意识是否对该类案件的处理带来弊端是有待商榷的，但同时 Howey 测试为关于初次代币是否具有证券性质提供了解决的依据，对于 ICO 类的数字代币的发行监管也起到了一定的限制作用。在解决数字货币性质认定问题上也是一种创新方式的尝试。

第四节　数字人民币洗钱案件[1]

央行数字货币虽然还没有成为正式的发行货币，但犯罪分子已经开始利用作为诈骗洗钱的工具，由于数字人民币在中国境内开始试行，诈骗人员也频频出现。江苏省内就发生了首例数字人民币洗钱案件。

一、数字人民币洗钱第一案

2021 年 11 月 3 日，高邮市临泽镇居民 Z 女士遭遇一起诈骗案，骗子自称是公安局民警，以 Z 女士涉嫌一起社保欺诈案为由，要求 Z 女士配合调查，还出示了"最高人民检察院"对 Z 女士的一张"强制冻结执行书"。诈骗分子在获取 Z 女士的姓名、身份证号码、银行卡号，银行验证码等个人隐私信息后，通过会议类 APP 开启视频功能，还要求 Z 女士拍了一张个人正面照片。Z 女士不知道的是，此时骗子已经为 Z 女士申请开通数字人民币钱包，将 Z 女士银行卡里的三十余万元全部充值到骗子的数字人民币钱包再转至犯罪嫌疑人的数字人民币钱包，而 Z 女士自始至终都未发现骗子给自己开通的数字钱包。在扬州市公安局反诈中心的指导以及高邮邮政储蓄银行的竭力配合下，查明犯罪嫌疑人电子钱包内的资金属于数字人民币，并通过进一步分析，查到该钱包属于山东一嫌疑人李某。为尽早挽回群众损失，高邮市公安局临泽派出所民警连夜前往山东省展开工作，抓获涉案嫌疑人李某。经审查，李某为了获得非法利益，为藏匿在境外诈骗团伙，通过数字人民币的方式进行洗钱，以帮助诈骗团伙逃避公安机关的查处打击。目前，涉案嫌疑人已被高邮市公安局依法刑事拘留，并依法退缴违法所得六万余元。

在扬州市公安局反诈中心的指导协助下，江苏省内首例利用数字人民币洗钱案件告破，公安机关远赴山东省抓获一名犯罪嫌疑人，及时为被害人挽回经济损失。目前国家还没有全面推行数字货币，只在一部分地区先行试点。然而骗子却已经利用数字货币对诈骗来的资金进行转移，使公安机关的侦查

---

[1]　参见江苏首例利用数字人民币洗钱案告破，载 https://baijiahao.baidu.com/s? id = 171650314 1601363272&wfr = spider&for = pc，最后访问日期：2021 年 10 月 5 日。

技术查询不到资金的流向，无法对账款进行及时冻结。

二、央行数字货币犯罪案件的警示性

从这起案件可以看出，央行数字货币同样存在着被违法犯罪分子利用的风险，其以诈骗的方式骗取钱财，也可能会利用央行数字货币进行洗钱等犯罪，这是在研发和试行央行数字货币过程中需要特别注意的内容，最重要的是建立完整的数字人民币交易法律规则，强调使用数字人民币进行犯罪的严重后果，并在交易过程中对数字人民币钱包进行严格的监管，避免犯罪分子以此为途径进行犯罪。也是本书在最后关于数字人民币交易制度构建的现实依据，更加强调了法律建设与监管制度双管齐下规范数字人民币交易市场的重要性。

本章小结

本章的内容主要集中在关于数字货币监管制度下各国在实际案例中的应用，主要用三个案例说明不同形式的监管及现实中数字货币是怎样被利用为犯罪工具。第一个案例主要是从美国诉数字货币提供商及交易场所的关于洗钱等犯罪行为的案件，从案件中可以看出，美国在处理数字货币交易的监管上采用的是分级监管，如何去进行监管呢？主要是从三个方面，第一判定数字货币的性质，从交易的实际内容上判断是否符合交易规则的货币规定，如果符合第二步判断是否进行了注册，若没有注册则会引发诉讼，第三步判断是否进行了金融犯罪的行为，最后进行可疑行为的报告，从案例中可以看出对于数字货币提供商及交易所的监管，美国目前层层监管并有较为成熟的经验，分级监管的模式是在国际监管合作中的有益借鉴，但也存在一定的问题。第二个案例主要是从加密货币的跨境交易的洗钱案件分析，从数字货币本身出发，可能涉及的金融犯罪有洗钱、诈骗等，这也是在现实中已发生的危险事实，而这个案例中透露出一个有力的监管模式，联合监管，联合监管的作用大于一国国内自行对跨境交易的洗钱行为的侦破，通过联合执法共同监管更能有效解决管辖权、法律应用混乱等问题。第三个案例主要是关于 ICO 的证券测试方式，这种类型的应用仅在同意且允许 ICO 发行的国家，本书的论述并不是以偏概全，都是在特定环境下进行分别的讨论，这里的案例分析也是为初次代币及加密货币应用的国家提供借鉴。最后是关于央行数字货币的最新金融犯罪案例，主要是涉及数字人民币，这是在之后数字人民币应用下要积极解决的问题及监管部门需要警示的问题。

案例分析是为更好地提供解决问题的事实依据，本章的案例为下文关于数字货币风险解决机制提供国际经验借鉴，以便讨论构建符合全球数字货币发展及央行数字货币运行的国际制度框架。

综前文所述，可以看出数字货币跨境交易中相关的法律问题集中在：第一是数字货币国际通用概念的缺失，造成大量的制度跨境使用混乱。第二是分为两个层面，其一是关于加密货币的制度，主要是管辖权的确权问题，洗钱风险、隐私风险、平台合规性及税收的确定；其二是央行数字货币制度，是关于隐私保护、洗钱、平台合规及网络威胁。解决这两个问题最大的意义在于使数字货币合理合法并维护金融稳定，促进其健康有序的发展。因此，解决的途径是需要通过确定的法律规制，及建立国际监管合作机制来促进其跨境交易的良性运作。国际合作将是克服跨境数字货币流动挑战的关键。这里基于以上问题提出以下制度的构建。

第一节　数字货币基市内在机制的国际构建

一、数字货币分类的全球共识

现今，随着央行数字货币的全球性探索，各国都在试行或研究符合本国经济结构、金融产业、国家国情的数字型法定货币。而数字法币的产生与所有私人发行数字货币有了鲜明的区别，私人数字货币的典型特征是其去中心化与匿名性，而中央数字货币的特征为中心化数字货币，其匿名性管理在其中央金融机构，这与完全自由的私人数字货币截然相反。

首先根据目前各国对数字货币不同种类的规定可以看出，对于数字货币的分类各国并没有明确说明，也未肯定所有的数字货币都具有货币性质、可以将数字货币中的货币一词理解为传统货币的定义。本书的各类数字货币的不同定义、性质及法律规定清晰地表现数字货币种类的区别，在加密货币的分类中存在代币形式认定为证券性质的数字货币，有以法定货币背书具有法定货币功能的稳定币，也有仅存在于虚拟世界的虚拟货币，在法定数字货币的分类中有法定货币数字化的法定数字货币、有分布式记账功能下的法定货币（是加密货币性质与法定货币功能的结合），这样复杂的结构之中，并没有具体或详细地解释说明这些数字货币是否可以归类为"货币"，这也是不同学者在讨论数字货币中的争议之一，一部分学者认定数字货币仅包含具有货币性质的发挥货币功能的数字化货币，不包含仅具有代替货币性质不能完全成为货币的加密货币。另一部分则认为数字货币是一个超集合，是加密货币与法定数字货币的超级集合，在集合项下根据不同的认定方式认定其根本性质。作者认为，数字货币在文意解释的层面应采用广义解释，如果用狭义解释，以"货币"一词来限定数字货币的范围则阻碍了数字货币的创新式发展。一旦将数字货币缩小为法定数字货币，那么其他类型的数字货币的存在就没有意义，而事实上，这些数字货币的创新性应用具有先进的技术支撑，并可以为法定数字货币的发展带来借鉴及积极作用，如果全面打击则会导致央行数字货币发展成为普通电子货币性质的货币形式，并不具有吸引作用，也不会在数字经济发展中起到极大的促进作用，在之后的央行数字货币的发展中区块链、分布式记账技术及适当的去中心化，都有可能带来央行数字货币发展的飞跃，因此作者更同意将数字货币称为超级集合体。包含加密货币、法定数字货币。将数字货币的分类明确地划分，将是促进数字货币跨境交易的一项重要的措施，不仅解决在现阶段因数字货币性质不同的定位而构成的监管困境，也可以促进各国在数字货币应用的合作，促进全球数字经济的发展。

另一个最大的区别在于"背书"的状态，中央数字货币完全具有法币性质并有法定货币为储备金担保其价值性，而私人数字货币其背书程度根据其不同种类有不同的担保程度，但多数波动大、不稳定性多。因此，在全球数字货币增长的趋势中，可以明显地看出向两种趋势的数字货币不断演进。确定数字货币的分类，是监管其跨境流动的重要基础，确定数字货币的性质而后由专门的监管机构进行监管，不仅减轻监管机构的识别压力，也提高了监管工作的效率。以专门的机构监管专门的数字货币，促进交易，改善金融风险。因此，国际货币基金组织、世界银行等专门性世界金融管理机构应以"中心化程度不同"理念引导全球各国以两类数字货币区分达成国际惯例，将数字货币明确分类为央行数字货币与私人数字货币。以国际惯例的形式出现之后经过长期实践成为国际标准。以此，将数字货币的类型确定，不仅经过实践的验证，同时也是国际合作的共识，进而就更能促进跨境交易的良性循环，稳定世界金融市场，促进经济发展。

当然，达成全球数字货币的分类共识是一件艰难的事情，目前，在加密货币的承认上全球仍存在一定的分歧，例如中国严格禁止加密货币并不承认其性质功能，而在美国等国家对加密货币并没有明确的态度，实际上承认加密货币在社会发展中的作用，而在欠发达国家已承认加密货币为本国法定货币。那么，面对这样的国际环境，怎样确定数字货币的分类包括加密货币呢？作者认为，数字货币的分类并不意味着每个国家必须承认分类当中的货币形式一定具有法定货币性质，这里本身强调的数字货币是一个扩大解释，并不影响各国在对分类下的数字货币的本国制度规定，如一项公约，在国际组织的领导下制定的国际性公约，在承认的环节当中，可以有同意也可以有不同意的发生，根本在于是否加入公约遵守其法律制度的约束，也可根据自身的发展，在发展成熟的情形下进行公约的后续加入，这并不影响此项公约的成立及影响力。因此，在数字货币的分类共识上，在不影响各国本国政策的情形下，以国际货币基金组织、世界银行、国际金融监管机构建立关于数字货币相关内容的规定是可行的也是必要的，在分类的选择上根据全球各国的发展现状，将数字货币分为几个部分的内容，以总分的形式规定数字货币在代币形式下的规定、在加密货币下的规定、在法定数字货币下的规定。以不同规定进行成员国的加入，促进各项同意志国家的数字货币的合作及跨境交易的联合监管，从而促进各国的数字经济发展，一定程度上达成数字货币的全球共识。

二、制定国际数字货币跨境交易应用手册

在确定数字货币全球共识的形态下，如何促进数字货币的跨境交易？一方面，各国本国交易政策需要根据数字货币的分类及性质的认定进行完善，另一方面做到数字货币的跨境交易则需要更多的应用指导及规范引导。目前对于央行数字货币的试行及各国的态度，CBDC 的跨境交易实现国际性规范可能要比全部范围内的数字货币跨境交易的实现程度强。国际央行数字货币的跨境合作机制更能促进数字货币的流通与贸易支付。但现阶段各国在研发的过程中因本国发展的不同，研发出的央行数字货币可能其功能性层次不一，

这样造成的结果可能还是与法定货币的国际地位不一致而出现如交易成本、结算、汇率等问题，达不到数字货币的追求价值，因此，在央行数字货币全面应用的环境下应制定关于数字货币跨境应用的手册。

手册的内容可包含：一是关于数字货币跨境交易应用的确定，是何种数字货币进行跨境交易，确定是否符合交易的要求，并根据两国间的央行数字货币交易协议进行可交易数字货币的范围规定。二是确定跨境交易使用平台，平台的认定及选择规范，或根据两国间的协议进行中间交易平台的再构建，根据构建下的交易平台进行数字货币交易及结算。三是交易双方在交易过程中的政策法律规定，制定关于双方间在数字货币交易过程中的制度规定，风险解决机制、争议解决机制，更好地为数字货币的跨境交易做好保障。四是兑换协议的建立，要在手册中明确是否可与其他数字货币或央行数字货币进行兑换，保障在交易后如有结余可再次利用或兑换。最后是风险防范机制，确定共同监管机构部门，制定监管协议，在跨境交易的过程中如发现犯罪行为以协议的内容进行犯罪认定。制定这样的规范手册，一方面可以使用户或企业在交易过程中有参考的范本，减少财产损失，可以根据手册选择自身所需的交易，保障交易的安全性。另一方面减少监管部门的压力，如发现相关犯罪可直接对话交易双方，利用手册中的各类规定及认定，快速了解案件事实，减少侦查环节。

新事物的产生与发展在开始之前存在一定的风险及问题的，构建合理的应用手册，是现实应用中的一个必备的学习及规范环节，这里的国际数字货币跨境支付应用手册，不仅要指导在交易数字货币中应该注意哪些问题，更是在跨境交易中指导怎样使用数字货币及防范哪些风险。指导性的手册一直都是社会制度的一把钥匙，能够更好地将政策制度普及到社会当中，发挥其真正的价值与作用。因此，这里的数字货币跨境交易手册则是在普及数字货币应用到社会、关于数字货币制度发挥到实际的指导性手册。

三、促进数字货币跨境交易国际合作规则

在全球数字货币迅速在货币市场上出现，各类型数字货币的交易成为各国监管部门的对象，一方面他们所产生的一系列犯罪也成为监管部门的挑战，尤其在当数字货币运行在跨境情境之中更加增大了对其的监管。由于数字货

币中存在加密货币，而加密货币匿名性及去中心化使得跨境交易之中产生各类的法律风险，其中洗钱等金融犯罪最为猖狂，另一方面央行数字货币虽然在跨境支付领域还没有现实的实践，但在未来是必不可少的趋势，它同时也存在各式各样的跨境风险，这种因跨境交易而造成的法律风险，不仅需要国内法制的完善，同时需要国际法制的构建。

数字货币的国际制度的构建离不开国际合作，国际合作作为处理国际问题的最优选择方式，有效解决国家间法律规则冲突，并在最大程度上保障各国利益。建立数字货币跨境交易的国际合作规则主要从以下层面：

第一，建立数字货币跨境交易双边合作协议。国际合作的方式有很多，其中最具代表性的是国家间的双边协议，从两国经济政策的合理利用出发构建两国相关领域的具体合作战略，是双边协议的存在价值。因此，利用双边机制，建立跨境交易数字货币合作协议，从交易过程中的各方利益出发，能更好地解决国际问题，例如中国已与新加坡等开展了关于央行数字货币跨境交易的合作机制。

第二，区域性数字货币跨境交易合作机制。区域性的合作交易机制，是国际合作中另一个典型合作形式，因各国在数字货币的性质认定上有所不同，那么可以根据性质认定不同的区域进行合作，规范货币市场流通数字货币的机制，更好地促进各国间的交易机制，比如在美国等国家将加密货币以是否发挥出证券性质来认定是否属于证券法下的规制对象。那么同样规定于证券法下的国家或在未来可能参考其认定方式的国家，可与其进行跨境交易的合作机制。后加入的国家可以以申请加入的方式参与区域性规制的约束。这样又从另一个层面规范数字货币的跨境使用。

第三，监管机制的国际合作。在数字货币跨境交易的过程中最离不开的是监管，只有严格的监管才能避免损失的发生。在跨境交易的过程中，监管合作是解决在监管管辖权上的有效途径，由于数字货币中的加密货币的匿名性使其在交易的环节中没有所属的特定地理位置，监管机构跨监管中可能会涉及多个国家或地区的所属环境，在这样的特殊情形下确定管辖权具有一定的困难。监管合作可以有效地避免这种问题，国家间的联合监管机构，更加从打击犯罪的共同目标来解决数字货币跨境交易的问题，并通过联合行动更能有效快速地打击犯罪，减轻监管成本，发挥出监管机构的重要作用。

第二节　央行数字货币跨境流动的具体制度构建

央行数字货币的发展可能成为数字货币跨境支付的有效途径之一，为了解决跨境交易的难题，目前各国都在积极地研究与试行，并在一定程度上构建合作交易机制，如上文中提到的关于世界银行对央行数字货币 CBDC 跨境交易的制度规制的构建，都可以表明 CBDC 在未来的发展趋势，即可能成为数字货币交易的主要方式。那么如何建立央行数字货币跨境交易的具体制度呢？用于跨境支付的 CBDC 通常都会受到多种法律制度的影响。在任何跨越国界的事物中都意味着它可能受制于至少两种不同的法律制度的规制。这些国家间的法律规制即使存在相似之处，但这些系统不一定有类似的规则来管理相同的事件或突发事件。例如，当国际标准适用于两个系统时，相同标准在每个国家或地区的实际应用可能会有所不同，甚至可能相互冲突。法律冲突会导致交易的预期效果无法实现或发生意外后果的风险。在一个国家合法发行的 CBDC 应该得到其他国家的充分承认。如果在发行国承认中央银行拥有发行 CBDC 的权力，任何其他国家都应像接受任何其他形式的外币一样，接受该 CBDC 作为发行国的货币。这意味着与 CBDC 转账相关的法律问题应与任何其他跨境转账相关的法律问题相同。如果一个国家接受一种特定形式的外币（比如现金），而它会拒绝另一种形式的外币（假设是 CBDC），这种情况在法律上是不可想象的，特别是如果后者被理解为一种支付而不是商品（CBDC 正是这种情况）。但是，鉴于中央银行至少在原则上允许非居民自由购买其国内 CBDC，从而使两种货币（作为支付手段）相互竞争。不能排除的情况是，即，接收国将在其管辖范围内对外国 CBDC 的使用施加限制，以保护其本国货币。那么 CBDC 在跨境交易的制度框架中应该注意哪些问题，可一定程度上避免这些疑虑呢？本书将以世界银行关于央行数字货币跨境交易的报告为借鉴，在其基础上进行相关问题的讨论。

一、货币政策考虑

目前的货币政策主要是在传统金融体系下的货币政策，并不包含关于 CBDC 等一系列的新的金融技术下数字货币。因此对货币政策的考虑是央行数字货币构建中政策方面的宏观基础。CBDC 的发行可能会暴露出中央银行信誉的潜在弱点或影响现金价值的财政主导地位等其他问题。换句话说，数字中央银行货币的强大和可信度取决于发行它的中央银行。目前的 CBDC 主要集中在批发形式，但如果考虑转向零售央行货币的数字形式时，如果缺乏稳定的宏观经济和结构性政策，包括足够灵活、能够识别的健全的监管框架，过渡风险可能会比批发式更高，还需应对新型金融中介机构带来的风险。虽然目前来讲央行数字货币对各国的经济发展都有一定的益处，但关于新的金融技术如何影响金融机构和市场的结构，还有许多悬而未决的问题。关于零售CBDC 是否会以任何重大方式影响货币政策的实施和传导的问题也比比皆是。这些不确定性表明需采取更谨慎的态度。尤其是在货币政策的考虑上，需要将目前的传统货币政策完善涵盖于 CBDC 进行考虑，从一定程度上利用货币政策引导 CBDC 的试行并为普遍发行做好稳妥的货币政策依据，以平衡金融机构和市场结构。尤其在央行数字货币的跨境应用上，完善货币政策至关重要。

二、确定 CBDC 主体地位

第一，从央行的发行主体上分析，当前所有的央行数字货币都是由一国中央机构发行，与传统货币的发行主体一致，并且其发行的数量、类型都由央行决定，在发行主体的层面，央行数字货币具有法定货币发行主体的性质，发行形式上与法定货币一致。第二，从发行方式上看，目前以中国发行的数字人民币为例，主要采用的模式是二层式结构，一层是由央行进行数量的研发与制定，二层由商业银行进行发售，与法定货币的模式一致，具有法定货币的性质。第三，从监管的模式来看，法定货币的监管部门主要为央行监督机构并且受到银行法等相关法律的规制，数字人民币同样受到央行的监管，其所涉及的法律问题也受到相关法律的约束，从监管的模式都是中心化的管理可以看出央行数字货币同样具有法定货币的性质。存在的不同是在于两种货币的形式，传统货币是由纸质发行而央行数字货币是数字化发行，这会导致法律性质的不同吗？从根本上来讲两者只是一种事物的不同表现形式，性质不会随形式的表现不同而改变，因此可以推断出央行数字货币是法定货币的一种。

那么，在确定了央行数字货币的法律性质之后，还应考虑它的哪些主体地位呢？在货币政策与金融措施的层面，一国货币的发行影响国家货币政策与金融稳定，同时也会带来市场的交易变化，汇率的上下浮动。因此，当一国发行央行数字货币时怎样影响国家货币政策与金融稳定呢？这是在宏观层面确定法定数字货币的主体地位。关于 CBDC 如何影响金融稳定和货币政策传导存在悬而未决的问题。一些研究表明，引入 CBDC 可能会增加金融压力如弱势银行撤出存款转而持有 CBDC 的风险。其他研究表明，竞争的加剧可能导致交易账户条款更具吸引力，银行系统存款整体增加，银行在信贷中介和货币政策传导以及支付方面发挥着关键作用。因此，任何 CBDC 的设计都需要包括防止银行脱媒和更广泛地保持货币政策传导的保障措施。虽然考虑 CBDC 的引入与当前支付系统结合方式至关重要，但它可能会增加相对于私人资金占主导地位的支付系统的弹性。那么央行数字货币在宏观货币政策上对金融稳定性产生的作用与法定货币有相似之处，他的主体地位影响货币政策的发展，因此研发与制定相关制度需要考虑其宏观影响。

再次，从货币主权的层面判断央行数字货币的主体地位。因为法定数字货币的主权性质，可能造成不发达地区的主权货币替代风险，会对主权货币的发行、流通、外汇造成一定的负面影响。一方面，央行数字货币的主权地位造成货币市场的货币代替风险，在货币发展薄弱的地区应加强其自身政策及机制，应对 CBDC 发行造成的主权货币影响。另一方面从发行国讲，如果存在超发央行数字货币则影响本国法定货币的地位，造成一定的风险，因此货币主权对于央行数字货币的发展也至关重要，其在货币主权的主体地位影响深远。

综上，央行数字货币的主体地位与法定货币的地位相似，都是制定货币政策影响金融稳定的重要对象，那么确定了央行数字货币的法定地位之后则会更好地解决在交易过程中的政策选择和法律约束，在跨境交易中亦然。

三、CBDC 跨境支付的法律适用性考虑

在确定了央行数字货币的地位之后，第一个解决的问题则是在支付过程中法律的适用，同样在跨境支付中也需要考虑。跨境支付，如汇款，是数字货币最引人注目的用例之一。众所周知，跨境支付的中介链长、复杂、成本

高且不透明。数字化以及中介机构数量的减少，在降低跨境支付所需的成本、不透明度和时间方面具有相当大的前景。虽然引入 CBDC 可能是解决方案的一部分，但需要在标准制定和防止非法活动方面开展国际合作，以实现成本、及时性和透明度方面的实质性改进。目前为跨境支付设计的 CBDC 模型可能会根据其各自的特殊性提出不同的法律问题。因此，每个模型都需要根据每个案例所涉及的法律秩序进行分析，这里会出现一个常见的问题是"适用法律"。当已建立的基础设施完全位于特定法律命令下的管辖范围内时，该法律命令应适用于其运营及其参与者，包括当这些参与者是外国实体时。当位于不同国家的不同基础设施的互连将要求有关政府采用共同标准，以减轻从一个基础设施到另一个基础设施的风险转移。然而，这不会改变每个基础设施都受制于自己的管辖权和各自的法律制度的事实。当基础设施是跨境的时，情况就不同了。在这种情况下，相关法律适用问题就显得非常突出。通常，这个问题是通过相关各方在建立基础设施的法律基础时做出的明确选择来解决的。该协议将寻求解决大多数可预见的问题和意外事件，将法律依据未涵盖的问题或意外事件所产生的最终差距留给一般原则解决。在这方面，如果当事人没有选择具体的法律，目前适用于法律冲突案件的原则是适用的法律。如果支付系统的操作是为了执行支付而整合和执行的，适用的法律通常是处理、清算和结算支付发生地的司法管辖区的法律。这种传统的解决方式是归因于实际的活动基础设施是集中的。但对于分散式基础设施，例如基于 DLT 的基础设施，需要考虑不同的因素。

第二是传统支付系统或平台通常受协议监管。在这种情况下，基础设施从一开始就会有步骤是制定详细和明确的协议，涵盖大部分相关问题并确定适用法律。监督部门通常要求这些协议在通过之前提交批准或授权。当涉及多个中央银行时，则应该相互合作，并试图解决任何新出现的冲突。然而，即使存在管理基础设施的协议，每个法律体系都有不能通过协议或合同来取代的强制性规则。所涉及的法律制度之间可能存在的冲突不能通过协议或适用法律的选择来完全解决。无论适用法律如何，都需要适用被认为具有强制性的规则。因此，参与的司法管辖区需要努力尽可能地采用一些关键的共同规则和标准。特别是在跨境 CBDC 的情况下，每个参与国都应承认数字转移是可执行的，以使 CBDC 在其管辖范围内被接受并免受法律风险。同样，参与国应在所有情况下对最终执行转移的验证和可执行性共享相同的标准，网络安全和外汇风险也应类似。

第三是数据收集和数据保护规则的跨司法管辖区差异可能会影响 CBDC 用于跨境支付。此类规则需要特别考虑，因为数字支付涉及数据传输。因此，国家立法之间的相关差异可能会影响跨境支付的执行。

第四需要考虑 DLT 的使用引发了法律问题。除了必须在所有相关司法管辖区充分承认数字传输这一事实之外，还需要对数据传输进行充分监管并保护数据。这既是为了确保有效传输，也是为了防止任何形式的数据滥用。此外，通过渐进式记录到节点的转移分散对适用法律的相关性提出了挑战。实际上，在横向和去中心化的机制中，原则上可以将转移的每单交易视为单独的交易。事实上，这种方法在法律理论和支付领域的法律实践中并不新鲜。例如，从潜在的法律冲突问题的角度来看，国际电汇通常被视为一系列单独的交易。然而，这种碎片化可能会影响跨境支付的法律健全性，不同的法律体系可能以不同的方式管理相同的事件。

当公共实体（如中央银行）参与跨境安排时，解决的途径之一是可以制定受国际法约束的协议。这样对于跨境 CBDC 来说更为合适。如果为跨境 CBDC 的运营规划了基础设施，则可以通过国际协议的方式建立并遵守国际法。受国际法约束的基础设施将独立于参与国的国家法律进行管理。但这种解决方案可能有其自身的缺点，因为根据国际法提供服务的中央银行与根据国家法律由私营部门提供的服务竞争，可能会扭曲竞争。此外，在适用国际法的情况下，尊重高标准仍然是普遍做法，尤其是当国内规则源自国际标准的应用时，被发现不完全符合此类标准的中央银行将面临声誉风险。因此，国家当局和行业利益相关者必须时刻关注到央行数字货币支付及跨境支付的国内体系完善，与国际标准下的协议制定，尽可能提高现有跨境支付的效率和透明度安排，从而在 CBDC 跨境支付的法律适用考虑上更为安全与利益相衡。

四、钱包和资金/密钥保管

加密货币成功民主化的主要挑战之一是钱包的可用性，尤其是密钥管理问题。为了验证用户的交易，即创建强有力的证据证明它们是由相关资金的持有人合法提交的，有必要对它们进行数字签名。数字签名是一种强大的加密工具，用于所有现代计算基础设施，但需要使用密钥。加密货币用户发现保护和备份密钥过于繁重，结果是严重依赖持有用户资产并像金融中介一样有效运作的服务提供商。虽然 CBDC 可能主要依赖金融中介机构，但例如数字人民币，可能对用户管理的账户提供有限的支持。但如果消费者需要与金融机构接触，CBDC 如何显著推进 CBDC 明确规定的普惠金融目标尚不清楚。但 CBDC 将使向个人账户预存资金变得容易，这将是让消费者加入金融系统的重要的第一步。因此保管资金和/或密钥的可行方法将在 CBDC 中至关重要。

五、完善跨境交易法律规则

在央行数字货币的法律适应问题上，除了在跨境方面的法律选择，还有本身所规制的相关法律的完善，传统货币的法律规则，银行法等法律都是建立在传统货币的交易机制之下，直接应用在 CBDC 中不免会存在一定的漏洞。例如 CBDC 涉及的可能造成的用户财产损失、隐私、金融犯罪等问题，在传统规则适用下并不能有效解决这些问题，因此，需要完善相关法律规则。

第一，确定 CBDC 交易中各方主体的权利与义务。央行主要拥有着法定数字货币的发行、销毁、流通、回笼的权力，同时也负有监管央行数字货币流转的监管责任。因此关于央行数字货币可能产生的犯罪行为，央行负有监管的责任。但如果所有的监管责任都由央行承担，则会造成央行压力过大因而造成的漏洞式监管，并且技术上，央行所采用的技术并不算是最先进的，可能带来隐私泄露等风险，这时可采用类似美国管理数字货币监管的分级式监管模式。设定三层监管机构体系，与商业银行、金融机构合作，从信息的报告、犯罪的认定、行为的归属三个方面进行各部门分级监管，用以平衡央行的责任。

第二，建立隐私保护规则。任何 CBDC 的设计都需要保护家庭支付交易的隐私，并防止和追踪非法活动以维护金融系统的完整性，这需要对身份进行数字验证。有多种方法可以保护支付交易的隐私，同时还可以识别和防止非法活动以及验证数字身份。解决这些关键目标将需要跨政府机构合作，分配防止非法交易的角色和责任，并明确确定如何保护消费者金融数据。最后，在根据各国利益平衡的前提下建立隐私保护国际规则，制定相关国际标准。

第三，完善金融犯罪的监管制度，在跨境交易的过程中最可能造成的金融犯罪包括融资诈骗、洗钱、诈骗等风险，而央行数字货币很有可能成为犯罪的工具，那如何防范央行数字货币的犯罪风险呢？最重要的是在央行数字货币的钱包设置上，将钱包以私匙进行管理，加大对交易的信息掌握并实时掌握钱包信息，其次是监管部门的监管规范，与传统货币不同，央行数字货币的数字化需要有专业的人士进行网络搜查，应加大对数字化治理人员的培养，专业化其工作内容，更有效地防范犯罪行为。

六、建立专门分级化监管体系

对央行数字货币跨境交易的制度构建必不可少的是监管体系的完善，从上文各部分的研究可以发现，避免在数字货币的交易中出现监管漏洞，需要具有严格的监管机制，文章第四部分详细地将各国数字货币法律规制的现状及如何规定进行了说明，从实践中监管应用具有积极实践与待完善两个部分，积极的监管经验是建立央行数字货币跨境交易具体制度建设的借鉴依据。首先根据美国监管层级的规定可以看出，它所采用的是层层监管递进的方式，第一层首先由 SEC 进行判断，是否属于监管下的证券，并对货币交易提供商进行 MSB 对应判定，进而确定其是否进行了注册，采用 Howey 测试方式对其进行证券性质认定，最后根据认定判断是否受制于证券法规定下。第二层再根据所判定的性质对其进行相关交易的监管，分为三步进行：首先对注册进行监管，其次对是否建立反洗钱程序与计划进行审查，最后根据提交的补充性报告完成整个监管环节。从监管的层级划分上做到了严格有效的监管程序，是值得借鉴之处，这主要应用在加密货币交易中，那么在央行数字货币中应该怎样进行分级监管呢？

第一步，明确央行数字货币的监管部门与机构，可与传统货币监管部门或机构有重合性机构，但需要建立更专业的监管独立部门，尤其是针对数字化货币体系，在每一环节的数据链上都可能存在漏洞与威胁，建立专门的部门，组织更精确化的专业人员进行数据链的审查更有利于货币交易的监管。特殊监管部门的设置可根据总分两级化，第一层在央行与用户之间，总体由央行金融管理机构进行整体监管，将监管具体内容分级予商业银行或专门管理团队，以部门分级合作进行央行数字货币交易的监管。另一层是在商业银行和中央银行之间，中央银行获得商业银行的交易数据，对其进行监管。

第二步，明确分工，在确定两层管理机构后，确定各层级的工作任务与职责是分级监管的重要环节。首先位于总层的央行监管主要从用户的终端进行监管，对于身份的识别、交易的路径进行监管，之后由商业银行或金融机构专业团队进行反洗钱等交易的拦截，可特别设置关于反洗钱判断的测试标准及依据规则，对交易的安全性进行监管，这里为了对交易过程中产生的风险进行规避，可设置专门的技术层监管部门，由其对数字钱包、公匙私匙进行技术化监管，利用算法进行法律风险规避，从而在分级合作的工作中全面维护交易安全及各方权利主体的利益。

第三步，监管与创新的平衡式分级管理，在监管的过程中很大程度上可能影响创新的发展，如何平衡两者的关系，是分级监管力度考究的内容。在平衡两者关系时，可根据总行的威慑力度对可能造成的风险予以严厉的警告，分层的监管机构可以采用软教育对所涉用户进行预警式提示，从而达到在创新与监管间的平衡并促进央行数字货币的发行与合理使用。

最后是优化各部门监管基础设施，数据化交易最重要的依靠是计算机网络，而目前的央行监管部门所针对的对象仅规定了关于法定纸币、硬币等，所以采用的监管机制一定程度上是存在落后的现象，因此，优化基础资源配置是完善央行数字货币交易监管体系的硬件需求。只有在高端高效的监管基础设施中才能有效地掌握算法犯罪、数字货币犯罪等，增强对其他数字货币交易平台的威慑性。

七、制定用户隐私保护政策制度

交易数字货币的过程中尤其是跨境交易过程中，一个最重要的问题是用户隐私安全如何保护？同样在央行数字货币的跨境交易中，这也是监管部门在监管过程中需注意的一项重要问题，与加密货币不同，央行数字货币的交易是中心化的监管模式，一方面中心化的监管提高交易安全性，但另一方面大量用户信息汇集，如果造成泄露后果不堪想象，这就需要央行监管机构具有高端的配置与政策保护，从根本上维护用户利益，对信息的集中处理进行非常严格的保护。如何做到这样的保护？首先离不开强大先进的系统设施，其次，是对可泄露途径给予严格的监管政策与制度支撑，泄露的途径可能包括工作人员的工作疏忽与故意、系统漏洞、黑客等，因此如何规避这些风险，是制度制定者需严谨考虑的问题。再者，在跨境交易的过程中如果涉及央行数字货币的跨境犯罪，那么用户信息可能会随着检查出现泄露，这样的情形下则需要国家间的合作，进行严谨的审查环节及协议，怎样进行协议是国家间央行数字货币跨境交易交互协议中必须包含的内容，因此总的来说，只有在技术与政策的各方维护下才能有效地保护公民信息安全。

八、加大央行数字货币可跨境交易的宣传力度

目前，央行数字货币的使用还处于试行阶段，根据现有数字货币交易实践来看，使用加密货币交易的用户在世界范围总人口中还不算太多，如果在普遍使用央行数字货币交易的情形下，怎样使用户能够快速地了解央行数字货币是货币发行者的任务，如果在数字货币广泛替代纸币的社会环境下，公民对于数字货币的概念并不清晰，仅认为是纸币的替代品，那么可能无法达到央行数字货币研发的目的。公众可能更愿意有实际的存款而不信任央行数字货币的存款价值。因此，要加大对其性质、功能的宣传，更好地让用户了解央行数字货币到底是什么、如何使用等内容，并提示央行数字货币跨境使用的便利性，为用户提供可选择性。

第三节 央行数字货币跨境流动的监管合作构建

当前全球 CBDC 网络中的参与者之间的合作利益优于相互间的竞争。国际合作的本质是"避免次优结果"。[1] 呼吁 CBDC 国际合作，尤其是用于货币和支付方面的跨境联系系统。国际合作将促进全球金融稳定。例如，据预测，"一个司法管辖区的 CBDC 可能会影响另一个司法管辖区的货币政策或金融稳定（例如通过'美元化'）"。[2] 同样，"在一个司法管辖区发行的设计不当的 CBDC 可能会造成另一个司法管辖区的金融稳定问题"，对一个国家的 CBDC 安排的网络攻击可能会影响其他相关经济体，"如果某些技术或支付机制的信心受到侵蚀"。[3] 这时一个国家发行的 CBDC 的危机可能导致严重的

---

〔1〕 Elkins, 62. 2009.

〔2〕 Bank of Canada, et al., 17（2020）.

〔3〕 Lael Brainard, *An Update on Digital Currencies*（2020），available athttps：//www.federalreserve.gov/newsevents/speech/files/brainard20200813a.pdf,（last visited 20 Jun 2021）.

后果。例如网络受损，可能影响其他国家发行 CBDC 的信心。因此，合作将有助于改进 CBDC 的设计并解决可能引发的各类危机问题。国际合作还有其他好处，例如促进 CBDC 之间的联系（包括数据流、CBDC 上的 IT 标准化以及与互操作性相关的其他问题），并解决国际面临的流动性、复杂性（如技术进步）和其他动态或风险货币体系。合作也将有助于反洗钱和打击资助恐怖主义（AML/CFT）措施。据观察，"可能会呼吁政策制定者协调管理数据使用和共享、竞争政策、消费者保护、数字身份和其他与数字经济相关的重要政策问题的法律和监管框架。"〔1〕国际合作也为之后推行 CBDC 的国家提供借鉴与学习的指导，例如可以更好地了解 CBDC 的国际和国内分配效应。

一、全球央行数字货币监管标准的路径选择

全球 CBDC 网络结构的分散，使促进网络范围内的深度合作变得困难。CBDC 考虑因素因参与者而异，并且会随着时间而变化。例如，在最初，由于"手头情况信息不足"或"对不同行动方案的可能结果存有疑问"，各国可能不确定在各种与 CBDC 相关的问题上采取何种立场。〔2〕此外，不断变化的地缘政治动态将影响各国对 CBDC 和国际合作的看法。例如，一些 CBDC 可能涉及对经济制裁的反应，实施和应对制裁的国家之间的协调将非常困难。由于各国之间的政治博弈和利益分歧等原因，国际货币体系缺乏系统的、一致的协调机制，为了降低国别层面数字货币监管产生的溢出效应，需要进行国际政策合作来减少福利损失，实现全球制度改进，而建立一套世界范围的央行数字货币监管标准，需要各国大量的政治投入，逐步建立共识。〔3〕

建立全球监管标准有两种路径。第一种模式由央行数字货币试行成功且经验丰富的国家为主导，例如中国现阶段对数字人民币大范围成功试行，是 CBDC 的领先应用国家，也是试行央行数字货币跨境领域成功的国家，因此，可在取得一定话语权后，提取以中国为首的国家对于央行数字货币监管的

---

〔1〕 International Monetary Fund inter-departmental staff team, POLICY PAPER NO. 2020/050, 8 (2020)。

〔2〕 Mette Eilstrup-Sangiovanni, *Varieties of Cooperation: Government Networks in International Security*, in NETWORKED POLITICS: AGENCY, POWER, AND GOVERNANCE 207, (Miles Kahler ed. 2009)。

〔3〕 参见谭小芬、李兴申：《跨境资本流动管理与全球金融治理》，载《国际经济评论》2019 年第 5 期。

"最大公约数"，设立专门性的监管机构和监管标准，形成一套该领域的监管机制，该机制被后来加入的国家央行所接纳，并最终促进央行数字货币治理自发的优化与改革。[1] 第二种模式为 CBDC 集群网络监管合作。CBDC 网络内的集群之间更有可能发生合作，尤其是深度合作，这些集群由少数具有相似利益或结构立场的参与者组成。这得到了当前关于 CBDC 的讨论的支持，这些讨论通常涉及较少数量的国家和国际组织，而不是在更广泛的国际层面。特别是在双边合作、区域合作上形成不同的监管模式的讨论与试行，例如由欧洲央行和日本银行联合发起的项目 Stella。[2] 一些国家的中央银行与 BIS 建立了合作小组，以分享他们在评估 CBDC 潜在案例（包括跨境互操作性）方面的经验。这种集群式合作模式可以使合作国在求同存异中发掘被最广泛接受的原则、标准，最终形成该领域内如同"树干"一样的公约。[3]

二、央行数字货币跨境支付的"监管学院"应用

"监管学院"是国际金融监管改革方面的重点举措。特别是，监管机构已采取措施加强对全球系统重要性银行（G-SIBs）的监管。监管学院在加强监督方面发挥着关键作用。监管学院可以加强监管者之间的信息共享，帮助金融集团形成对风险的共同理解，促进解决风险和脆弱性的共同议程，并为学院成员之间交流关键监管信息提供平台。一般而言，监管机构应是负责和参与跨境银行集团监管的政府之间进行协作、协调和信息共享并发挥其灵活性能。虽然全球银行集团监管者之间的双边和多边安排已经存在了几十年，但其中许多机构仅在最近的全球金融危机前几年才正式成为监管机构，此后这一趋势加速。学院现在是国际银行集团有效监管的重要组成部分，G20 在金融危机之后强化了学院的重要性。

因此在央行数字货币的跨境监管层面，创新现有的监管机制，促进各国发行本国数字法币并进行跨境流通，监管学院的创新性运用是必不可少的。

---

〔1〕 参见李南宇：《央行发行主权数字货币（DCEP）的机遇及其法律问题 ——兼论全球监管合作构想》，载《特区经济》2020 年第 10 期。

〔2〕 See Qian Yao, A Systematic Framework to Understand Central Bank Digital Currency, Science China (Information Sciences) Vol. 61, No. 3., 2018, p. 4.

〔3〕 参见李南宇：《央行发行主权数字货币（DCEP）的机遇及其法律问题 ——兼论全球监管合作构想》，载《特区经济》2020 年第 10 期。

监管学院的创新应用是全球央行数字货币发行过程中的合作监管媒介。各国在监管数字法币的跨境流通中积极参与监管学院成为其成员，在成员间加强彼此间的信息共享，在维护各国公民隐私的前提下进行跨境交易的信息分享共通，严厉监管并齐力打击在跨境交易过程中可能存在的洗钱、诈骗等风险。在跨境交易的过程中各国间的监管合作是避免数字货币跨境交易风险的重要途径。发挥监管学院在国际合作作用，是促进跨境交易合规的重要创新性改善。

三、加强国家间信息透明与共享

央行数字货币的跨境交易，进行监管合作的前提是信息的互通与共享，各国在信息的平衡上需要通过制定双边多边协议或通过建立统一的数据交流平台来增加国际信息互通，这里可能出现的问题是，有些国家所共享的信息不透明性，这就会造成在国际监管信息交换上的信息不对等问题，解决透明性目前可行的方式是建立国家间信息平等协议，以协议的方式规范信息互通内容，如果因信息不透明而造成的国家利益的损失可根据协议进行赔偿并诉至国际法院。另一个问题是可能涉及国家安全信息，面对国家安全的信息保护可建立信息等级进行分享，例如一般信息数据、敏感信息数据、涉密性数据，从层级分化进行数据共享规定，一般不损害国家利益主权安全的信息可根据信息互通平衡原则进行交换，涉及国家安全信息可由本国或相关责任方进行决定。

四、建立分级式国际监管合作平台

监管机构的合作从一定程度上能够节约跨境交易犯罪调查成本与时间花费，合理有效的监管合作模式是阻碍犯罪的有利途径，这里国家间可建立新的监管模式国家间分级式监管平台，首先建立一个各国同意协商并且各国先进监管技术的统一国际性监管平台，主要负责将所涉国涉及交易的信息进行打包式分类，划分出可能涉及的犯罪风险层级，将各国信息包纳入其中，再由统一监管平台执行部门分发给各国监管机构进行核实并确定信息是否共享，之后反馈给统一平台做出监管决定。这不仅能够简化各国信息审查中的负担，也可以有效地将问题集中并分门别类地监管。存在的信息核实环节也可减少普通监管合作中，因信息审查发现有涉密信息时再次进行核对的时间，节约时间进行信息的监管更有利于犯罪的及时发现。在一定程度上统一的监管机构能够优化部门监管薄弱的国家的监管机构，更能平衡国际金融风险。

五、积极发挥国际组织领军作用

关于货币的监管的主要国际组织包括国际货币基金组织的国际金融组织、世界银行，这些国际组织对 CBDC 的监管具有重要的作用，从政策的制定上，国际组织制定关于央行数字货币的相关政策方针，并根据国际环境下的时间梳理各项风险，对各国进行政策引导。提高各国在风险防控中的注意，并为央行数字货币的跨境交易提供统一的原则与规则。积极发挥反洗钱金融特别工作组的重要作用，对在跨境交易中可能产生的央行数字货币洗钱行为进行及时的约束，发挥其重要的监管作用。以国际货币基金组织为主导建立统一的监管目标、规定及原则，明确各国在国际环境下特别是在国际货币基金组织的领导下其自身的权利与义务，加强对各国的约束力，从而起到监管的积极作用。

第四节　私人数字货币国际监管合作构建

当前部分国家禁止私人数字货币交易，对于允许加密交易的国家应进行怎样的监管合作构建也是本书的研究内容之一，不能因央行数字货币就否定它存在的价值，现实中部分国家很乐意使用加密货币等私人货币，因此以加密货币为主的私人数字货币的跨境性质对国际合作的质量和国际标准的一致实施具有特别重要的意义。国际合作的实施不仅避免监管套利，而且对于加密资产的整体监管都很重要。当前迫切地需要完善含数字货币各种类的跨境监管合作。涉及加密资产的活动带来的许多风险和挑战是全球性的，各国监管机构可以从有效的跨境合作和加密资产活动的 AML/CFT 监管领域新兴实践的信息共享中受益。此外，鉴于加密资产活动的全球性，各国更主动地共享有关趋势、类型和可疑活动的信息可以大大阻止使用这些工具的非法活动。并通过多边论坛和司法管辖区之间在双边基础上讨论构成加密货币的全球统一监管框架，以发展国际监管者网络。

一、国际组织牵头制定加密货币性质认定的国际标准

以区块链技术为基础的加密数字货币，具有匿名性、去中心化特点，在降本增效、保护隐私的同时也会带来数字货币跨境洗钱、跨境投机市场不稳定和安全防御难等问题。加密货币因依托互联网，多具有无国界性和虚拟性，其具体的法律性质在各国认定不一。私人数字货币的属性目前分为具有证券属性、商品属性、货币属性和财产属性。而属性认定和与之应用的法律规则相对应，不同的属性其法律监管、税收政策、反洗钱制度大不相同，这就会造成在加密货币跨境交易的过程中（这里从允许私人数字货币交易的国家角度考虑），各国因对加密货币性质认定的不同，从而造成在交易的过程中带来的法律制度的混用，不仅使跨境交易的监管问题更为复杂，而且也给数字货币交易平台带来一定的法律规避，造成洗钱的风险。其次，以禁止加密货币交易的国家为例，加密货币的交易在其本国内交易禁止，并否定海外购买合法性，但并未明确地规定在跨境交易中与允许加密货币交易的国家交易过程里使用加密货币，在该交易中如何认定其性质，决定了在跨境交易中的法律应用。因此无论是在禁止或允许加密货币交易的这一层面上，其加密货币的性质认定一致性是跨境交易监管制度中极为需要统一的方面，在确定法律性质的基础上才能有效地解决跨境交易上各国交易的风险及利用加密货币交易进行洗钱的风险。以国际货币基金组织及世界银行等多个国际金融机构牵头制定加密货币法律性质认定制度是当下全球数字货币发展进程的必要环节。在数字货币的发行前，以法律性质的认定标准确定发行后的加密货币性质，从而在发行加密货币后即可应对相应的法律制度，有效地解决在跨境交易中的法律应用混乱问题及管辖权争议问题。

二、确定各国间交换加密资产活动信息的法律权力和制度安排

这些安排主要基于预先存在的双边或多边谅解备忘录（MoU），是解决金融犯罪的重要途径。这些安排允许交易加密货币的国家交换某些监管信息，从而更好地监督跨境运营的加密资产公司。[1]信息也可以通过埃格蒙特集团

---

[1] 埃格蒙特集团由166个金融情报单位组成，为安全交流专业知识和收集ML/TF的金融情报。

或通过司法协助条约程序在金融情报部门之间交换。关于趋势、类型、实施国际标准（例如旅行规则）和新兴监管实践方面的挑战的相关信息交流，也通过致力于理解和减轻加密资产活动产生的潜在风险的国际工作组和其他类型的合作机制进行。[1]此外，各国间可以通过参加特定的监管学院，特别是大型国际机构，定期与外国同行分享信息。

三、寻求数字货币创新与监管之间的平衡状态

作为未来全球数字经济竞争中的核心要素，创新和监管始终是数字货币发展的两条主线。适度监管有利于数字货币产业发展，但过于严苛的监管则可能会将数字货币相关创新扼杀。同样地，创新能为数字货币产业提速，但缺乏监管的创新则会带来各种潜在风险，影响金融稳定。所以，各国监管部门需要在鼓励数字货币创新和加强数字货币监管之间寻求一个相对平衡的状态。一方面，监管机构应该积极鼓励和支持技术创新，包括实施数字技术和数字经济战略；另一方面，监管机构加强市场监督力度，大力促进和规范相关制度创新，加快数字货币相关监管机制的建设。

四、完善全球加密货币法律制度以促进监管合作

显然在目前的国际社会中，各国对加密货币的认定仍存在不同的意见，主要的争议在于其法律属性，面对可使用加密货币的国家，这项争议是必须解决的问题，解决后才可以使加密货币合理合法地被用于交易（这里仅针对可使用加密货币的国家）。这些国家间应对加密货币的性质认定积极制定相关标准，以美国为例，认定加密货币的性质是否是证券，采用的是 Hovrey 测试方式，这种测试方式一定程度上可有效地解决加密货币的交易市场责任问题，可进行借鉴。在美国测试方法的基础上进行国家间测试方式制定，将加密货币的性质详细划分，根据不同性质进行相关测试，以保证在交易加密货币跨国使用上能有效地利用测试判定性质，从而促进国家间的跨境监管，以共同制定的标准与测试进行合作监管能有效预防以加密货币为洗钱工具的犯罪发

---

〔1〕　自2018年以来，JFSA 一直在组织和主办"加密资产监管圆桌会议"。该论坛汇集了多个监管机构和国际组织，旨在为当局提供一个讨论与加密资产活动相关的问题并促进该领域国际合作的场所。

生，特别是用他国加密货币转为本币化的洗钱途径，加密货币的国际合作也是促进数字货币监管合作的积极创新。国内监管和国际监管的有机结合，将促成良好的数字货币市场秩序，避免数字货币违法犯罪活动的扩张，防止对国际金融秩序的破坏，保护数字货币持有者和投资者的利益。[1]加密资产领域的国际合作对于确保适当监控和控制风险至关重要。各国应将继续使用合作网络交流有关加密资产领域发展的信息。需要积极参与以确定跨境考虑因素并解决潜在的监管套利问题。当然，执法方面的国际合作将继续成为制裁和起诉加密资产相关案件的关键。

本章小结

本章节是本书最突出的创新点章节，汇聚文书中的精华论点，主要的内容是对文书中数字货币相关风险、潜在的问题做出创建式的理论。本书的主要问题是数字货币的跨境交易的法律问题研究，在前文中已将数字货币的概念、分类、性质、跨境交易的方式及在跨境交易中产生的风险详细描述，为构建解决这些风险的措施。本书也积极地论述了典型国家的实践经验与现实案例，为构建风险解决机制提供借鉴。通过这些内容的详细描述从而为本章提供有效的理论基础，从上文的整体撰写规则上看，现今最主要的数字货币形式主要有加密货币与法定数字货币两种形式，由于加密货币开发的历史较法定数字货币时间久并且在他国中也有较为完整的依据规则。所以，本章主要的构建是在两个层面上，一是数字货币整体大框架中需要构建的整体规则。例如确定数字货币的全球共识、跨境应用手册及国际合作的规则。二是从央行数字货币研发的大趋势提出关于央行数字货币跨境交易的基础规则的制定框架，及在普及型发行后如何进行央行数字货币的跨境监管；另一方面从认可加密货币的国家，提出如何构建加密货币监管的国际合作。构建数字货币跨境交易的风险解决机制，主要的目的是在数字货币跨境交易的过程中减少犯罪与风险。虽然数字货币存在加密货币这种去中心化数字货币，确实带来了一些现实风险，但从创新的角度研究，加密货币的合理化规制制度也是为

---

〔1〕 参见李智、黄琳芳：《数字货币监管的国际合作》，载《电子科技大学学报（社科版）》2020年第1期。

今后各国发行央行数字货币提供一定的经验。目前央行数字货币的发展情形中，需要有更完备更精准的运行机制，这需要在一定程度上借鉴加密货币的相关链条交易经验。因此，在分析数字货币的跨境交易问题上，对加密货币的研究必不可少，虽然现阶段部分学者认为，在数字货币缩小解释的范围内加密货币等非数字法定货币不属于货币范围，对于它们的研究应放在另一体制下，但事实上加密货币存在的历史比法定数字货币久，并且相关背书的加密货币完全具有法定货币的功能，如果将其单独论述则会造成性质定性上的复杂化。若将其纳入数字货币的扩大解决范围，不仅能够通过对两种不同形式的数字货币的对比，能研究出符合当下市场环境的主要规则与监管制度，而且能够更清晰地分辨出两者的好处与缺点，从而促进央行数字货币的研发完整性及发行后的风险管理。因此本书主要从两者的对比详细说明了各个不同点，在本章中，从两种不同形式的数字货币的交易环节，特别在跨境交易中因可能造成的风险提供两种不同的解决机制。尤其是在监管的国际合作上，跨境交易中国际合作是促进各国跨境交易安全的主要方式，也是必不可少的环节。

当前，数字货币在中国有两种现状，一是对于私人发行的加密货币、虚拟币、比特币严禁交易，不承认其在跨境交易过程中的使用。另一个是鼓励数字人民币的全面试行并应用在各个场景实验。数字货币在中国跨境使用中目前以央行发行的数字货币为主要导向。本书在此以中国对数字货币态度的现状，主要讨论央行发行的数字人民币的相关法律问题。

伴随着 Libra 白皮书的发布，法定数字货币对于各个主权国家的战略意义进一步提升。本章将对中国法定数字货币的基本情况进行梳理，以期系统地掌握其发展脉络和未来动向。中国数字人民币目前定性为法定数字货币，所采用的法定数字货币为"DC/EP"模型。中国人民银行数字货币研究所原所长表示，DC/EP 采用的是"一二三"的模型。一是一个"币"即数字人民币，二是"两个库"主要通过央行与商业银行进行发行与分发，三是"三中心"是指执行身份验证、注册和大数据分析的数据中心。[1]数字人民币将通过商业银行进行中间发行与赎回。DC/EP 将基于代币，由商业银行和金融机构流通代币。这种结构类似于中央银行目前处理法定货币的方式，具有两层系统，中央银行发行货币并将其分配给管理用户交互的金融机构。[2]通过将面向用户的活动留给银行，DC/EP 将避免金融系统脱媒并增加中央银行的责任和风险敞口。只有当 DC/EP 从数字钱包转移到存款账户时，DC/EP 才会赚取利息，在存款账户中，它只能通过与该特定存款账户关联的银行卡进行支付。其两层结构将允许应用现有的货币政策工具。DC/EP 将使用不可替代的代币：每个硬币都有单独的面额和序列号。为了存储 DC/EP，用户将持有带

---

〔1〕 See Jinze and Etiene, First look: China's central bank digital currency, Aug. 2019. Available: https://research.binance.com/analysis/china cbdc. (last visited 20 Jun 2021).

〔2〕 See M. del Castillo, Alibaba, Tencent, five others to receive first Chinese government cryptocurrency, Aug. 2019. Available: https://www.forbes.com/sites/michaeldelcastillo/2019/08/27/alibaba-tencent-fiveothers-to-recieve-first-chinese-government-cryptocurrency/#4202c28b1a51. (last visited 20 Jun 2021).

有数字分类账的数字钱包,该钱包受密码学和共识协议的保护。中国法定数字货币由中国央行利用准备金以 100% 信用担保,并具有法偿性,是央行的负债,并定位为流通中的现金(M0)的替代。[1]本质上,DC/EP 是法定货币的数字化,其主要应用场景是小额高频的支付场景。目前,在小额高频支付场景中充当支付工具的包括现金(纸钞和硬币)以及支付宝、微信支付等电子支付。中国法定数字货币与这两者相比,主要的差别如下:

1. 与现金的差别

数字人民币与法定货币现金、纸币、硬币都是基于国家信用背书、由央行发行。同属于法定货币,都具有无限法偿性。区别在于,中国法定数字货币是数字化的法币,其本质是带有中国央行签名的加密数字串,在便携性之外,能够实现可控匿名,相比于现金的完全匿名化,能够更加有效地防止恐怖交易、洗钱等金融违法行为。

2. 与电子支付的差别

支付宝、微信支付等无现金支付的电子支付方式已覆盖日常生活众多领域,中国法定数字货币与这一类移动支付工具有着本质区别,中国法定数字货币对应的是 M0,即流通中的现金体系,移动支付工具是支付方式的电子化,其核心的交易结算功能还是通过商业银行即原先的货币系统完成,对应的是狭义货币供应量(M1)、广义货币供应量(M2)体系。

此外,中国法定数字货币相比支付宝和微信支付,在安全性、使用场景广泛性等方面更具优势。安全性方面,中国法定数字货币由央行进行信用担保并发行且央行为最后贷款人,这样可以预防商业银行等破产的产生,从根源上消除了用户财产损失的发生。使用场景方面,DC/EP 是国家法定数字货币,具有法律强制力,在数字支付场景中,不能拒收数字人民币。[2]同时,中国央行法定数字货币在离线的情形下仍然可以使用称为"双离线支付"功能,因而在没有网络信号等极端环境中,支付行为仍能发生。

3. 与 Libra 等数字货币的区别

中国央行法定数字货币是对 M0 的替代,本质上是人民币的数字化,不同

---

〔1〕 参见姚前:《中央银行数字货币原型系统实验研究》,载《软件学报》2018 年第 9 期。

〔2〕 参见"中国央行数字货币 DECP 全解析",载 https://zhuanlan.zhihu.com/p/133466376,最后访问日期:2021 年 12 月 4 日。

于 Libra、比特币等加密数字货币，最大的区别在于 DC/EP 属于法币，基于国家信用发行，具有无限法偿性和稳定的货币价值。[1]Libra 的发行方是由民间企业组成的 Libra 协会，并非中央银行或公共权威机构，美国监管机构并没有对天秤币等一系列全部的稳定币予以认可。即使稳定币与法定货币挂钩，具有一定的稳定性。但相比作为主权货币的 DC/EP，Libra 的价值和功能的实现尚存在很多不确定性。而以比特币、以太币为代表的加密货币，其发行基于区块链技术系统，没有发行主体，属于非主权货币，它们的价格由市场驱动，主要流转于线上社区和认同该币种价值的人群中，处于无政府监管状态，在流通过程中完全匿名化，其权威性、安全性等方面都存有潜在威胁。

第一节　中国发行数字人民币的主要动因

中国的金融体系正在发生变化。DC/EP 于 2019 年推出，于 2020 年 4 月开始试用，并已在上海、成都和北京等主要城市推广。其谨慎的实施说明了中国政府对 DC/EP 项目的重视程度。数字货币是仅作为电子数据存在的货币。虽然它可以像普通货币一样使用，但它没有物理形式，交易可以从世界任何地方发送和接收。DC/EP 具有"可控匿名性"被跟踪并要求用户下载并注册到他们智能手机上的应用程序。这种集中化意味着中国有能力冻结和关闭账户——这对于更民主的加密货币来说几乎是不可能实现的。集中式系统还允许用户纠正在使用或转移数字货币时所犯的错误，这也是加密货币几乎不存在的功能。中国推动 DC/EP 及其数字货币的一个关键动力是，在中国向数字经济的飞跃中，腾讯和蚂蚁集团等科技公司获得了更大的金融实力，使国家主导的金融权力受到影响。随着对金融机构的治理与约束，利用限制私营公司控制现金流和收集个人数据的新法律进行规范，虽然支付宝和微信支付的未来发展可能会受到阻碍。但 DC/EP 有望超越这些支付系统，从而限制中国主要科技公司的权力。

一、保护国家货币主权和法币地位

我国数字货币研究工作相关负责人也在过往的讲话中表示，"保护国家货

---

[1] 参见刘彦迪：《央行数字货币：数字经济下的货币新形态》，载《银行家》2020 年第 5 期。

币主权和法币地位"是推出法定数字货币的首要目的。从 2009 年开始，以比特币为代表的去中心化货币，因为具有中心化、保密性和稀缺性等特点，同时能实现在全球范围内的自由流动，逐渐受到市场的追捧，业内一度出现希望比特币取代法币成为世界货币的声音。虽然目前去中心化数字货币主要活跃在线上社区，但已经形成一定的用户基础，由于其具有货币属性，一旦形成规模应用，将对本国货币造成挤压、替代，导致本国资产外流，威胁国家货币主权。2019 年 6 月 Libra 白皮书发布，引起了世界各国的高度关注，无论是发展中国家还是发达国家，都对这一由全球社交巨头 Facebook 所主导发行的数字货币保持警惕。可以看到，在 Libra 的刺激下，各国央行关于法定数字货币的研发步伐明显加快。Libra 作为一种机构稳定货币，当其按照设定的路线成为一套与一篮子货币挂钩的"无国界货币"时，有可能对各国法币、商业银行体系及双支柱框架产生冲击，对各国主权货币体系和未来法定数字货币存在多方面的威胁。[1]

此外，发行法定数字货币将使出口和推动本国货币在国外的使用变得更加便捷，从而有可能增强我国在全球经济和国际政治上的影响力。[2]目前，我国跨境清算依然高度依赖美国的（环球同业银行金融电讯协会）和纽约清算所银行同业支付系统（CHIPS），发行法定数字货币有望在未来的跨境支付清算中摆脱对上述支付体系的依赖，为人民币的流通带来便利，推动人民币的国际化发展。

二、推动国际货币体系平衡

目前，在国际货币体系中，美元仍然占据主导地位，全球将近 60% 的美元外汇储备，在国际跨境支付中美元的占比也超过 40%，始终是居于世界第一。在跨境交易中作为支付清算主要系统的 SWIFT 和 CHIPS，都主要是由美元主导的，这两大体系是当今应用最广泛的跨境支付体系。而作为全球主要的货币系统，主导国际货币体系的美元，并没有从全球各国利益平衡的角度

---

〔1〕　参见吴桐、郭建鸾：《Facebook 加密货币 Libra 的经济学分析：背景、内涵、影响与挑战》，载《贵州社会科学》2019 年第 9 期。

〔2〕　庞冬梅：《发展数字人民币跨境交易的价值、挑战及制度构建》，载《2022 世界人工智能大会法治论坛》2019 年第 12 期。

出发，公平地对待国际结算体系中的其他各国。而是利用美元本身的霸权地位，通过结算平台进行他国的经济制裁。实施的手段是利用金融封锁和制裁将被制裁对象（国家或地区）移出 CHIPS 系统和 SWIF 系统中，并禁止使用其掌控的国际支付清算通道，导致被制裁国无法进行跨境交易，进而引发货币贬值、资金外逃、股市崩盘等冲击[1]。另一方面美国政府利用其对两大机构的实际控制权，经常以反恐、人权等名义对别国进行干预，直接决定是否将个别国家的美元资金通道切断，将 SWIFT 和 CHIPS 变为对其他国家进行金融制裁的"长臂管辖"工具，欠缺透明性与公正性。[2]

在此情形下，因制裁受到影响及其他有意脱离美元体系的国家在积极地寻求及推动建立脱离以美元为主导的国际货币体系，而 CBDC 的出现，是这一愿景的实现契机。它可能从货币主权上削弱美元霸权地位，特别是数字人民币、数字欧元和数字英镑等都试图在支付清算和跨境流通上打破美元固有的霸权地位，绕开或避免可能的金融封锁与制裁。[3]国际货币体系的平衡，需要公平地建立多方位的责任与权力规则，并有"稳定的汇率制度，国际储备量适宜的国际货币体系。布式记账技术凭借开放性、账户系统和数据库系统共享的特征以及分布式数据存储和分散化交易的优势，通过央行间设立的 CBDC 联盟进行跨境发行和跨境流通，能够建立起一个全球统一的货币交易结算网络"，[4]有助于推动国际货币体系的平衡，并在一定程度上对各国的货币流通达到公平稳定的效果。数字人民币的实现是我国在平衡全球货币体系中发挥重要性的体现，我国一直以来是全球经济建设的重要参与者，并且是重要的贸易大国。数字人民币在试用场景及研发技术上都处于全球领先地位，若数字人民币的跨境支付能够成功地应用，将会给建立平等的国际货币体系带来推动力，促进更稳定的国际货币体系运营。

三、为跨境支付提供便利

本书在第二章的内容中详细描述了传统跨境支付的内容，从中可以看出，

---

[1] 参见鞠建东、夏广涛：《金融安全与数字人民币跨境支付结算新体系》，载《清华金融评论》2020 年第 9 期。

[2] 参见陈静、黄传峰：《数字人民币跨境支付发展策略》，载《中国外资》2021 年第 22 期。

[3] 参见宛洁茹、吴优：《央行数字货币的跨境支付问题研究》，载《新金融》2022 年第 1 期。

[4] 保建云：《主权数字货币、金融科技创新与国际货币体系改革——兼论数字人民币发行、流通及国际化》，载《人民论坛（学术前沿）》2020 年第 2 期。

在传统的跨境支付中依然主要依靠 SWIFT 和 CHIPS 运转，并且结算主要以美元结算为主。从根本上体现着美元霸权地位，从其现实应用来讲，以代理银行作为跨境结算的传统方式存在缺陷，并且长期存在的情形下影响国际货币体系收支平衡。传统跨境交易体系具有诸多缺点。第一，以中间账户为依托的跨境结算系统中间费用昂贵、耗时长，不能有效地进行跨境交易，造成用户损失。第二，交易时间差异性造成结算的风险，无法同步性可能造成交易双方的现时状态不同而造成的可能因对方破产而无法收到另一种货币的风险。并且由于在传统跨境交易中的现金匿名性可能引发洗钱的风险。第三，监管差异造成的合规性审查风险，由于在传统模式下，需要通过代理银行进行结算交易，但实际上代理银行与各国的监管制度并不相同，这样在实际的交易过程中可能面临多种合规性审查，给交易带来繁重的程序性审查环节，导致交易无法按时完成，造成时间成本的损失。

而央行数字货币的研发能够以全新数字货币种类进行交易，并在一定程度上解决上述问题。CBDC 具备实时结算优势，无需第三方中介，可大幅提高跨境支付效率、降低交易成本，有效改善传统跨境支付交易链长、不透明且效率低等问题。[1]此外，CBDC 与分布式账本技术（DLT）相结合，提供了一个更容易和更快速的跨境支付方式，DLT 可以让不同的司法管辖区管理各自的支付网络，同时允许与其他支付网络紧密结合。[2]因此 CBDC 与传统跨境结算系统相比提升了安全性、降低了成本、提高了效率，并且可以有效地进行监管，防止犯罪的发生。就 CBDC 发行和回笼而言，通过电子传送运输货币，云计算空间保存货币，能够极大提高货币发行和回笼的安全程度。[3]并且在结算的安全性上，CBDC 也可以通过交易的点对点付款直接进行央行数字货币间的结算，减少结算风险。在监管上，通过监管合作建立监管联合机构，达到各国间 CBDC 交易的安全性，弥补因监管制度的差异而造成的合规性审查的多重审查。虽然加密货币市场在一定程度上也能够推动跨境支付的便利性，减少交易成本。但在其稳定性上与 CBDC 相比还有一定的差距，并

---

〔1〕　宛洁茹、吴优：《央行数字货币的跨境支付问题研究》，载《新金融》2022 年第 1 期。

〔2〕　参见宛洁茹、吴优：《央行数字货币的跨境支付问题研究》，载《金融科技》2022 年第 1 期。

〔3〕　参见王烁、张继伟、霍侃：《专访周小川——央行行长周小川谈人民币汇率改革、宏观审慎政策框架和数字货币》，载《财新周刊》2016 年第 6 期。

且在信用基础上也无法与国家背书相比。就信用基础而言，去中心化的民间数字货币没有主权信用背书，也缺乏强大的资产支撑，公信力较弱、价值不稳定，不受央行控制，更会影响金融稳定。[1]另外，私人数字货币机构存在追求自身利益最大化倾向，也会导致民间数字货币无法得到广泛使用。[2]

故而，从研发的基础到实际应用 CBDC 都凸显出在跨境交易体系中，最为货币进行交易而带来的巨大利益。不仅有效地克服了在传统跨境体系下的弊端，还提供了一种与其他数字货币相比更加安全稳定的创新方式，这样的情形下也极大地推动了数字人民币的积极研发与试行。

四、积极促进人民币国际化

数字货币的出现对美元主导的国际货币体系形式带来威胁，也给非美元货币重新构建国际金融体系的机会。[3]数字人民币的成功试行及国际领先性带来新的区域经济力量，同时其相同的新型区域崛起，为发展中国家，尤其是拥有高度地缘敏感性和国际政治倾向摇摆不定的区域带来新金融体系机遇。如东欧、中东、南亚诸国，带来一个更经济、更便捷、更少不平等政策干预的新金融体系依附选择，美国及其盟友将可能失去对部分国际市场的把舵和监控能力。[4]但数字人民币的推出必然会受到潜在对手的各方打击，这是不可忽视的内容。随着数字人民币的广泛试行，美国也积极地探索数字美元的研发。如果数字美元将本着代替美元霸权地位的目的，势必会给数字人民币的国际化造成压力。但这种竞争并不能阻止人民币国际化的道路，相反数字人民币的领先试行将带来竞争中的优势并有利于在竞争中生存，并为人民币国际化提供更新发展的进程。

当前人民币是世界五大支付货币中的一种，但现实中美元依旧是具有绝对的权力，使用美元交易的数量要绝对性地高于人民币，较小的国际使用现

---

〔1〕 参见封思贤、杨靖：《法定数字货币运行的国际实践及启示》，载《改革》2020 年第 5 期。

〔2〕 王信、骆雄武：《数字时代货币竞争的研判及应对》，载于《国际经济评论》2020 年第 2 期，第 38 页。

〔3〕 参见白津夫、葛红玲：《央行数字货币：理论、实践与影响》，中信出版社 2021 年版，第 11 页、第 14 页。

〔4〕 参见白津夫、葛红玲：《央行数字货币：理论、实践与影响》，中信出版社 2021 年版，第 11 页、第 66 页。

状是与我国目前的经济规模和对外贸易投资规模存在巨大差异。相关数据统计显示，2019 年人民币在国际货币基金组织成员方持有储备资产的币种中排名第五，市场份额仅为 1.95%，人民币在全球外汇交易中的市场份额为 4.3%，在主要国际支付货币中排第五位，市场份额仅为 1.95%。[1] 在这样的国际现状下，为提高人民币的国际地位，首先要在跨境流通上提高人民币的使用率，并将其作为计价、结算及储备货币，这样才能够有效推动人民币国际化。

数字人民币的研发就是解决人民币跨境交易并推动国际地位的有效途径。若其成功发行与应用，将对实现人民币国际化战略起到重大的推动力。首先，将数字人民币应用在各个场景之中拓宽其适用范围，凭借安全、高效和成本优势使其在国际场景下的使用率提高。借助跨境商业银行和支付宝、微信等企业终端的应用推广，实现数字人民币跨境兑换、流通、结算，实现人民币的价值尺度、支付手段、流通手段职能。[2] 从而达到使用的依赖性，促进国际交易结算的使用率。其次维护金融主权，在美元主导的全球货币体系情形下，研发央行数字货币能够有效地保护本国金融主权，并免受美国所发起的关于美元结算体系下的金融制裁行动。数字人民币的实现也是为了保护我国金融主权，能够从货币的使用上阻止遭受金融制裁等不公平措施。最后，数字人民币的全面实行，有助于提升我国在全球货币体系中的话语权。现阶段我国央行数字货币的研发与试行处于世界的前列，并且从设计上与模式上都具有全球先进的科学技术支撑，目前不仅成功地在 2022 年冬季奥运会上试行，为各国的民众使用，而且已试行在中国社会的各个领域，并有积极的效果和反馈。这有助于人民币在数字时代取得发展先机，提升人民币国际话语权。尤其是数字货币仍处于初期发展阶段，暂时还没有处于绝对主导权的国家，数字人民币的率先发展与及时推出将有效提升人民币的国际话语权。越早在实际中投入使用，其技术和运行逻辑越容易被其他国家系统所接受并借鉴，从而掌握数字货币发行、流通、框架体系及应用场景的标准，获得先发优

---

〔1〕 参见邱燕飞：《数字人民币实现跨境支付的障碍与法制路径》，载《金融与经济》2021 年第 11 期。

〔2〕 参见邱燕飞：《数字人民币实现跨境支付的障碍与法制路径》，载《金融与经济》2021 年第 11 期。

势，占据技术和应用制高点。[1]借此契机积极将数字人民币应用到国际支付结算中来，率先制定出 CBDC 跨境流动的法律规则和监管框架，向其他国家输入 CBDC 的技术标准和法律、监管规则，这有助于我国提升在国际数字货币体系建设过程中的参与度与话语权，甚至主导全球数字货币标准的建设过程和标准制定。[2]从而，从规则的制定方面提升国际主导权，为人民币国际化增加更强的底气。

第二节　发展基于数字人民币的跨境支付系统

中国跨境支付体系的现状依旧是依赖以美元及美国银行主导的国际结算系统，由 SWIFT 代理银行主导。随着数字经济时代的到来，中国关于贸易与投资方面的建设与发展尤其在数字化贸易体系下需要建立自己高效的跨境支付系统。若在国际跨境支付体系下发展新的数字化体系，与中国实现跨境交易尤其是数字人民币的跨境交易的需求相契合。

一、中国跨境支付体系发展现状

目前随着中国的贸易与投资数量增多并成为国际上的贸易大国，在国际贸易中的地位逐渐显现并成为重要的力量。在发展初期中国在国际金融领域的影响力并不明显。主要原因在于改革开放后在进出口贸易方面长时间与美元挂钩。美元成为中国跨境交易中的主要结算货币。不论是在企业的单独投资上还是在基于双边贸易的合作基础上，都使用美元为计价货币。在改革开放初期中国企业的进出口依赖于美国主导的国际银行代理体系，虽然初期确实为中国进入国际市场带来一定的便利，并为中国产品融入世界产品带来一定的便利，但如果长时间在美元结算体系下进行跨境交易，不仅要承担美元在市场上的波动风险，还要接受代理系统的长时间耗费、高昂的费用及不透明的规则制度。接着，一次闻名世界的经济危机改变了美元跨境支付体系的

---

〔1〕　邱燕飞：《数字人民币实现跨境支付的障碍与法制路径》，载《金融与经济》2021 年第 11 期。

〔2〕　戚聿东、褚席：《数字经济视阈下法定数字货币的经济效益与风险防范》，载《改革》2019 年第 11 期。

绝对霸权地位。这便是 2007 年美国次贷危机的爆发。这场金融危机的全局性使人民币用于国际贸易结算的多种安排和机制的机会增加。此时我国对人民币跨境支付的系统开始进行探索，中国通过与各国间的双边合作探索关于人民币跨境结算的发展体系。这一发展与推动人民币国际化密切相关联。在专用人民币跨境支付系统 CIPS 上线前，人民币跨境支付服务主要通过几种特别模式与安排，借助境内人民币大额支付系统 CNAPS[1]完成。与 CHIPS 类似的 CIPS 上线后，能够有效解决前述跨境支付问题，从而成为连接各大清算中心或资金池之间的桥梁。[2]这一系统的上线标志着中国在跨境贸易上开始从依赖美元到松绑美元发展，并且开发了关于人民币作为国际贸易计价与结算的功能。随后在 2009 年的 7 月，中国人民银行、财政部、商务部、海关总署、国家税务总局原银监会共同制定并发布《跨境贸易人民币结算试点管理办法》[3]，标志着人民币国际化的正式启动。并最初在香港与澳门进行人民币更大范围的清算安排，从贸易结算入手。[4]2009 年 7 月，中国银行（香港）有限公司就与中国人民银行签署《关于人民币业务的清算协议》，使前者正式获得跨境贸易人民币清算银行的资格。[5]并在《跨境贸易人民币结算试点管理办法》正式确立了人民币跨境清算代理行模式。[6]2011 年 1 月，中国人民银行发布了《境外直接投资人民币结算试点管理办法》。[7]人民币跨境支付结算体系的范围逐步发展至全国。因与美国经济的差距缩小，支付体系

---

〔1〕　参见董哲：《跨境支付系统法律问题研究》，武汉大学 2019 年博士学位论文。

〔2〕　See Weitseng Chen, "Lost in internationalization: Rise of the Renminbi, Macroprudential Policy, and Global Impacts", *Journal of International Economic Law*, Vol. 21, No. 1, 2018, p. 39.

〔3〕　《中国人民银行 财政部 商务部 海关总署 国家税务总局 中国银行业监督管理委员会公告（〔2009〕第 10 号）》，载 http://www.mofcom.gov.cn/article/b/e/200907/20090706374293.shtml，最后访问时间：2020 年 10 月 24 日。

〔4〕　参见《跨境贸易人民币结算试点管理办法》第四、六、七条，通过有关部门审核并获得试点资格的企业将获得跨境人民币结算试点资格，并可通过境外代理行或港澳地区的人民币清算行进行人民币资金跨境结算与清算。由此，设立数年的港澳清算行的方便人员往来定位，开始逐渐扩展至跨境支付结算数额更大的贸易人民币结算。

〔5〕　参见《中银香港与中国人民银行签署人民币业务清算协议》，载 http://www.boc.cn/bocinfo/bi1/200907/t20090704_768681.html，最后访问日期：2020 年 10 月 26 日。

〔6〕　《跨境贸易人民币结算试点管理办法》第九至十二条详细规定了代理行模式中的境内代理银行与境外参加银行的业务模式、权利义务范围等。

〔7〕　参见《境外直接投资人民币结算试点管理办法》，载 http://www.gov.cn/gzdt/2011-01/13/content_1784183_2.htm，最后访问日期：2020 年 10 月 29 日。

美元依赖性不强烈，人民币 CIPS 在国际的应用场景增加并使使用主体有了一定的依赖性。因此推动着人民币跨境支付系统的建立，这是中国金融安全、推进金融开放的必不可少的组成部分。从本质上讲，人民币跨境支付体系的发展是中国主动规避现有国际货币体系的弊端和风险，保护自身发展利益，并继续拓展更大发展空间，实现高质量发展的必然选择。[1]目前在 CIPS 下的人民币跨境支付交易发展稳定且逐步拓展业务，也在功能上持续完善并建立安全机制，并且直接参与者已对境外机构开放，扩大了 CIPS 的国际网络和影响力。

从以上的背景可以看出，人民币的跨境支付为我国跨境贸易的发展带来积极有效的影响，但在发展阶段同时也存在一些不足。其一是在清算资金的支持上，CIPS 不向参与者提供支持，而美元向成员提供，相比之下吸引力小于美元。其二，在于货币竞争的现状造成在贸易交易的过程中全球仍对美元依赖性强。其三也是最主要的原因，数字时代的到来，数字货币的出现，区块链的应用使其与传统跨境支付体系不兼容。最关键的原因，在于数字经济时代，区块链和数字货币若直接应用在传统支付清算系统中可能会产生不兼容的阻碍。因此，仅靠现有机制不足以改变人民币跨境支付体系竞争力不强的局面，数字人民币的研发是促进人民币跨境支付体系竞争力的关键。

二、数字人民币对中国跨境支付的创新价值

互联网数字经济在当今时代的重要存在，使得以比特币为首的点对点支付创新模式产生。数字货币的概念也成为跨境交易过程中的重要工具。数字货币的特点在于其既可以创造连接又能够创造壁垒。如果将其应用在国际合作当中可以使世界各地成为整体网络体系。数字人民币的研发也属于网络中的重要链接，也在构建国际经济合作圈中成为不可缺少的重要战略工具。

第一，稳定中国金融市场，增强自主性和保障交易支付安全。在国际贸易与投资的场景下跨境支付系统是关键构成因素，并在一定程度上是国家经济安全的保障与基础。根据当前国际环境大趋势，在世界依赖美元作为主要结算计价工具的实践中，由于美国经济实力的衰退，若继续依赖其作为主要

---

〔1〕 参见保建云：《主权数字货币、金融科技创新与国际货币体系改革——兼论数字人民币发行、流通及国际化》，载《人民论坛（学术前沿）》2020 年第 1 期。

跨境交易结算工具则会造成货币市场的波动，并影响全球经济的平衡，造成大幅度的国际贸易摩擦。伴随着近几年中美关系的危机及战略竞争，两国间的国际关系出现挑战。并出现一系列金融脱钩未消除的障碍。因此，数字人民币的研发与实行，一方面在一定程度上保障不受美元主导的国际货币结算体系的金融制裁，另一方面规避美国长臂管辖对我国家安全及根本利益的危害。既稳定当前数字经济中的中国金融市场同时也是保护国家金融安全的工具。

第二，增强跨境支付效率，降低交易成本。数字人民币所采用的双层营运模式继承传统货币的基础模式，不改变现有交付体系与双账户结构。与现阶段使用的清算系统区别较大，并带来一定的冲击；其次数字人民币创新交易方式采用点对点转账，无需中间代理银行清算，降低跨境交易的高额成本并简化交易过程带来更有效的支付环境。再次，数字人民币在对于交易双方信息安全上采用"可匿名性"，在一定程度上保障用户的信息安全。另外数字人民币可在断网的情形下正常进行交易，可改变在跨境交易支付现状中因交易时间差而产生的损失问题，并有效地节省时间成本、提高交易的效率。

第三，以国家信用背书突破数字货币波动性不定挑战。数字人民币不同于以加密货币衍生的稳定币等数字货币，其具有稳定的国家信用背书，波动性随法定货币的波动而改变。事实上，一国本币的波动在于国际经济的整体稳定性，根据我国国家经济目前的稳定优势，人民币波动极为小幅，数字人民币具有先天的稳定优势。法定数字人民币以国家信用作为背书，其实质属于中国人民银行对公众的负债，并具有官方确定的无限法偿性。[1]与当前同样在国际市场活跃的稳定币等加密货币相比法定数字货币更具稳定性，并具有一定的保障。

第四，有效控制资本流动。数字货币是管控资本流动的一个更好的工具。数字货币通常具有可编程性，几乎所有的约束条件和激励机制都可内置于货币中，并可轻松进行调整，[2]可以有效进行数字人民币的跨境流动监管。

---

〔1〕 参见李志鹏、邓暄、向倩：《数字人民币探索构建新型跨境支付体系的思考》，载《国际贸易》2021 年第 12 期。

〔2〕 参见邱燕飞：《数字人民币实现跨境支付的障碍与法制路径》，载《金融与经济》2021 年第 11 期。

第三节　数字人民币跨境交易的挑战

虽然数字人民币的积极方面对跨境交易带来一定的创新性便利，但货币的跨境支付与交易本身是一项复杂且多面的重要问题。涉及各国央行数字货币若进行应用，所涉的货币主权问题、交易规则、监管、发行与流通等各方面的问题。关于数字人民币的相关制度现阶段也并没有详细的规定，制度的缺失也会带来一定的挑战尤其是在跨境交易当中。

一、数字美元的研发威胁

面对中国研发的数字人民币这一趋势，有相当一部分的国家都把其作为可能的威胁，进行本国数字货币的研发，其中包括美国。在目前的运营初期，DCEP 对国际跨境结算的影响是非常有限的。根据全球银行间金融通信协会（SWIFT）公布的 2020 年 5 月数据，美元计价的支付占全球支付市场的40.88%，再次排名第一，而人民币仅占 1.79%（SWIFT, 2020）[1]。这意味着美元仍然是世界上最重要的货币，特别是在涉及大规模国际商品交易方面。这些数字也表明，人民币尚未巩固其作为重要基石储备货币的地位。而且，目前中国国内的 DCEP 试点都是基于零售购买和日常开支，这意味着虽然其目标无疑是国际化，但目前 DCEP 的使用范围将主要局限于中国国内的金融环境。要实现数字人民币的跨境交易必须在根本上提升人民币的国际地位，增加使用数字人民币结算率，增强对其的依赖性，否则无法与美元长时间相抗衡。

在当前以美元为主导的跨境体系之下，如若美国加快进行数字美元的研发、试行及之后的正式使用，可能将美元的霸权地位再次回归到数字美元之上。那么将继续稳固以美元为主的全球霸权地位，并没有发挥到 CBDC 真正的优势，也没有解决去美元化全球货币支付体系的公平再建。这种情形下数字人民币的跨境交易会再次受到美国以数字美元为主导的体系所发起的经济制裁以及对数字人民币的流通力度限制。虽然现阶段美国对数字美元的研发

---

〔1〕 The global provider of secure financial messaging services, Monthly FIN traffic evolution, https://www.swift.com/about-us/discover-swift/fin-traffic-figures,（last visited 22 Aug 2021）.

并没有持肯定的态度，但在美联储所发表的关于数字美元的报告中，大幅地强调了数字美元的优势及未来实现的积极价值。这对数字人民币的跨境交易在之后的运行上可能带来一定的挑战。

二、CBDC 之间的互操性挑战

CBDC 之间的互相操作可能成为阻碍跨境交易便利的一个挑战，目前各国关于央行数字货币的设计主要是满足国内交易需求，但如果进行跨境交易，各国在交易 CBDC 时并不具有相同的操作模式与设计，这就造成一旦触发国际 CBDC 的相互交易可能造成的操作性障碍。而我国数字人民币的设计依靠央行的高层技术并建立在保护数据、交易安全基础之上，数字人民币的发行、流通、回笼和管理都不能受到底层技术的影响，并要保证数字人民币不可"双花"、不可伪造、平衡交易追踪和隐私安全。这样一系列的技术性要求使得数字人民币的产生具有相当成熟的研发策略和考究依据，但其他国家的 CBDC 可能在一定程度上达不到和数字人民币相同的设计理念，这样就会造成可能在相互交易 CBDC 的过程中某一环节的流通障碍。虽然数字人民币的研发理念是经过相当成熟的技术考究，但在实践上数字人民币的技术尚不成熟，兼容性也面临挑战。另一个主要问题是即使实现了互操作性，其他国家也缺乏以数字货币进行交易的数字基础设施。但最大的障碍可能是与 DCEP 相关的隐私问题。DCEP 遵循所谓的"可控匿名"，这使得中国人民银行（PBC）可以完全监督，并从其它 CBDC 收集的数据。这可能会使得拥有严格隐私法的民主国家所不能接受。此外，这可能会导致外国实体的怀疑和不情愿增加。随着各个国家的发展，CBDC 领域正在迅速发展。DCEP 与中国的贸易联系、日益增长的影响力和长期战略思维相结合，有可能成为对抗美元武器，但这将是一条漫长而艰难的道路。

三、数字交易设施不完备

由于目前数字人民币属于试行阶段，各项试验场景都在逐步进行。而数字货币的跨境交易优势发展目标中的重要一节，但以目前的交易系统并不能使数字人民币的跨境交易到达目标效果。目前所采用的系统依旧是人民币的跨境交易系统（CIPS），若将数字人民币直接适用在该体系下会造成兼容性障碍。数字人民币继续使用该系统进行交易并不能发挥其吸引境外参与的范围与影响力。数字人民币的跨境交易本身是需有更多的境外机构参与，增加其适用范围，促进数字人民币的流动性。因此，数字人民币需要摆脱美国主导的 SWIFT 系统。我国现阶段还未设计出关于数字人民币的独立全球支付结算系统，这项系统如若进行设计也会产生一些障碍。例如系统设计需要花费大量的时间成本，并且在底层技术研发、系统语言设计、系统运行规则制定和物理设备制造等全面分析与研判才能够进行上线，这会使数字人民币的跨境交易失去现有的时间优势。其次，现阶段并没有很多提供数字人民币交易接口的境外机构，其他的境外机构不一定会提供数字人民币交易服务。再次，在相关的接入标准与规则方面，我国金融市场开放程度有限，国外金融机构没有足够的参与和访问权限参与数字人民币跨境交易。[1]

第四节　数字人民币跨境交易的制度构建

一、数字人民币跨境交易基础设施及标准的制定

数字货币交易基础设施的建立为数字人民币成为投资货币提供完善的途径，使其成为交易的金融网络。在数字人民币的跨境使用上最重要的是数字基础设施的应用，只有在强大的技术支撑下才能保障流通的便利。当前数字人民币的跨境应用设计还是在原跨境支付体系下完成，并不能达到实现便利的最大化，因此数字人民币需要借助分布式记账技术实现点对点的价值转移、交易可追溯和监管，同时应该具备足够的可扩展性以满足大规模交易的需要，还需要立足于提高数字人民币的国际竞争力。[2]法定数字货币与分布式记账技术（DLT）的融合，有利于社会节本增效。DLT 方案可应用于更广泛的金融资产（甚至包括数字资产）的支付结算安排，非标准化股权、债权、衍生品、银行贷款以及贸易融资等交易的中心化程度不高，且结算时间长效率低，若将这些资产交易通过统一的 DLT 方案进行整合，直接使用央行数字货币支

---

[1]　参见卜学民、马其家：《数字人民币跨境流动：动因、挑战与制度因应》，载《法治研究》2022 年第 1 期。

[2]　参见卜学民、马其家：《数字人民币跨境流动：动因、挑战与制度因应》，载《法治研究》2022 年第 1 期。

付结算，可实现规模经济，促进社会节本增效。[1]这也是数字人民币应用中需要的技术支撑，点对点支付、交易追踪和监管等核心功能和优势都需依靠分布式账本。对其他如可控云计算、数字芯片等技术的选择需要充分考虑数字人民币系统的可扩展性、效率、安全和监管要求。[2]其次，数字人民币算法设计及应用的精确性对流通的成功率至关重要。不仅在设计算法程序当中需要有权威机构例如央行进行领导，除央行外的科技公司与金融机构的参与也必不可少。再次，从标准的制定出发，数字人民币的监管制度尤为重要，只有通过技术环节的层层监管才能确保在交易过程中的安全性，并且对于相关人员的专业性要求也随之而增加。最后制定关于中国数字人民币跨境交易的标准推动国际标准的建立，因中国现阶段试行的现状并以领先世界的速度，以我国为设计标准的领军国家势不可挡，推动以中国设计应用标准的国际标准，推动 CBDC 的全球跨境交易自由。

第二方面可以由点到面发展数字人民币交易网络，在"一带一路"倡议下，数字人民币的流通也是促进"一带一路"国家相互连接与互通的有效工具，便利国家间的贸易，节省时间与中间费用成本，更好地响应了"一带一路"政策。由于"一带一路"沿线国与我国贸易发展的相对稳定性，对于数字人民币的应用，相比其它国家更容易接受，从而从局部发展数字人民币的流通，并在局部开展互认协议，保障流通的有效性，之后逐渐在局部接受的情形下发展其他国家的应用互通，这一方式从现阶段的国家成本上考虑也更为合理。最后是完善数字人民币跨境支付系统，现阶段我国的跨境支付系统还依旧是以与 SWIFT 合作为主，但事实上该系统的美元主导型不会因数字人民币的加入而被削弱，因此，一种新的交易系统的出现极为重要，或者是与非 SWIFT 金融机构的合作都会从根本上摆脱以美国为主导的支付结算系统。

二、数字人民币跨境交易法律制度应及时完善

数字人民币的跨境交易里离不开法律制度的约束与维护，现阶段关于数字人民币的法律制度建设并不清晰，建立完善且具有借鉴性的法律制度是保

---

〔1〕　参见黄光晓：《数字货币》，清华大学出版社 2020 年版，第 268 页。

〔2〕　参见卜学民、马其家：《数字人民币跨境流动：动因、挑战与制度因应》，载《法治研究》2022 年第 1 期。

障跨境流通成功的基础。

第一是对数字人民币的法定地位的明确规定。虽然现阶段我国在数字人民币白皮书[1]中肯定了法定货币的性质，但相关法律并没有做出确切的规定。一种新型货币的产生并且明显与传统货币形式不同，如若参考传统货币的相关规定则会造成兼容性差与不适。由于数字人民币的特殊性质，应对其发行交易规则、所有权转移规则和反洗钱要求等进行具体规定。并且，需要厘清数字人民币在民刑法上的应用。研究分析数字人民币是否能纳入民法上"物"、刑法上"财物"的范畴。数字人民币没有实体形态，但具有财产属性。[2]《中华人民共和国民法典》物权编将物定义为不动产和动产，虽然未使用"有体物"概念，但因不动产和动产属于"有体物"的分类，可知"本法所称物"，是指"有体物"。但也有学者认为随着社会进步，"物"的范围可以扩大，不必局限于"有形"。关于"物"的认定又影响到刑法上以公私财物为客体的财产罪的适用，如盗窃罪、抢劫罪等。另外，应对数字人民币的法偿性做出详细的规定，并从不同法律层级对数字人民币进行体系化规定，不仅包括《中华人民共和国中国人民银行法》和《中华人民共和国商业银行法》等法律，央行和外汇管理机构在制定的部门规章中也应该对数字人民币的流通和管理规则进行完善，既促进人民币跨境流动，又维护我国货币管理秩序和货币主权。[3]

第二是构建数字人民币的发行与管理机制，用以规范与完善数字人民币的国际流动及规范制度。可进行专项的关于数字人民币跨境交易的流通管理规定。由央行牵头，从发行的层面首先规范其流程程序性问题，数字人民币

---

〔1〕《中国数字人民币的研发进展》白皮书中写道，数字人民币是人民银行发行的数字形式的法定货币，由指定运营机构参与运营，以广义账户体系为基础，支持银行账户松耦合功能，与实物人民币等价，具有价值特征和法偿性。其主要含义是：第一，数字人民币是央行发行的法定货币。一是数字人民币具备货币的价值尺度、交易媒介、价值贮藏等基本功能，与实物人民币一样是法定货币。二是数字人民币是法定货币的数字形式。从货币发展和改革历程看，货币形态随着科技进步、经济活动发展不断演变，实物、金属铸币、纸币均是相应历史时期发展进步的产物。数字人民币发行、流通管理机制与实物人民币一致，但以数字形式实现价值转移。三是数字人民币是央行对公众的负债，以国家信用为支撑，具有法偿性。

〔2〕 参见夏玮屿：《关于构建数字人民币发行法律基础的相关问题研究》，载《现代金融导刊》2021年第10期。

〔3〕 参见卜学民、马其家：《数字人民币跨境流动：动因、挑战与制度因应》，载《法治研究》2022年第1期。

按照传统现金货币的发行模式采用了双层营运体系，但数字人民币的发行方式根本上与现金硬币存在巨大的差异。应加快建立相关法律制度、明确数字人民币的发行流程，并将此环节负责的责任主体详细规定，主要是由央行进行总局管理。在发行的流程中还涉及第二层级的商业银行及相关部门，如分析、登记、认证中心及外包服务商等各分层主体，这些主体的责任与义务也需制定明确的规则进行约束与管理。在发行数字人民币的数量上也需严格按照货币政策的原则与规定，这里需要完善更为合适且适用性强的货币政策与外汇管理政策，由央行及外汇管理机构根据市场需求通过调节利率、汇率和外汇储备等保障数字货币及人民币的流动性，用以稳定金融市场。从程序的层级上发行之后便是指定运营机构的选择，运营机构的选择关乎数字人民币在交易过程中的安全性，选择拥有强大技术的运营机构也是数字人民币流通过程中的重要选择。因此，这里也需要对运营机构的测试及规范进行详细的规定，特别是在交易数字人民币的过程中对于用户的识别、风险的预测、交易的安全保护都至关重要。接下来是交易环节中的数字钱包，需对数字钱包的分类管理进行相关的规定。

第三是关于数字人民币跨境交易中的监管制度的规定。首先是完善反洗钱、反恐怖融资的相关规定，在该方面的内容中，数字人民币的流通尤其在跨境交易中可能会成为犯罪分子利用其进行跨境洗钱的工具，由于数字人民币可以进行点对点的离线支付，区别于传统金融系统，其隐蔽性、复杂性更多，这样对于监管部门来讲具有一定的监测困难。[1]在现金反洗钱规则下由于其依靠金融机构所建立，更多的是与商业银行的责任与职责，但在数字人民币加入之后，可能涉及多个服务机构，这些服务机构的责任如何，需要有明确的规定。其次，由于数字人民币的可控匿名性，客户的交易是对商业银行进行匿名的，在这样的前提下商业银行如何识别客户，对大宗可疑交易的报告及交易的记录如何进行？需要有明确的法律进行规定。再次，需要对数字人民币的反假、赔偿机制做出同步的规定，以防在跨境交易中利用假币进行诈骗的行为，一定程度上保护用户的财产追偿权利。

第四是建立关于个人信息及隐私保护的相关制度。数字人民币在发行流

---

〔1〕 武颖、刘振：《数字人民币与反洗钱：机遇、挑战和应对》，载《海南金融》2021年第6期。

通上存在一定的泄露风险，在跨境交易的过程中这种风险也同时存在。可能存在的单点故障、盗窃及违规操作致使客户隐私泄露。因此，需要在《中华人民共和国个人信息保护法》《中华人民共和国网络安全法》等要求的前提下，提前做好规则性和制度性防控及管理。一是建立数字人民币全生命周期的安全标准。从技术的层面实施严格的保护程序，利用技术型控制手段防止信息的泄露。从交易的前端与终端分别建立数据保护机构，不仅从前期对数据的流出进行严格的审查，也要在数据的终端进行复审，并建立专门数据保护管理机构，以数据领域专业人员构成。在责任主体上加快确认责任义务主体的相关规定，明确所涉主体并强调在交易环节中对于信息保护的责任义务。最后在法律规则上，需推出金融数据隐私保护规范。

三、推动 CBDC 联合监管及政策合作

2021 年 7 月，BIS 发布《央行数字货币与跨境支付》，报告指出，央行数字货币在跨境支付中仍面临风险，如成本高、速度低、准入有限和透明度不足等问题。无论 CBDC 的适用范围是否仅限于本国境内，其影响最终都会跨越国境，各国需要密切合作。[1]报告中也指出，对于中国正在测试的数字人民币，只要对其他国家与地区没有溢出效应，数字人民币可与其他零售系统，或是通过电子钱包与其他法定货币的汇转实现跨境支付。[2]从报告中可以看出，国际上对于 CBDC 的跨境流通抱有一定的积极态度并且数字人民币的发展前景在当下各国央行研发本国数字法定货币的情形下是具有绝对的领先地位，因此，我国需要把握住这一优势，积极探索关于央行数字货币的跨境交易政策制度，并在领先的实际下提出以中国数字人民币与各国本国法定数字货币跨境交易的国际性交易规则、标准、政策等，力图建立相关的国际标准，并欢迎各国进行加入，构建全球统一的监管机构。如前文对于央行数字货币的监管合作部分的论述，建立分层监管管理机构可成为现阶段跨境交易的实践方式。建立这种全球统一的监管机构与政策的前提是三方面。

---

〔1〕 参见夏玮屿：《关于构建数字人民币发行法律基础的相关问题研究》，载《现代金融导刊》2021 年第 10 期。

〔2〕 参见夏玮屿：《关于构建数字人民币发行法律基础的相关问题研究》，载《现代金融导刊》2021 年第 10 期。

第一方面，监管合作需要各国间对于央行数字货币的发行、管理、外汇等制度达成一定的共同理念。协调各国间法律与监管制度的不同并在一定程度上达成与数字人民币相包容与适应的法律规制。协调与其他国家的法律和监管理念。并通过与各国利益平衡的讨论及保护，推动数字人民币的流通动力并形成兼顾各方利益的数字人民币跨境流动规则。积极推动以我国为主导的联合监管执法机构，数字货币的跨境交易，其顺利、安全地完成交易必须依靠信息的互通与国家间的合作。

第二方面，由"点"到"面"进行数字人民币跨境交易合作，从局部有政策合作的国家先进行局部合作，由局部合作的成功带动其他各国的合作，从而形成全球性合作。在我国"一带一路"政策有天然的合作优势，利用"一带一路"政策和中国—东盟自贸区推广数字人民币。[1]在东盟双边合作上，持续扩大与东盟国家货币互换规模。逐步提高数字人民币在互换额度中的比重，为中国与东盟双边投资和贸易提供充足的数字人民币流动性支持，提高数字人民币在东盟地区的接受度、竞争力。[2]更要发挥"一带一路"倡议的积极性，扩大数字人民币应用场景。推动"一带一路"倡议涉及项目在大宗商品订购合同、工程结算、贷款投放、汇兑、机构间清算等场景中优先使用数字人民币，并促成金砖银行和亚洲基础设施投资银行优先将数字人民币作为储备货币和结算单位。[3]从"点"进行长期有效的合作，加大数字人民币的国际使用率，从而增强其国际影响力。更能具有说服力地使更多的国家加入使用数字人民币进行交易的范畴中。

第三方面，扩大到"面"的措施，如何扩大到"面"？除了上文提到的通过局部的合作及政策本有的合作进行示例，从而吸引其他国家的加入。更需要联合各国进行更具国际性的适用规则及监管合作。这需要与 CBDC 的国家开展货币合作。积极与现有开展 CBDC 意向的国家进行合作的邀请，并通过各方的会谈与讨论，分析在法律监管不一致的前提下如何进行监管合作。

〔1〕 参见卜学民、马其家：《数字人民币跨境流动：动因、挑战与制度因应》，载《法治研究》2022 年第 1 期。

〔2〕 参见陈燕和、王海全：《推动数字人民币跨境使用的思考——以东盟为例》，载《国际金融》2021 年第 12 期。

〔3〕 参见陈燕和、王海全：《推动数字人民币跨境使用的思考——以东盟为例》，载《国际金融》2021 年第 12 期。

可积极地提出以数字人民币为绝大多数的实验工具进行跨国间数字货币交易的项目实验，从中提出关于各国本国运行过程中的争议与共同点，从而促进合作的达成，发挥中国数字人民币的绝对优势以形成国际监管机构的标准。目前我国开展数字人民币跨境交易合作的项目，主要是 m-CBDC Bridge 项目，这项多边合作的网络是国家实力的反应，我国也正在积极地对其进行验证。可通过该项目的实践经验，积极研发以中国为主导的多边跨境支付网络，真正推动数字人民币的国际流通，促成国际合作规范。从而提升人民币的国际地位。虽然这是一项长期且复杂的事情，货币的竞争是背后综合国力和全球影响力的竞争，但并不是不可实现的，现阶段数字人民币的领先地位及中国数字经济的国际实力是有目共睹的，因此，发挥当前的优势是提升我国货币话语权的有利机遇。

本章小结

本章节主要围绕数字人民币的试行现状，对相关的法律制度进行探讨研究，切合本书的题目跨境交易的法律问题研究，本章对数字人民币的跨境交易相关法律问题进行详细的研究与构建。当前各国都在积极探索央行数字货币的研发，尤其是对于央行数字货币的跨境交易。以国家信用背书的央行数字货币在交易的过程中具有一定的安全性、稳定性，可有效地防止加密货币对于法定货币地位的冲击。数字人民币的研发其中也包含了防止加密货币等私人货币在本币交易中的乱用，破坏现有的货币市场，威胁货币主权等。另一方面对人民币国际化带来积极的推动作用。现阶段，数字人民币主要是集中在国内试行，但并非代表今后的应用仅限国内，数字人民币的另一个特点是推动跨境交易支付的新模式。推动数字人民币的跨境交易并不是一件轻松且容易的事情，目前从法律层面来讲，在跨境交易过程中有各方面的挑战。例如由于各国在 CBDC 的构建与制度研发上都存在不同的政策，涉及跨境交易方面的法律制度主要有监管制度、结算制度及汇率与税收的问题，这都会影响交易成败。现阶段各国在研发 CBDC 上主要都是以国内的实施为主，对于跨境交易的构建并没有更加明确且符合国际公平原则及国际支付体系平衡的相关通用制度。在这一情形下很容易在跨境交易的过程中，由于互操性的不同而影响 CBDC 的交易便利。因此，数字人民币跨境交易也会有一定的阻碍。面对这样的挑战，我国在研发与试行数字人民币的跨境交易的过程中，势必需要结合各国当前的法律制度与我国法律制度，最大程度上减少因制度分歧而造成的交易损失。另一个挑战是数字美元的研发威胁，这主要考虑到当前的国际货币结算体系 SWIFT 以美元结算为主，并一直稳固美国的货币霸权主义地位，而 CBDC 的研发及各国间的互用协议可能减弱美元的霸权地位。但当前的现实是数字人民币的运行依然是依靠 SWIFT 进行结算，一方面是为了在国际结算体系中，在当前 SWIFT 下的国家提高其对数字人民币的吸引力，另一方面是利用该系统增强数字人民币的流通力。不过数字美元的研发可能会对 CBDC 削弱美元霸权主义地位的作用产生一定的影响。虽然美国认为当下还没有必要建立数字美元，但对于数字美元的研发报告全部都是对其优势的肯定，很难认为在其他各国 CBDC 广泛实行时，数字美元不会被使用。当数字美元以美元等价的地位应用在 SWIFT 之上，其实是从数字形式的货币中又一次稳固了美元的霸权主义地位。因此，在数字人民币的跨境交易中需要应对这一挑战，研制关于非 SWIFT 结算的 CBDC 新跨境交易结算系统至关重要。最后，怎样构建合理且有效的数字人民币跨境交易制度也是我国目前探索的重要内容，也是本章最后讨论的内容。本章从政策与制度两个层面提出了相关的构建，以宏观构思与微观构建相结合并根据当下数字人民币的跨境交易试行现状提出具体的制度构建。

结　论

由于新冠疫情全球蔓延，各国都陷入了前所未有的社会经济危机，疫情的威慑力使得人们不得不足不出户并切断跨国活动。贸易、旅游业受到了严重的挑战。在这样严峻的社会环境下，网络成为社会联系的重要途径。"数字社会""数字生活""元宇宙"的概念随之出现。数字化的产业、贸易也迅速在疫情之下产生并扩大，标志着数字经济时代的正式到来。尤其在近三年的时间里新冠疫情没有得到根本的缓解，这使数字经济的地位凸显。这期间数字货币也不断以各种形式出现在社会交易过程中，作为数字经济中重要的一环，数字货币的发展及未来的规则走向都极为重要。本书主要围绕数字货币跨境交易的法律问题研究。通过详细的论述与探索，共得到以下几点结论：

首先，从基础理论出发，数字货币的种类繁多，交易的方式各异，各国对其法律规制都根据不同的国内认定进行，没有出现相对统一的数字货币理论基础概论。从法理的角度来讲，一件事物的法律制度研究都需要从其根本开始，只有在明确的概念基础上才能构建相关的法律制度。如果在概念上存在模糊性并且对其的定义不同而造成法律的混用，则导致法律归因失败。在研究何物用何种法律进行约束时，第一步都会对其法律属性及基本内涵进行归类。当下数字货币的概念并不具有统一性。交易的过程中因法律地位的不确定性而造成制度的不确定使用。尤其在跨境交易的过程中，如果交易双方在交易工具的概念认定上存在差异，那么势必会造成管辖权异议及监管制度的冲突。因此确定数字货币的制度概念至关重要，也是制度构建的基础。基于此，本书在第一章节充分论述了关于数字货币的币种间的区别辨析，以对比辨析的研究方法从不同种类分析其差异性。从数字货币的去中心化程度不同可以分为央行数字货币与私人数字货币，在私人货币的种类中又分为加密货币与虚拟货币，加密货币的分类中衍生出稳定币，总的来说将数字货币利用集合的方式进行梳理，数字货币是一个超集合，央行发行的数字货币为法定数字货币，也称央行数字货币，以私人主体发行的数字货币为加密货币、稳定币、虚拟货币。这些数字货币的形式则称为其子集合。此处，需要说明的是在数字货币的分类上，本书采取的是广义的数字货币定义，并不以"货币"性质而进行划分，因为当下在数字货币的性质上并没有达成统一，如若仅用是否属于货币而进行数字货币的归类，那么只能使央行数字货币成为总的数字货币，而其他加密形式的数字货币则不能包括在内。本书认为在研究数字货币的法律性质过程中，若直接摒弃其他种类的加密货币，仅从货币性质的角度探讨数字货币的法律性质会缺乏研究的全面性。从发展历史的角度来讲，数字货币的产生最初从密码学的产生到中本聪的比特币论文，再到比特币的规模迅速扩大和机构币的崛起，都离不开加密技术，研究数字货币更离不开对加密货币的整体研究，不论是对今后央行数字货币的发展还是加密技术的纳入都是经验的借鉴与重要的研究方向。以此，本书的研究更同意数字货币扩大解释的分类。研究不同种类及性质的数字货币才能将内容分析透彻，以达到研究的目的及意义。在确定数字货币的分类之下是对数字货币的法律性质的定位，以央行数字货币为例，我国央行在《中国数字人民币的研发进展白皮书》中已明确写道数字货币为法定数字货币，具有法偿性。虽未明确法律规定和规则，但这可以充分地说明央行数字货币的法律地位已得到确定。其他国家对于央行数字货币的研究也同样明确了其绝对的主权地位，是一国法定货币的数字表现形式。由此，央行数字货币的法律性质显而易见是可以确定的。但各国对于加密货币法律性质的确定是存在差异的。美国SEC的观点是将加密货币定义为一种加密资产，将大部分ICO视为证券发行，并将某些数字货币定性为数字商品。而在中国，根据《关于防范比特币风险的通知》，从性质上看，比特币应当是一种特定的虚拟商品。在加密货币等私人发行的数字货币上，各国对其性质的认定更偏向于在当下的环境中所产生的功能来决定性质。也正是这种认定的差异性导致一旦触发到加密货币的跨境支付则会造成法律适用的障碍。因此，本书提出了对于加密货币性质认定的建议与法律制度的构建，更强调了数字货币划分规则制定的重要性。

其次在数字货币的跨境交易上也因不同种类的数字货币而导致其运行的方式、监管、外汇、结算不同。在传统的跨境交易方式上，主要采用的是中间代理商的渠道，SWIFT作为主要的结算平台在跨境交易中的地位突出，它主要依靠美元结算并是一家美国企业，可以看出当前全球货币体系依然是美国占主导地位。数字货币的产生从一定程度上可以将SWIFT摒弃，不需要中间服务商进行结算，是一种点对点的直接交易。解决了交易周期长、结算费用高昂等传统跨境交易的弊端，并有效地控制了 SWIFT 系统的长期垄断，突出了数字货币的跨境交易优势。不同币种的数字货币在跨境交易中所采用的系统也存在差异，例如在加密货币的跨境交易过程中，是去中心化的无监管的跨境交易，Ripple Labs 其 XRP 货币和 RippleNet 支付网络是加密货币的交易示例。Ripple Labs 声称通过允许银行和其他汇款机构加入其分布式账本网络并在 XRP 代币中持有资金的方式，从而实现实时跨境结算和货币兑换。根据 Ripple 的首席技术官 David Schwartz 的说法，平均交易完成时间不超过 5 秒~7 秒。网络的去中心化性质提供了一种无缝替代方案，以替代由于资金在代理账户之间流动、SWIFT 系统速度缓慢以及传统跨境支付路线缺乏透明度而产生的高额费用的传统问题。而在央行数字货币的跨境交易中，则是通过各国间对于跨境交易央行数字货币的协议进行，例如加拿大新加坡分布式记账 CBDC 项目-Jasper-Ubin。数字人民币参与的 m-CBDC Bridge 项目，都是从央行数字货币的跨境交易进行的实验而研发新的结算系统。由此，可以肯定数字货币在跨境交易的过程中所起到的作用是积极且有效的，解决传统货币跨境交易的难题也是研发各类央行数字货币的初衷。本书强调该方面的内容，目的是肯定数字货币的积极性，为构建数字货币法律制度提供一定的实施依据。

再次，要构建数字货币的法律制度，首先要明确在交易的过程中可能产生的法律风险，基于风险的一一列举提出相应的解决方式。本书主要从两个方面进行了探究，根据数字货币扩大解释的分类将数字货币分为央行数字货币与私人数字货币，从这两种不同形式的数字货币分析其可能产生的不同法律风险。其一，是关于加密货币的跨境交易的法律风险，主要集中在管辖权的确定问题、跨国性金融犯罪问题及跨境交易平台问题。这些问题产生的主要原因是基于对加密货币性质认定的不同及各国相关法律制度尤其是监管制度上的差异。解决这些风险的方式是主要从制度的完善和监管合作出发，本书提出了关于加密货币的全球监管合作的构建，并从性质的认定、加密货币的分类确定以及国家间的合作机构的建立来解决关于加密货币的跨境交易所产生的法律问题。将加密货币的解决方式区分于央行数字货币进行讨论的主要原因，在于加密货币的承认程度并不是全球范围的，但作为国际法研究，应从全面探析的角度进行问题的解决。因此单独针对认可加密货币的国家，对相关制度进行构建的建议是必要的。其二，是关于央行数字货币的跨境交易风险预判，虽然央行数字货币作为法定货币的性质认定在全球范围上是没有争议的，但央行数字货币因当前并没有真正实行，所以其产生的法律风险是在预判的情形下，并结合加密货币的风险存在性进行预测，这也从另一方面说明了研究加密货币的重要性，为央行数字货币的发展及制度建立带来一定的借鉴意义。在预判央行数字货币的跨境交易的风险中，本书主要归纳了以下风险：（1）潜在的金融稳定风险和货币替代；（2）法律规则缺失；（3）巨大的消费者损失风险；（4）网络威胁和单点故障；（5）跨境隐私和数据的保存；（6）CBDC 跨境洗钱的威胁；（7）交易平台的合规性，可以看出与加密货币的跨境交易中产生的风险存在相似处，解决这些风险，需要在研发的过程中对央行数字货币的相关制度加以明确规定，本书提出的构建主要包括对央行数字货币法律定位的明确、与之相关的《银行法》等法律规定的完善。另外，在央行数字货币跨境交易的国际监管合作，联合机构的监管合作更能防止 CBDC 的跨境交易犯罪形成。从数字货币这个超集合的总体来看，存在于数字货币跨境交易中的最重要的法律问题是关于监管的问题，监管制度是数字货币跨境交易成功与否的关键，本书从监管的实际问题出发分析了当下在跨境交易中数字货币的监管难题，并通过监管合作有效解决现存问题。

这里需要特别说明的是在本书中关于现阶段各国数字货币相关制度的现行规则的梳理和具体案件的法律实践。因加密货币在各国承认度不同，也衍生出当下关于数字货币的法律制度在欧美国家及澳大利亚等国家相对来说具有一定的借鉴意义，在对各国现阶段的数字货币的基本认定制度、税收制度、反洗钱制度及监管制度的梳理后，更能反映出当前数字货币跨境交易中需要制定哪些方面的内容。并从其积极的应用层面建立以国际组织牵头的国际数字货币风险解决机制。国际经验的借鉴是国际条约成立的前提依据。一项国际条约的建立是在各国经验的基础之上，通过平衡利益、权衡利弊来制定相关规定，因此至关重要，这也是本书独立成章进行各方面梳理说明的意义所在。

最后，是对我国数字人民币相关问题的研究，主要是探讨关于数字人民币的跨境交易问题及规则的构建。发行数字人民币主要的原因有：（1）保护国家货币主权和法币地位；（2）推动国际货币体系平衡；（3）为跨境支付提供便利；（4）积极促进人民币国际化。从推行的原因可以看出，跨境交易也是数字货币研发的重要方面。数字人民币的跨境交易是推动人民币国际化的重要工具。我国现阶段是贸易大国，对于支付方式的选择至关重要，但目前中国企业普遍依赖美国银行主导的 SWIFT 进行结算，主要以美元计算。中国企业不但要承受美元波动带来的外币汇兑风险，也要承受国际代理银行体系的低效率、高成本和不透明带来的损失。数字人民币的研发将给今后我国在跨境支付上带来一定的便利，并避免损失。虽然现阶段数字人民币依然在 SWIFT 体系之内，但这仅是数字人民币吸引国际使用的方式，也是当下最快输出的方式。在真正确定国际社会对数字人民币的依赖性后，建立新的以数字人民币或其他央行数字货币结合为主的央行数字货币跨境支付新系统指日可待。实现数字人民币的跨境交易也需要构建相关法律制度。以规范的跨境法律制度及合理的跨境支付系统有效地实现数字人民币的跨境交易，从而真正推动人民币的国际化。

参考文献

一、英文文献

(一) 著作

1. Antonopoulos A M, *Mastering Bitcoin：unlocking digital cryptocurrencies*, Reilly Media, Inc, 2014.

2. Chambers Jones C, Hillman H, *Financial Crime and Gambling in a Virtual World：A new Frontier in Cybercrime*, Edward Elgar, 2014.

(二) 期刊论文

1. Maesa D D F, Marino A, Ricci L, Data-driven analysis of Bitcoin properties：exploiting the users graph. *International Journal of Data Science & Analytics*, 2017 (6), . Sixt E. Ethereum. Springer Fachmedien Wiesbaden, 2017.

2. Piergiorgio Valente, "Bitcoin and Virtual Currencies Are Real：Are RegulatorsStill Virtual?", *Intertax*, Vol. 46, 2018.

3. Trautman, L. J, "Virtual Currencies；Bitcoin & What Now After Liberty Reserve, Silk Road, and Mt. Gox?", *Richmond Journal of Law and Technology*, Vol. 20, No. 4, 2014.

4. Duque, J. J, "State Involvement in Cryptocurrencies. A Potential World Money?", *The Japanese Political Economy*, Vol. 46, No. 1, 2020.

5. Hudson R. , & Urquhart A. , "Technical Trading and Cryptocurrencies", Annals of Operations Research, Vol. 297, 2019.

6. Bulut A. , "Cryptocurrencies in the New Economy", *Journal of International Trade, Logistics and Law*, Vol. 4, No. 2, 2018.

7. Adhami S. , Giudici G. Martinazzi S. , "Why do businesses go crypto? An empirical analysis of initial coin offerings", *Journal of Economics and Business*, Vol. 100, 2018.

8. Cennamo C. , Marchesi C. , Meyer T. , "Two Sides of The Same Coin? Decentralized versus Proprietary Blockchains and the Performance of Digital Currencies", *Academy of Management Discoveries*, Vol. 6, No. 3, 2020.

9. Craing K. Elwell, M. Maureen Murphy & Michael V. Seitzinger, "Bitcoin：Questions, Answers,

and Analysis of Legal Issues", *Congressional Research Service Report*, 2013, USA p. 211.

10. Baur D. G. , Hong K. , and Lee A. D, "Bitcoin: Medium of Exchange or Speculative Assets?", *Journal of International Financial Markets*, Institutions & Money, 2017.

11. Alexander K. , "The international anti-money-laundering regime: the role of the financial action task force", *Journal of Money Laundering Control*, Vol. 4, No. 3.

12. Techniques, In 2nd IEEE European Symposium on Security and Privacy, Paris, France, IEEE, 2017.

13. Shavers, S. , "Application of fincen's is regulations to persons administering, exchanging or using virtual currencies", Department of the Treasury Finance, 2013.

14. Tsukerman, M. , "The block is hot: A survey of the state of Bitcoin regulation and suggestions for the future", *Berkeley Technology Law Journal*, Vol. 30, No. 4, 2015, p. 1127.

15. Sonderegger, D, "A regulatory and economic perplexity: Bitcoin needs just a bit of regulation", *Washington University School of Law*, Vol. 47, No. 1, 2015.

16. Mingxiao D, Xiaofeng M, Zhe Z, "A review on consensus algorithm of blockchain", In *The 2017 IEEE International Conference on Systems, Man, and Cybernetics Banff*, Canada, IEEE (SMC2017).

17. Steven A. Dean, *The Incomplete Global Market for Tax Information*, *Brooklyn Journal of International Law*, 2008.

18. LaraL. Kessler, Is the Grass Really Greener: Profitsfrom State-Legalized Marijuana Businesses vs. Federal Anti-Money Laundering Rules, 23 J. L. Bus. & Ethics 45 (2017).

19. Gary E. Kalbaugh, Virtual Currency, Not a Currency, 16 J. Int'l Bus. & L. 26 (2016).

20. Chinelle van der Westhuizen, "Future digital money: The legal status and regulation of bitcoin in Australia", The University of Notre Dame Australia School of Law, for Degree of Master of Laws by Research, 2017.

21. Scott D. Hughes, "Cryptocurrency Regulations and Enforcement", in the U.S. , *45 W. St. U. L. Rev. 1* (2017).

22. Piergiorgio Valente, "Bitcoin and Virtual Currencies Are Real: Are Regulators Still Virtual?", *Intertax*, Vol. 46, 2018.

23. Reuben Grinberg, "Bitcoin: An Innovative Alternative Digital Currency", *Hastings Sci & Tech L J*, 2012.

24. Irina Cvetkova, "Cryptocurrencies Legal Regulation", *BRICS L. J.* , Vol. , No. 2, 2018.

25. Treleaven P, Brown R G, Yang D, "Blockchain Technology in Finance", *Computer*, 2017.

26. Subramanian H, "Decentralized Blockchain-Based Electronic Marketplaces", *Communications of the Acm*, 2018.

27. Aste T, Tasca P, Matteo T D, "Blockchain Technologies: The Foreseeable Impact on Society and Industry", *Computer*, 2017.

28. Huang B, Liu Z, Chen J, et al., "Behavior pattern clustering in blockchain networks", *Multimedia Tools and Applications*, 2017.

29. Sasson E B, Chiesa A, Garman C, et al., "Zerocash: Decentralized anonymous payments from bit-coin", *Security and Privacy*, 2014.

30. Eyal I. "Blockchain Technology, Transforming Libertarian Cryptocurrency Dreamsto Finance and Banking Realities", *Computer*, 2017.

31. Xu R, Zhang L, Zhao H, et al., "Design of Network Media's Digital Rights Management Scheme Based on Blockchain Technology", In The 13th International Symposium on Autonomous Decentralized System (ISADS). Bangkok, Thailand, IEEE, 2017.

32. Imbault F, Swiatek M, Beaufort R D, et al., "The green blockchain: Managing decentralized energy production and consumption", In The 17th International Conference on Environment and Electrical Engineering (EEEIC 2017). Milano, Italy, IEEE, 2017.

33. Biryukov A, Khovratovich D. Equihash, "Asymmetric proof-of-work based on the generalized birth-day problem", *Ledger*, 2017.

34. Shi N, "A new proof-of-work mechanism for bitcoin", *Financial Innovation*, 2016.

35. Reid F, Harrigan M, "An Analysis of Anonymity in the Bitcoin System", In Proceedings of the Third International Conference on Privacy, Security, Risk and Trust, 2012.

36. Ron D, Shamir A, "Quantitative analysis of the full bitcoin transaction graph", In International Conference on Financial Cryptography and Data Security. Barbados, Springer, 2013

37. Meiklejohn S, Pomarole M, Jordan G, et al. "A fistful of bitcoins: characterizing payments among men with no names", In Proceedings of the 2013 conference on Internet measurement confer-ence. *Barcelona, Spain*, ACM, 2013.

38. Androulaki E, Karame G O, Roeschlin M, et al, "Evaluating user privacy in bitcoin. In Proceedings of the International Conference on Financial Cryptography and Data Security", *Okinawa, Japan, Springer*, 2013.

39. Monaco J V, "Identifying bitcoin users by transaction behavior", In Proceedings of the International Society for Optics and Photonics Defense, Security, and Sensing. Baltimore, USA, 2015.

40. Gervais A, Ritzdorf H, Karame G O, et al, "Tampering with the delivery of blocks and transaction sin bitcoin", In Proceedings of the 22nd ACM SIGSAC Conference on Computer and Communi-cations Security. *Colorado, USA*, 2015.

41. Liao K, Zhao Z, Doupé A, et al, "Behind closed doors: measurement and analysis of CryptoLockerransoms in Bitcoin", In Proceedings of the Symposium on Electronic Crime Research.

Toronto, *Canada*, *IEEE*, 2016.

42. Zhao T, Chen C, Wei L, et al., "An anonymous payment system to protect the privacy of electricvehicles", In Proceedings of the 2014 International Conference on Wireless Communications and Signal Processing (WCSP 2014). *Hefei*, *China*, IEEE, 2014.

43. Moyano J P, Ross O. KYC, "Optimization Using Distributed Ledger Technology", *Business &Information Systems Engineering*, 2017.

44. Bonneau J, Miller A, Clark J, et al, "Sok: Research perspectives and challenges for bitcoin and cryp-tocurrencies", In Proceedings of the 36th IEEE Symposium on Security and Privacy. *Califormia*, *USA*, *IEEE*, 2015.

45. Man H A, Liu J K, Fang J, et al, "A New Payment System for Enhancing Location Privacy of Electric Vehicles", *IEEE Transactions on Vehicular Technology*, Vol. 63, No. 1, 2014.

46. Mihaylov M, Jurado S, Avellana N, et al, "NRGcoin: Virtual currency for trading of renewable energy in smart grids", In 11th Int Conf on the European Energy Market, 2014.

47. Chaum D L, "Untraceable electronic mail, return addresses, and digital pseudonyms", *Communications of the ACM*, , Vol. 24, No. 2, 1981.

48. Balthasar T D, Hernandez-Castro J, "An Analysis of Bitcoin Laundry Services", In Nordic Con-ference on Secure IT Systems, 2017.

49. Pittman A, "The Evolution of Giving: Considerations for Regulation of Cryptocurrency Donation Deducations", *Duke L. & Tech. Rev.*, 2016.

50. Bonneau J, Narayanan A, Miller A, et al, "Mixcoin: Anonymity for Bitcoin with accountable mixes", In Proceedings of the International Conference on Financial Cryptography and Data Security, 2014.

51. Valenta L, Rowan B., "Blind coin: Blinded, accountable mixes for bitcoin", In International Con-ference on Financial Cryptography and Data Security. *Berlin*, *Gemany*, *Springer*, 2015.

52. Maurer F K, Neudecker T, Florian M, "Anonymous Coin Join Transactions with Arbitrary Values", In Trust com Big Data SE/ICESS, 2017 IEEE, 2017.

53. Goriacheva A, Jakubenko N, Pogodina O, et al, "Anonymization Technologies of CryptocurrencyTransactions as Money Laundering Instrument", *KnE Social Sciences & Humanities*, 2018.

54. Florian M, Walter J, Baumgart I, "Sybil-resistant pseudonymization and pseudonym change without trusted third parties", In Proceedings of the 14th ACM Workshop on Privacy in the E-lectronic Society, 2015.

55. Wang Q, Li X, Yu Y, "Anonymity for Bitcoin from Secure Escrow Address", IEEE Access, 2017.

56. Ruffing T, Moreno-Sanchez P, Kate A, "CoinShuffle: Practical decentralized coin mixing for

Bit-coin", In Proceedings ofthe 19th European Symposium onResearch in Computer Security. Wroclaw, Poland, Springer, 2014.

57. Bissias G, Ozisik A P, Levine B N, et al, "Sybil-resistant mixing for bitcoin", In Proceedings of the 2015 ACM Workshop on Privacy in the Electronic Society. ACM, 2014.

58. Ziegeldorf J H, Grossmann F, Henze M, et al, "Coinparty: Secure multi-party mixing of bitcoins", In Proceedings of the 5th ACM Conference on Data and、Application Security and Privacy, 2015.

59. Miers I, Garman C, Green M, et al, "Zero coin Anonymous Distributed Ecash from Bitcoin", *Security and Privacy*, 2013.

60. Barber S, Boyen X, Shi E, et al, "Bitter to better—how to make bitcoin a better currency", In International Conference on Financial Cryptography and Data Security, 2012.

61. Tschorsch F, Scheuermann B, "Bitcoin and Beyond: A Technical Survey on Decentralized Digital Currencies", *IEEE Communications Surveys & Tutorials*, Vol. 18, No. 3, 2016.

62. Biryukov A, Pustogarov I, "Bitcoin over Tor isn't a good idea. In Security and Privacy (SP)", 2015 IEEE Symposium on Security and Privacy. San Jose, CA, IEEE, 2015.

63. Garay J, Kiayias A, Leonardos N, "The bitcoin backbone protocol with chains of variable difficulty", In Proceedings of the International Cryptology Conference, *Santa Barbara*, *USA*, *Springer*, 2017.

64. Zohar A, "Bitcoin: under the hood", *Communications of the ACM*, Vol. 58, No. 9, 2015.

65. Dinh T T A, Wang J, Chen G, et al, "Blockbench: A framework for analyzing private blockchains", In Proceedings of the 2017 ACM International Conference on Management of Data. Chicago, 2017.

66. Battista G D, Donato V D, "Patrignani M, et al. Bitconeview: visualization of flows in the bitcoin transaction graph", In The 12th IEEE Symposium on Visualization for Cyber Security, IEEE.

67. Kuzuno H, Karam C, "Blockchain explorer: An analytical process and investigation environmentfor bitcoin", In Electronic Crime Research, IEEE, 2017.

68. Spagnuolo M, Maggi F, "Zanero S. BitIodine: Extracting Intelligence from the Bitcoin Network", In International Conference on Financial Cryptography and Data Security, 2014.

69. Saxena A, Misra J, Dhar A, "Increasing anonymity in bitcoin", Lecture Notes in Computer Science, 2014.

70. Neilson D, Hara S, Mitchell I, "Bitcoin Forensics: A Tutorial", In The 11th International Conference on Global Security, Safety and Sustainability, ICGS3-17. Greenwich, IEEE, 2017.

71. Fan K, Ren Y, Wang Y, et al, "Blockchain-based efficient privacy preserving and data sha-

ring scheme of content-centric network in 5G", *Iet Communications*, 2018.

72. Khaqqi K N, Sikorski J J, Hadinoto K, et al, "Incorporating seller/buyer reputation-based system in blockchain-enabled emission trading application", *Applied Energy*, 2018.

73. Beck R, "Beyond Bitcoin: The Rise of Blockchain World", *Computer*, Vol. 51, No. 2, 2018.

74. Sortomme E, El-Sharkawi M A, "Optimal scheduling of vehicle-to-grid energy and ancillary ser-vices", *IEEE Transactions on Smart Grid*, Vol. 3, No. 1, 2012.

75. FadlullahZ M, Quan D M, Kato N, et al, "GTES: An optimized game-theoretic demand-side man-agement scheme for smart grid", *IEEE Systems journal*, Vol. 8, No. 2, 2014.

76. Wu Y, Tan X, Qian L, et al, "Optimal pricing and energy scheduling for hybrid energy trading market in future smart grid", *IEEE Transactions on Industrial Informatics*, Vol. 11, No. 6, 2015.

77. Li L, Liu J, Cheng L, et al, "CreditCoin: A Privacy-Preserving Blockchain-Based Incentive An-nouncement Network for Communications of Smart Vehicles", *IEEE Transactions on Intelligent Transportation Systems*, 2018.

78. Chaum D, "Blind signatures for untraceable payments", In Advances in cryptology. Boston, MA, Springer, 1983.

79. Chaum D, Pedersen T P, "Wallet databases with observers", In Annual International Cryptology Conference, 1992.

80. Camenisch J, Maurer U, "Stadler M. Digital payment systems with passive anonymity-revoking trustees", *Journal of Computer Security*, Vol. 5, No. 1, 1997.

81. Camenisch J, Maurer U, "Stadler M. Digital payment systems with passive anonymity-revoking trustees", *Journal of Computer Security*, Vol. 5, No. 1, 1997.

82. Yang Z, Yu S, Lou W, et al, "P2: Privacy-preserving communication and precise reward architecture for V2G networks in smart grid", *IEEE Transactions on Smart Grid*, Vol. 2, No. 4, 2011.

83. Wang H, Qin B, Wu Q, et al, "TPP: Traceable privacy-preserving communication and precise reward for vehicle-to-grid networks in smart grids", *IEEE Transactions on Information Forensics and Security*, Vol. 10, No. 11, 2015.

84. Au M H, Liu J K, Fang J, et al, "A new payment system for enhancing location privacy of e-lectric vehicles", *IEEE transactions on vehicular technology*, Vol. 63, No. 1, 2014.

85. Gervais A, Karame G O, Glykantzis V, et al, "On the Security and Performance of Proof of Work Blockchains", In ACM Sigsac Conference on Computer and Communications Security, 2016.

86. Clement A, Wong E L, Alvisi L, et al, "Making Byzantine Fault Tolerant Systems Tolerate

Byzantine Faults", In Usenix Symposium on Networked Systems Design and Implementation, NSDI 2009.

87. Sukhwani H, Martínez J M, Chang X, et al, "Performance Modeling of PBFT Consensus Process for Permissioned Blockchain Network (Hyperledger Fabric)", In Reliable Distributed Systems, 2017.

88. Brunnermeier M K, James H, "Landau J-P of money", *Nber Working Paper*, 2019.

89. Bal A, "Should Virtual Currency Be Subject To Income Tax?", SSRN Working Paper, 2014, No. 2438451.

90. Bollen R, "The legal status of online currencies: are bitcoins the future?", *Journal of Banking and Finance Law and Practice*, 2013.

91. Buchholz M. J. Delaney, J. Warren and J. Parker, "Bits and Bets-Information, Price Volatility, and demand for Bitcoin", Spring 2012.

92. Florian G, Z. Kai, H. Martin and W. M. Christian. "Bitcoin- asset orcurrency? revealing users hidden intentions", *The Twenty Second European Conference on Information Systems*, 2014.

93. Grinberg R, "Bitcoin: An Innovative Alternative Digital Currency", *Hastings Science & Technology Law Journal*, 2012.

94. Hughes J. S, "Did New York State Just Anoint Virtual Currencies by Proposing to Regulate Them, or Will Regulation Spoil Them for Some?", *Washington and Lee Law Review*, 2014.

95. Hughes J. S. and S. T. Middlebrook, "Regulating Cryptocurrencies in the United States: Current Issues and Future Directions", *William Mitchell Law Review*, 2014.

96. Laidler D, "The Definition of Money: Theoretical and Empirical Problems", *Journal of Money, Credit and Banking*, Vol. 1, No. 3, 1969.

97. Library of Congress. Report for Congress-Regulation of Bitcoin in Selected J urisdictions, 2014.

98. Luther J. W, "Cryptocurrencies, Network Effects, and Switching Costs", *Mercatus Center Working Paper*, 2013.

99. Marian O, "Are cryptocurrencies super tax havens?", *Michigan Law Review First Impressions*, Vol. 112, No. 38, 2013.

100. Nakamoto, S, "Bitcoin: A Peer-to-Peer Electronic Cash System", 2008.

101. Chinn M, Fyankel J., "Will the Euro Eventually Surpass the Dollar as Leading International Reserve Currency?", *Social ScienceElectronic Publishing*, 2007.

102. Cohen B, "The future of sterling as an international currency", London: Macmillan, 1971.

103. Cooper R, "Key Currencies After the Euro, Euro as a Stabilizer", in the International Economic System, Vol. 22, No. 1, 1999.

104. Haberler G, "The International Monetary Fund, 1966-1971: The system under stress", *Jour-*

nal of International Economics, Vol. 9, No. 4, 1979.

105. Hartmann P, "Currency Competition and Foreign Exchange Markets: the Dollar, the yen and the Euro", *Cambridge University Press*, 1998.

106. Ingram J, "Comment: The Currency Area Problem. Monetary Problem of the International Economy", *University of Chicago Press*, 1969.

107. KatzM, ShapiroA. , "NetworkExternalities, Competition, and Compatibility", *American Economic Review*, Vol. 75, No. 3, 1985, pp. 424-440.

108. Kenen P, "The Theory of Optimum Currency Areas: An eclectic view", *University of Chicago Press*, 1969.

109. Krugman P, "Vehicle Currencies and the Structure of International Exchange", *Joumalof Money, Credit and Banking*, Vol. 12, 1980.

110. Krugman P, "The International Role of the Dollar: Theory and Prospect, Exchange Rate Theory and Practice", *University of Chicago Press*, 1984, .

111. Mckinnon R, "Optimum Currency Areas", *The American Economic Review*, 1963.

112. Mckinnon R, "Portfolio Balance and International Payments Adjustment, in Monetary Problems of the International Economy", *University Press*, 1969.

113. Rohlfs J, "A Theory of Interdependent Demandfora Communications Service", *The Bell Journal of Economics and Management Science*, Vol. 5, No. 1, 1974.

114. Selgin G, "The Suppression of State Banknotes: a Reconsideration", *Economic Inquiry*, Vol. 38, No. 4, 2000.

115. Smith J. , "An Analysis of Bitcoin Exchange Rates", *SSRN Working Paper*, 2014.

116. Tavalas G, "Internationalization of Currencies: The Case ofthe US Dollar and Its Challenger Euro", *International Executive*, Vol. 39, No. 5, 1997.

117. YermackD, "Is Bitcoina Real Currency Aneconomic appraisal, NBER Working Paper, Mudell R. , The International Financial System and Outlook for Asian Currency Collaboration", *The Jounal of Finance*, Vol. 58, No. 4. , 2003.

(三) 法律规范及案例

[1] 欧盟

1. Council Directive 2001/97/EC of the European Parliament and of the Council of 4 December 2001 amending Council Directive 91/308/EEC on prevention of the use of the financial system for the purpose of money laundering [2001] OJ L. 344/7.

2. Council Directive 2005/60/EC of 26 October 2005 on the prevention of the use of the financial system for the purpose of money laundering and terrorist financing, [2005] OJ L309/15.

3. Council Directive 2015/849/EU of the European Parliament and of the Council of 20 May 2015

on the prevention of the use of the financial system for the purposes of money laundering or terrorist financing, amending Regulation (EU) No 648/2012 of the European Parliament and of the Council, and repealing Directive 2005/60/EC of the European Parliament and of the Council and Commission Directive 2006/70/EC [2015] OJ L. 141/73.

4. Case 25/62 Plaumann and Co v Commission [1963] ECR 95.

5. Case T-201/04 Microsoft Corf v Commission [2007] ECR II-3601.

[2] 英国

1. Bribery Act 2010.

2. Commonwealth of Australia Constitution Act. Criminal Finances Act 2017.

3. Criminal Justice Act 1988.

4. Criminal Justice Act 1993.

5. Drug Trafficking Offences Act 1986. Financial Services and Markets Act 2000.

6. Money Laundering, Terrorist Financing and Transfer of Funds (Information on the Payer) Regulations 2017.

7. K Ltd v National Westminster Bank plc (Revenue and Customs Commissioners and another intervening) [2006] EWCA Civ 1039.

8. R v Da Silva [2007] 1 WLR 303.

9. R v Teresko [2018] Crim LR 81 (Unreported).

10. R v Terry (Westminster Magistrates, 13 July 2012).

[3] 美国

1. Code of Federal Regulations Title 31-Money and Finance: Treasury.

2. Money Laundering Control Act Pub. L. 99-570.

3. Uniting and Strengthening America by Providing Appropriate Tools to Restrict, Intercept and Obstruct Terrorism Act 2001, Pub. L. No. 107-56.

4. Pub. L. No. 99-570, 100 Stat. 3207-18.

5. US Code Title 18-Crimes and Criminal Procedure. US Code Title 31-Money and Finance.

6. Securities and Exchange Commission v. W. J. Howey Co., 328 U. S. 293 (1946)

7. Hashfast Technologies LLCv. MarcALowe, United States Bankruptcy Court Northern District of California, Bankruptcy Case No. 14-30725DM.

8. United States v. Coinbase, Inc. Case No. 17-cv-01431-JSC, 11-28-2017, https://casetext. com/case/united-states-v-coinbase-inc。

[4] 澳大利亚

1. Australian Crime Commission (Western Australia) Act 2004 (WU). Crimes (Sentencing Procedure) Act 1999 (NSW).

2. Crimes Act 1914 (Cth).

3. Monetary Units Act (Vic).

(四) 官方文件和研究报告

1. European Central Bank, "Virtual Currency Schemes", 2012, https://www. ecb. europa. eu/ pub/pdf/other/virtualcurrencyschemes201210en. pdf.

2. The United States Department of Treasury, Financial Crimes Enforcement Network, "Application of FinCEN's Regulations to Persons Administering, Exchanging, or Using Virtual Currencies", 2013, https://www. fincen. gov/sites/default/files/shared/FIN-2013-G001. pdf.

3. FATF, "Virtual Currencies-Key definitions and potential AML/CFT risks", 2014, http://www. fatf-gafi. org/media/fatf/documents/reports/Virtual-currency-key-definitions-and-potential-aml-cft-risks. pdf. .

4. BIS, "Central bank digital currencies for cross-border payments Report to the G20", https:// www. bis. org/publ/othp38. pdf.

5. BIS. 2020. "Central bank digital currencies: foundational principles and core features." Joint report by the Bank of Canada, European Central Bank, Bank of Japan, Sveriges Riksbank, Swiss National Bank, Bank of England, Board of Governors of the Federal Reserve and Bank for International Settlements, October 9. https://www. bis. org/publ/othp33. pdf.

6. ECB. 2019a. "Innovation and its impact on the European retail payment landscape." Note by the ECB for the Economic and Financial Affairs Council (Ecofin) on the retail payment landscape, December 19. https://www. ecb. europa. eu/pub/pdf/other/ecb. other191204~f6a84c14 a7en. pdf.

7. ECB. 2019b. "Opinion of the European Central Bank of 26 November 2019 on the requirement for certain credit institutions and branches to provide cash services." Opinion by the ECB (CON/2019/41), November 26. https://eur-lex. europa. eu/legal-content/EN/TXT/PDF/? uri=CELEX: 52019AB0041&from=EN.

8. ECB. 2020. "Report on a digital euro." October 2. https://www. ecb. europa. eu/pub/pdf/other/Report_ on_ a_ digital_ euro~4d7268b458. en. pdf.

9. ECB. 2021. "Eurosystem launches digital euro project." July 14. https://www. ecb. europa. eu/ press/pr/date/2021/html/ecb. pr210714~d99198ea23. en. html.

10. ECB. n. d. . "Payment instruments." https://www. ecb. europa. eu/paym/pol/activ/ instr/html/index. en. html.

11. European Parliament and Council. 2018. "Directive (EU) 2018/843 of the European Parliament and of the Council." Directive (EU) 2015/849 on the prevention of the use of the financial system for the purposes of money laundering or terrorist financing, and amending Directives

2009/138/EC and 2013/36/EU, May 30. https://eur-lex. europa. eu/legal-content/EN/ TXT/PDF/? uri=CELEX：32018L0843&from=EN

12. European Payments Council. 2020. "EPI：towards a new European payment solution?" September9. https://www. europeanpaymentscouncil. eu/news-insights/insight/epi-towards-new-european-payment-solution.

13. FinTech Council. 2020. "Der digitale, programmierbare Euro. " Fin-TechRat beim Bundesministerium der Finanzen, Stellungnahme 01/2020. https://www. bundesfinanzministerium. de/Content/DE/Downloads/Finanzmarktpolit

14. European Central Bank. The Blue Book. Bucharest：European Central Bank；2005, https:// www. ecb. europa. eu/press/pr/date/2005/html/pr050802. en. html.

15. IMF, STAFF DISCUSSION NOTE Virtual Currencies and Beyond：Initial Considerations, file：///Users/imf/Downloads/_ sdn1603. pdf.

16. The information of the Bank of Russia of 04 September 2017 "On the use of private "virtual currencies" (cryptocurrencies) " Consultant. ru legal reference system, http:// www. consultant. ru/document/cons_ doc_ LAW_ 256266.

17. Working Group Report The Common wealth http://thecommonwealth. org/sites/default/files/ pressrelease/documents/P14195_ ROL_ Virtual_ Currencies_ D_ Tait_ V5_ LoRes. pdf.

18. G7 Working Group on Stablecoins. Investigating the impact of global stablecoins［R/ OL］. （2019-10）［2021-08-23］. https://www. bis. org/cpmi/publ/d187. pdf.

19. Bank for International Settlement payments［R/OL］. （2018-02）［2021-08-24］. https:// www. bisorg / cpmi / publ / d173.

20. IMF：Fintech and Financial Services：Initial Consideration, 2017. 06.

21. French Virtual Currencies Working Group, Regulating virtual currencies, http://www. economie. gouv. fr/tracfin/accueil-tracfin, 2014. 8. 25.

22. The Clearing House white paper, Virtual Currency：Risks and Regulations, https://www. theclearinghouse. org/publications/2014/tch-releases-white-paper-on-virtual-currencies, 2014. 6. 23.

23. ICBA NewsWatch Today, ICBA Backs Reforms to Revised New York Virtual Currency Regs, http://www. informz. net/informzdataservice/onlineversion/ind/bWFpbGluZ2luc3RhbmNlaWQ 9MTkxNjE2NiZzdWJzY3JpYmVyaWQ9MzM3NTMzMDY2, 2015. 3. 30.

24. The Financial Action Task Force, Virtual Currencies：Key Definitions and Potential AML/CFT risks, http://www. fatf-gafi. org/topics/methodsandtrends/documents/virtual-currency-definitions-aml-cft-risk. html, 2014. 6. 27.

25. European Banking Authority, EBA warns consumers on virtual currencies, Warning on Virtual

Currencies，https://www. eba. europa. eu/-/eba - warns - consumers - on - virtual - currencies，2013. 12. 3.

26. FINMA：https://www. finma. ch/en/news/2018/02/20180216-mm-ico-wegleitung/，2018. 04. 16.

27. Perkins Coie LLP：Treatment of Bitcoin Under U. S. Property Law, PerkinsCoie. com/Blockchain，2018. 04. 16.

28. FSB：Crypto - asset markets - potential channels for future financial stability implications, www. fsb. org/，2018. 10. 10.

29. Crowd funding insider：https://www. crowdfundinsider. com/2018/08/137957-even-with-a-reg-d-filing-unikrn-i

30. Auer R and R Böhme（2021），"Central bank digital currency：the quest for minimally invasive technology"，BIS Working Paper No. 948.

31. SERVICES CLUB BLOG，http://thefinanser. co. uk/fsclub/2013/11/the-challenge-of-being-a-bitcoin-trader. html，2018. 10. 10.

32. European CentralBank. Virtual currency schemes-a further analysis ［N/OL］. www. ecb. europa. eu/pub/pdf/other/virtualcurrencyschemesen. pdf，February，2015.

33. FinCEN. Application of FinCEN's Regulations to Persons Administering, Exchanging, or Using Virtual Currencies ［R］. 2013.

34. Yermack，D. Is Bitcoin a Real Currency ［J］. NBER Working Paper，No. 19747.

35. Bergsten F. ，The Dilemmas of the Dollar：the Economics and Politics of United States International Monetary Polic, Foreign Affairs, Vol. 94, No. 94, 1976.

36. Boar C. , Holden H. , & Wadsworth A. , Impending arrival：a sequel to the survey on central bank digital currency, BIS Papers, No. 107, 2020.

（五）网络材料

1. Cross - Border Interbank Payments and Settlements. （2018）. Project Jasper. https://www. bankofcanada. ca/research/digital-currencies-and-fintech/projects/.

2. Enabling Broad Ecosystem Opportunities. （2019）. Project Ubin Phasehttps://www. mas. gov. sg/schemes-and-initiatives/project-ubin.

3. Pushing the Limits of Interbank Payment Settlement with Blockchain. （2019）. ProjectKokha, https://consensys. net/blockchain-use-cases/finance/project-khokha/

4. Supporting DLT Settlement Models. （2019）. RTGS Renewal Programme. https://www. ledger-insights. com/bank-of-england-blockchain-dlt/

5. Balancing Confidentiality and Auditability in a Distributed Ledger Environment. （2020）. Project STELLA. https://www. boj. or. jp/en/announcements/release_ 2020/rel200212a. htm/

6. Distributed Ledger Technical Research in Central Bank of Brazil. （2017）, Banco Central do Brasil. https：//www. bcb. gov. br/htms/public/microcredito/.

7. Project Inthanon and the Project DLT Scripless Bond. （2019）. ADBI Institute. https：// www. adb. org/sites/default/files/publication/535851/adbi-wp1030. pdf.

8. Second Special Issue of thee-Krona. （2020）. SverigesRiskbank. https：//www. riksbank. se/ globalassets/media/.

9. T. Adrian and T. Mancini. （2019）. The rise of digitalmoney. International MonetaryFund. https：// www. imf. org/en/Publications/fintech－notes/Issues/2019/07/12/The－Rise－of Digital－Money－ 47097https：//emoneytokenstandard. org/.

10. Distributed ledger technology use cases. （2019）. ITU-T FG DLT. https：//www. itu. int/en/ ITU－T/focusgroups/dlt/Documents/d21. pdf.

11. Decentralized Identifiers v1. 0. （2021）. World Economic Forum. Retrieved from https：//www. w3. org/TR/did-core/.

12. Verifiable Credentials v1. 1. （2019）, World Economic Forum. Retrieved from https：//www. w3. org/TR/vc-data-model/

13. LACCHAIN DI PAPER SSI CNSA Suite and Quantum Computing FAQ. （2016）. NSA. https：//apps. nsa. gov/iad/library/ia-guidance/ia-solutions-for-classified/algorithm-guidance/ cnsa-suite-and-quantum-computing-faq. cfm.

14. Report on Post-Quantum Cryptography. （2016）. NISTIR 8105. Retrieved from https：//nvlpubs. nist. gov/nistpubs/ir/2016/NIST. IR. 8105. pdf

15. PAPER QUANTUM https：//publications. iadb. org/en/quantum－technologies－ digital－transformation－social－impact－and－cross－sector－disruption.

16. Buck, J. , "Dubai Will Issue First Ever State Cryptocurrency", https：//coint elegraph. com/ news/dubai-will-issue-first-ever-state-cryptocurrency.

17. Lucy Frew, Rich Folsom and Sophie van Wingerden, Department of Financial Services Chapter I. Regulations Of The Superintendent Of Financial Services Part 200. Virtual Currencies, https：//www. dfs. ny. gov/legal/regulations/adoptions/dfsp200t. pdf, Frew Legal and regulatory issues relating to virtual currencies- （2015）7 JIBFL 438B Journal of International Banking & Financial Law 1 August 2015.

18. Das, S, Bitcoin Regulation：Abu Dhabi Financial Regulator Considers Cryptocurrency Framework （2018）https：//www. ccn. com/bitcoin-regulation-abu-dhabi-financial-regulator-considers-cryptocurrency-framework/.

19. Nakamoto, S. , "Bitcoin：A Peer-to-Peer Electronic Cash System. Satoshi Nakamoto Institute Working Paper", 2008, Retrieved from：http：//nakamotoinstitute. org/bitcoin/.

20. Anstey C. , "Dire dollar shortage shows failure to fix key crisis flaw", Bloom berg Quint, 2020, March23, https://www. bloombergquint. com/markets/dire－dollar－shortage－shows－world-failed －to-fix-key-crisis-flaw. （last visited 10 July 2021）.

21. Pandey R. , Sharma B. , （2018）. "Technology issues behind crypto-currencies", https://www. livemint. com/Opinion/JAM2JrJJjpohEzlmQMFN2J/Technology － issues － behind － cryptocurrencies. htmll.

22. Sagar J. （2017）, "Volatility Is Still a Serious Concern for Bitcoin Investor", https://www. newsbtc. com/news/bitcoin/3－reasons－volatility－still－serious－concern－bitcoin－investor/。 （last visited 10 Aug 2021）.

23. Jenn, S. , "Why governments don't trust Bitcoin", Retrieved fromhttps://www. newsbtc. com/all/why-governments-dont-trust-bitcoin/.

二、中文文献

（一）著作

1. ［美］卡尔·海因里希·马克思:《资本论》,北京出版社 2007 年版。

2. ［美］米尔顿·弗里德曼:《资本主义与自由》,商务印书馆 2004 年版。

3. ［美］布瑞恩·凯利:《数字货币时代:区块链技术的应用与未来》,廖翔译,中国人民大学出版社 2017 年版。

4. ［美］爱德华·卡斯特罗诺瓦:《货币革命:改变经济未来的虚拟货币》,束宇译,中信出版集团 2015 年版。

5. ［美］蒙代尔:《蒙代尔经济学文集（第四卷）宏观经济学与国际货币史》,向松祚译,中国金融出版社 2003 年版。

6. ［英］弗里德里希·冯·哈耶克:《货币的非国家化》,姚中秋译,新星出版社 2007 年版。

7. 苏宁:《虚拟货币的理论分析》,社会科学文献出版社 2008 年版。

8. 刘少军:《金融法学》,中国政法大学出版社 2008 年版。

9. 姚前:《数字货币初探》,中国金融出版社 2018 年版。

10. 孔祥毅:《百年金融制度变迁与金融协调》,中国社会科学出版社 2002 年版。

11. 吴志攀:《金融法概论》,北京大学出版社 2011 年版。

12. 戴相龙主编:《领导干部金融知识读本》,中国金融出版社 2001 年版。

13. 管斌:《金融法的风险逻辑》,法律出版社 2015 年版。

14. 苏宁:《虚拟货币的理论分析》,社会科学文献出版社 2008 年版。

15. 徐晋编著:《虚拟货币与虚拟银行学:虚拟金融帝国的理论与实践》,上海交通大学出版社 2008 年版。

16. 严行方：《货币之王比特币》，山西经济出版社 2014 年版。

17. 董广宇：《被忽视的货币真相：从通货膨胀说起》，上海交通大学出版社 2014 年版。

18. 朱嘉明、李晓主编：《数字货币蓝皮书》，中国工人出版社 2021 年版。

19. 邓建鹏、孙明磊：《区块链国际监管与合规应对》，机械工业出版社 2019 年版。

20. 姚前、陈华：《数字货币经济分析》，中国金融出版社 2018 年版。

21. 黄光晓：《数字货币》，清华大学出版社 2020 年版。

22. 李钧、长铗：《比特币：一个虚幻而真实的金融世界》，中信出版社 2014 年版。

23. 李钧、孔华威：《数字货币的崎岖进化》，电子工业出版社 2014 年版。

24. 罗强、张睿：《比特币》，机械工业出版社 2014 年版。

25. 刘宁、沈大海：《解密比特币》，机械工业出版社 2014 年版。

26. 马俊驹、余延满：《民法原论》，法律出版社 1998 年版。

27. 朱孟楠：《金融监管的国际协调与合作》，中国金融出版社 2003 年版。

28. 陈学彬、邹平座编著：《金融监管学》，高等教育出版社 2003 年版。

29. 孙宝文、王智慧、赵胤钘：《网络虚拟货币研究》，中国人民大学出版社 2012 年版。

30. 高航、俞学励、王毛路编著：《区块链与新经济——数字货币 2.0 时代》，电子工业出版社 2016 年版。

31. 钟伟、魏伟、陈骁：《数字货币：金融科技与货币重构》，中信出版集团 2018 年版。

（二）期刊论文

1. 吴云、朱玮：《数字货币和金融监管意义上的虚拟货币：法律、金融与技术的跨学科考察》，载《上海政法学院学报（法治论丛）》2021 年第 6 期。

2. 周文卿：《关于我国数字货币发展探究》，载《中国集团经济》2022 年第 6 期。

3. 邹力行：《数字货币与全球化》，载《东北财经大学学报》2022 年第 1 期。

4. 徐雪梅，《全球数字货币竞争的现状、前景及对策》，载《现代商业》2021 第 34 期。

5. 马克、张泽栋：《法定数字货币对货币创造体系的影响研究》，载《经济纵横》2022 年第 1 期。

6. 于品显：《中央银行数字货币法律问题探析》，载《上海对外经贸大学学报》2020 年第 2 期。

7. 武振楠：《我国法定数字货币进展、可能风险及防范措施》，载《生产力研究》2021 年第 12 期。

8. 宛洁茹、吴优：《央行数字货币的跨境支付问题研究》，载《新金融》2022 年第 1 期。

9. 李志鹏等：《数字人民币探索构建新型跨境支付体系的思考》，载《国际贸易》2021 年第 12 期。

10. 夏玮屿：《关于构建数字人民币发行法律基础的相关问题研究》，载《现代金融导刊》

2021 年第 10 期。

11. 陈静、黄传峰：《数字人民币跨境支付发展策略》，载《中国外资》2021 年第 22 期。

12. 邱燕飞：《数字人民币实现跨境支付的障碍与法制路径》，载《金融与经济》2021 年第 11 期。

13. 王烁等：《专访周小川——央行行长周小川谈人民币汇率改革、宏观审慎政策框架和数字货币》，载《财新周刊》2016 年第 6 期。

14. 封思贤、杨靖：《法定数字货币运行的国际实践及启示》，载《改革》2020 年第 5 期。

15. 王信、骆雄武：《数字时代货币竞争的研判及应对》，载《国际经济评论》2020 年第 2 期。

16. 卜学民、马其家：《数字人民币跨境流动：动因、挑战与制度因应》，载《法治研究》2022 年第 1 期。

17. 陈燕和、王海全：《推动数字人民币跨境使用的思考——以东盟为例》，载《国际金融》2021 年第 12 期。

18. 武颖、刘振：《数字人民币与反洗钱：机遇、挑战和应对》，载《海南金融》2021 年第 6 期。

19. 戚聿东、褚席：《数字经济视阈下法定数字货币的经济效益与风险防范》，载《改革》2019 年第 11 期。

20. 赵磊：《论比特币的法律属性——从 HashFast 管理人诉 Marc Lowe 案谈起》，载《法学》2018 年第 4 期。

21. 方显仓、黄思宇：《数字货币与中国货币政策转型》，载《学术论坛》2020 年第 2 期。

22. 何德旭、袁冯明：《新中国货币政策框架 70 年：变迁与转型》，载《财贸经济》2019 年第 9 期。

23. 刘功润：《"一带一路"倡议给人民币国际化带来的机遇与风险》，载《上海金融》2017 年第 10 期。

24. 刘津含、陈建：《数字货币对国际货币体系的影响研究》，载《经济学家》2018 第 5 期。

25. 刘一贺：《一带一路"倡议与人民币国际化的新思路》，载《财贸经济》2018 年第 5 期。

26. 张建文：《如何规制数字金融资产：加密货币与智能契约——俄罗斯联邦〈数字金融资产法〉草案评述》，载《上海政法学院学报（法治论丛）》2018 年第 5 期。

27. 杨东、刘磊：《论我国股权众筹监管的困局与出路——以〈证券法〉修改为背景》，载《中国政法大学学报》2015 年第 3 期。

28. 吴弘、徐振：《金融消费者保护的法理探析》，载《东方法学》2009 年第 5 期。

29. 樊云慧、栗耀鑫：《以比特币为例探讨数字货币的法律监管》，载《法律适用》2014 年第 7 期。

30. 张继红、牛佩佩:《美国数字货币监管考量及对我国的启示》,载《金融法苑》2018 年第 1 期。

31. 何颖:《论金融消费者保护的立法原则》,载《法学》2010 年第 2 期。

32. 周仲飞、李敬伟:《金融科技背景下金融监管范式的转变》,载《法学研究》2018 年第 5 期。

33. 展凯莉:《基于"监管沙盒"机制对我国比特币监管的思考》,载《武汉金融》2018 年第 7 期。

34. 王寰:《比特币引发的国际逃税避税问题及其法律应对》,载《税务研究》2018 年第 1 期。

35. 梅夏英:《虚拟财产的范畴界定和民法保护模式》,载《华东政法大学学报》2017 年第 5 期。

36. 于文菊:《数字货币的法律界定与风险防范》,载《北方金融》2017 年第 8 期。

37. 杨松、张永亮:《金融科技监管的路径转换与中国选择》,载《法学》2017 年第 8 期。

38. 狄刚:《数字货币辨析》,载《中国金融》2018 年第 17 期。

39. 张文佳:《试论虚拟货币的风险和监管策略》,载《武汉金融》2016 年第 4 期。

40. 曾繁荣:《基于分布式账本技术的数字货币发展研究》,载《西南金融》2016 年第 5 期。

41. 师秀霞:《虚拟货币洗钱风险的法律规制》,载《南方金融》2016 年第 6 期。

42. 杨庆明:《虚拟货币支付领域反洗钱监管的国际实践与借鉴》,载《武汉金融》2017 年第 1 期。

43. 宋亚琼、王新军:《数字货币的发行机制与监管模式》,载《学术交流》2016 年第 7 期。

44. 朱晓菲:《虚拟货币洗钱风险分析及监管建议》,载《金融经济》2018 年第 12 期。

45. 张晨:《比特币的现实风险及中国的法律规制研究》,载《重庆邮电大学学报(社会科学版)》2014 年第 5 期。

46. 贾丽平:《比特币的理论、实践与影响》,载《国际金融研究》2013 年第 12 期。

47. 姜立文、胡玥:《比特币对传统货币理念的挑战》,载《南方金融》2013 年第 10 期。

48. 吴晓光等:《论加强对虚拟货币市场的监管》,载《南方金融》2012 年第 1 期。

49. 易宪容:《区块链技术、数字货币及金融风险》,载《南京社会科学》2018 年第 11 期。

50. 邹恒:《构建我国虚拟货币监管制度的思考》,载《南方金融》2008 年第 5 期。

51. 温信祥、陈曦:《如何监管数字货币》,载《中国金融》2017 年第 17 期。

52. 伦贝:《ICO 监管的国际经验与我国的路径选择》,载《金融发展研究》,2018 年第 8 期。

53. 孙皓原、杨祖艳:《关于非法定数字货币竞争性的研究——基于完全竞争市场》,载

《上海金融》2016 年第 9 期。

54. 杨小锋、张春生：《数字货币发展与国际监管动态》，载《时代金融》2018 年第 7 期。

55. 文淑惠：《理性与非理性：证券市场投资者行为分析》，载《四川大学学报（哲学社会科学版）》2001 年第 2 期。

56. 范在峰、王虹：《证券投资纠纷仲裁问题研究》，载《河北法学》2008 年第 6 期。

57. 袁勇、王飞跃：《区块链技术发展现状与展望》，载《自动化学报》2016 年第 4 期。

58. 何蒲等：《区块链技术与应用前瞻综述》，载《计算机科学》2017 第 4 期。

59. 赵阔、邢永恒：《区块链技术驱动下的物联网安全研究综述》，载《信息网络安全》2017 年第 5 期。

60. 王海龙等：《基于区块链的大数据确权方案》，载《计算机科学》2018 年第 2 期。

61. 薛腾飞等：《基于区块链的医疗数据共享模型研究》，载《自动化学报》2017 年第 9 期。

62. 毕娅等：《基于双链架构的医药商业资源公有区块链》，载《计算机科学》2018 年第 2 期。

63. 邵炜晖等：《基于区块链的虚拟电厂模型研究》，载《计算机科学》2018 年第 2 期。

64. 张俊等：《运行于区块链上的智能分布式电力能源系统：需求、概念、方法以及展望》，载《自动化学报》2017 年第 9 期。

65. 姚前：《中央银行加密货币——RSCoin 系统之分析》，载《财经》2017 年第 13 期。

66. 刘向民：《央行发行数字货币的法律问题》，载《中国金融》2016 年第 17 期。

67. 范一飞：《法定中国数字货币的理论依据和架构选择》，载《中国金融》2016 年第 17 期。

68. 关靖远、尹文渊：《比特币的货币属性及发展方向初探》，载《时代金融》2014 年第 8 期。

69. 杨晓晨、张明：《比特币：运行原理、典型特征与前景展望》，载《金融评论》2014 年第 1 期。

70. 赵增奎：《区块链开创国际贸易跨境支付新模式》，载《企业经济》2017 年第 9 期。

71. 许嘉扬：《基于区块链技术的跨境支付系统创新研究》，载《金融教育研究》2017 年第 6 期。

72. 张云帆：《浅谈"一带一路"下区块链技术在金融领域的应用》，载《时代金融》2017 年第 3 期。

73. 姜丽丽：《用区块链破解国际贸易信用难题》，载《特区经济》2017 年第 1 期。

74. 徐忠等：《央行数字货币理论探讨》，载《中国金融》2016 年第 17 期。

75. 陈雨露、边卫红：《电子货币发展与中央银行面临的风险分析》，载《国际金融研究》2002 年第 1 期。

76. 秦波等：《比特币与法定数字货币》，载《密码学报》2017 年第 2 期。

77. 刘蔚：《基于国际经验的数字货币监管研究》，载《西部金融》2017 年第 11 期。

78. 姚前：《中国法定数字货币原型构想》，载《中国金融》2016 年第 17 期。

79. 姚前：《中国版数字货币设计考量》，载《中国金融》2016 年第 12 期。

80. 姚前、汤莹玮：《关于央行数字货币的若干思考》载《金融研究》2017 年第 7 期。

81. 李波：《以完善宏观审慎政策框架为核心 推进新一轮金融监管体制改革》，载《新金融评论》2016 年第 1 期。

82. 姚前：《数字货币的发展与监管》，载《中国金融》2017 年第 14 期。

83. 殷航、吴烨：《英国"监管沙箱"在金融监管中的运用及启示》，载《金融纵横》2016 年第 11 期。

84. 李金栋：《英国"规制沙盒"对我国金融创新与风险防范的启示》，载《价格理论与实践》2018 年第 12 期。

85. 赵杰等：《国际"监管沙盒"模式研究及对我国的启示》，载《金融发展研究》2016 年第 12 期。

86. 周建中、钱颖：《质疑我国现行金融监管政策的有效性》，载《武汉金融》2003 年第 9 期。

87. 张宇燕、张静春：《货币的性质与人民币的未来选择——兼论亚洲货币合作》，载《当代亚太》2008 年第 2 期。

88. 曹慧：《欧盟金融监管的协调与发展》，载《中国金融》2007 年第 5 期。

89. 祝烈煌等：《区块链隐私保护研究综述》，载《计算机研究与发展》2017 第 10 期。

90. 卞志村：《数字货币的风险与监管》，载《群众》2017 年第 3 期。

91. 蔡制宏：《数字货币发展状况、可能影响及监管进展》，载《金融发展评论》2015 年第 3 期。

92. 崔屹东、郑晓彤：《对新型货币比特币的经济学分析》，载《现代经济信息》2012 年第 16 期。

93. 陈道富、王刚：《比特币的发展现状、风险特征和监管建议》，载《发展研究》2014 年第 4 期。

94. 丁昱：《数字货币应用前景分析》，载《青海金融》2016 年第 4 期。

95. 洪蜀宁：《比特币：一种新型货币对金融体系的挑战》，载《中国信用卡》2011 年第 10 期。

96. 焦瑾璞等：《数字货币与普惠金融发展——理论框架、国际实践与监管体系》，载《金融监管研究》2015 年第 7 期。

97. 江海涛、何劲凯：《比特币风险探析》，载《武汉金融》2014 年第 7 期。

98. 李根：《论数字货币的现状影响因素及发展趋势》，载《财经纵览》2016 年第 5 期。

99. 钱晓萍：《对我国发行数字货币几点问题的思考》，载《商业经济》2016 年第 3 期。

100. 宋亚琼、王新军：《数字货币的发行机制与监管模式》，载《学术交流》2016 年第 7 期。

101. 施婉蓉等：《数字货币发展概况、影响及前景展望》，载《金融纵横》2016 年第 7 期。

102. 蔡慧、吴怀军：《"一带一路"倡议下人民币国际化的研究》，载《中国集体经济》2019 年第 32 期。

103. 盛松成、蒋一乐：《央行数字货币才是真正货币》，载《中国金融》2016 年第 14 期。

104. 王华庆：《国际货币、国际货币体系和人民币国际化》，载《复旦学报（社会科学版）》2010 年第 1 期。

105. 王慧、刘宏业：《货币的网络外部性及转换成本》，载《经济研究参考》，2012 年第 42 期。

106. 王旭、贾媛馨：《数字化背景下的国际货币竞争及其对人民币国际化的启示》，载《南方金融》2020 年第 5 期。

107. 吴长虹：《最优货币区视角下的"一带一路"倡议与人民币国际化》，载《现代经济信息》2018 年第 15 期。

108. 吴婷婷、王俊鹏：《我国央行发行数字货币：影响、问题及对策》，载《西南金融》2020 年第 7 期。

109. 严佳佳、辛文婷：《"一带一路"倡议对人民币国际化的影响研究》，载《经济学家》2017 年第 12 期。

110. 杨长湧：《人民币国际化可能的路线图及相关问题分析》，载《国际金融研究》2010 年第 11 期。

111. 杨晓晨、张明：《Libra：概念原理、潜在影响及其与中国版数字货币的比较，载《金融评论》2019 年第 4 期。

112. 姚前：《法定数字货币的经济效应分析：理论与实证》，载《国际金融研究》2019 年第 1 期。

113. 叶芳：《金融市场发展、币值稳定与货币国际化——基于引入信息成本的资产选择模型》，载《财经科学》2017 年第 6 期。

114. 叶前林、刘海玉：《"一带一路"倡议下人民币国际化的新进展、新挑战与新举措》，载《对外经贸实务》2019 年第 2 期。

115. 周先平等：《以"丝绸之路经济带"作为人民币国际化新的推进方向》，载《全球化》2015 年第 5 期。

116. 张正鑫、赵岳：《央行探索法定数字货币的国际经验》，载《中国金融》2016 年第 17 期。

117. 赵海宽：《人民币可能发展成为世界货币之一》，载《经济研究》2003 年第 3 期。